U0591594

慎海雄 主编

當代嶺南文化名家

DANGDAI LINGNAN WENHUA MINGJIA

潘鹤

潘鹤 赵旭虹 梁志钦 编著

SPM 南方出版传媒 广东人民出版社

·广州·

图书在版编目（CIP）数据

当代岭南文化名家·潘鹤／潘鹤，赵旭虹，梁志钦编著.
—广州：广东人民出版社，2018.2
（当代岭南文化名家）
ISBN 978-7-218-11084-4

Ⅰ．①当…　Ⅱ．①潘…②赵…③梁…　Ⅲ．①文艺—作品综合集—广东省—当代　Ⅳ．①I218.65

中国版本图书馆CIP数据核字（2016）第178921号

DANGDAI LINGNAN WENHUA MINGJIA · PAN HE
当代岭南文化名家·潘鹤
潘鹤　赵旭虹　梁志钦　编著

出 版 人：肖风华

责任编辑：林　冕　刘　奎　沈晓鸣
责任技编：周　杰　吴彦斌　易志华
装帧设计：书窗设计　赵焜森／钟清／张雪烽

出版发行：广东人民出版社
地　　址：广州市大沙头四马路10号（邮政编码：510102）
电　　话：（020）83798714（总编室）
传　　真：（020）83780199
网　　址：http：//www. gdpph. com
排　　版：广州市友间文化传播有限公司
印　　刷：广州市人杰彩印厂
开　　本：787毫米×1092毫米　1/16
印　　张：22.625　　字　数：336千
版　　次：2018年2月第1版　2018年2月第1次印刷
定　　价：98.00元

如发现印装质量问题，影响阅读，请与出版社（020-83795749）联系调换。
售书热线：（020）83795240

《当代岭南文化名家》丛书编辑委员会

前　言

五岭之南的广东，人杰地灵，物丰民慧。自秦汉始，便是沟通中外的重要门户，海上丝绸之路即发祥于此。近代以来，中国遭遇外来侵略，一批有识之士求索救国图强，广东成为民主革命的策源地。进入20世纪70年代，广东敢为天下先，以杀出一条血路的气魄，成为改革开放的前沿地。钟灵毓秀，得天独厚，哺育出灿若星辰的杰出人物，也孕育出独树一帜的岭南文化。谦逊、务实、勤勉的广东人，用他们的智慧和力量，悄然推动着中国历史的进程，也赋予了岭南文化不拘一格、不定一尊、不守一隅的丰富内涵和特质，成为中华文化的瑰宝。

改革开放大潮涌起珠江，广东的经济社会发展取得了巨大成就，涌现出一大批德艺双馨的文化名家，在文学、音乐、美术、建筑等众多领域取得开拓性成就，岭南文化绽放出鲜明的时代亮色。今天，我们又面临一个新的、更大的历史机遇——实现中华民族伟大复兴的中国梦。习近平总书记在文艺工作座谈会上指出，实现中华民族伟大复兴需要中华文化繁荣兴盛。广东如何响应要求，创作无愧于时代的优秀作品？省委常委、宣传部部长慎海雄同志就此提出，要按照中央和省委省政府部署，大力推动文化创新，打造岭南文化高地，打造一批弘扬中国精神，具有中国风骨、岭南风格、世界风尚的精品力作，形成一支规模宏大、门类齐全、结构合理的“文化粤军”，并主持策划了《当代岭南文化名家》大型丛书。

记录当代，以启后人。本丛书以人物（文化名家）为线索，旨在为当代岭南文化名家提供一个集体亮相的舞台，展现名家风采，引导读者品鉴文艺名作，深切体悟当代岭南文化的独特魅力，提升广东民众的文化自信和地域认同，弘扬新时期的广东精神，为广东全面建成小康社会、书写中国梦的广东篇章提供源源不断的文化驱动力。

为此，我们从文学、绘画、雕塑、音乐、舞蹈、戏曲、影视、新闻出版、工艺美术、非遗传承等领域，遴选出一批贡献卓著、影响广泛的广东文化名家。他们之中，既有土生土长的“邑人”，也有长期在广东生活、工作的“寓贤”。我们为每位名家出版一种图书，内容包括名家传略、众说名家（或对话名家）和名家作品三大篇章，读者可由此了解文化名家的生平事功、思想轨迹、创作理念、审美取向和艺术造诣等。同时，我们将结合多媒体技术，在视频制作、名家专题片、影音资料库和新媒体推广等方面大胆创新，多形式、多渠道地向读者提供新鲜的阅读体验。

我们深信，当代岭南文化名家丰富的文化实践，一定会编织出一幅底蕴深厚、内容丰富、精彩纷呈的文化长卷，它必将成为一份具有重要历史和现实意义的文化积累，价值非凡，传之久远。

《当代岭南文化名家》丛书编委会

2016年6月

◎ 潘鹤

潘鹤，1925年生于广东省广州市，1940年开始从事艺术活动，现为广州美术学院终身教授、中国国家画院首批院士。早年曾被国务院授予“国家级中青年有突出贡献专家”荣誉称号。2003年至今，被授予“中国雕塑艺术终身成就奖”、首届“中国美术奖·终身成就奖”、“新中国城市雕塑建设成就奖”、首届“广东文艺终身成就奖”等荣誉。

20世纪80年代，在全国高校雕塑课程转型为民间工艺的“三雕”为主的历史背景下，率先向全国提出了“雕塑的主要出路在室外”“社会主义是城市雕塑的最佳土壤”等观点，并首次将城市雕塑创作引入高等艺术教育领域，成为中国当代雕塑艺术教育改革的先行者。

在七十多年的艺术生涯中，创作作品数以百计，遍布国内外数十座城市，许多雕塑已深深融入当地城市景观，成为当地城市地标。

◎ 青年潘鹤与自塑像

◎ 青年潘鹤与《高尔基》像

◎　与夫人张幼兰结婚照

◎　1957年，长子潘放满月，全家合照

◎　20世纪50年代后期与父母妻儿合影

◎ 1979年底至1980年初，赴欧洲考察，与同事在街头合影

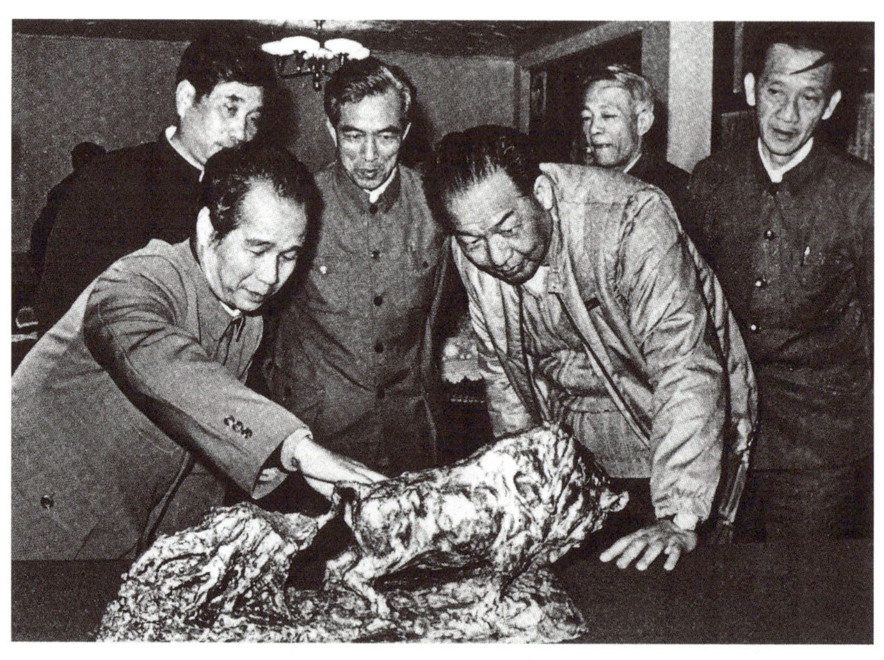

◎ 20世纪80年代中期，潘鹤（前排左一）与深圳市领导讨论《开荒牛》雕塑

◎　1985年7月，潘鹤（左三）等在日本长崎和平公园《和平少女》雕塑前

◎　1993年，潘鹤（中）与表妹李惠仪（左）在加拿大温哥华重逢

◎ 1997年，赴俄罗斯考察艺术，在一尊列宁雕塑前留影

◎ 在《大刀进行曲》前留影

◎ 在《珠海渔女》雕塑前

◎ 凝神创作

◎ 2014年，创作《恩师黄少强》（与潘放合作）

◎ 2014年，创作《樵夫》（与潘放合作）

◎ 2016年12月，与冼星海女儿冼丽娜（右）、潘放（左）在新作《冼星海》雕像前合影

◎　与夫人张幼兰

◎　与夫人张幼兰、长子潘放（后右）、次子潘雷（后中）、三子潘奋（后左）合影

◎ 2017年与长子潘放（右一）、长孙潘泓彰（左一）玩泥合影

◎ 与妻子张幼兰（右二）、长子潘放（左一）、儿媳戴巧玲（右一）、长孙潘泓彰（中）在一起

◎　2017年，出席“369维度——潘鹤、潘放、潘泓彰三代人艺术作品展”开幕式

目　录

第一篇

潘鹤传略

赵旭虹　梁志钦

引子

20世纪的中国历史是一部从贫困落后走向文明进步，其中又经历过无数奋斗牺牲的百年史，潘鹤在他的一生作品中对这段历史做出了真诚而强烈、全面而深刻的描述。

出生于1925年的潘鹤，在中国革命斗争的年月中，伴随其青少年成长阶段的是周边极不安稳的环境，由于家人与共产党革命者有千丝万缕的关系，因此，潘鹤一家总在迁徙、流亡，这些环境因素对仍是青少年的潘鹤影响甚大。

20世纪的中国雕塑也是一部几乎从零开始的雕塑史，潘鹤从少年开始，凭着与生俱来的艺术资质，独立地去学习摸索，自主地去发展艺术才能，因此他的艺术个性得以充分的舒展，并且在雕塑艺术形式的发展上引领着时尚与潮流。

少年时的潘鹤在吸收技艺的同时，伟大文艺家的人格与伟大作品的历史性、人民性特质也注入了他的心灵，成为了他艺术追求的起点，形成了他的艺术审美核心。对真善美的崇拜，对崇高、博大的向往，对正义的追求，对民族社会的责任，在他心中培养成一种高远的精神境界。

无论是新中国成立前，还是“文化大革命”以及改革开放后，始终伴随潘鹤的是诗意的心与浪漫的情怀。无论面对爱情，还是艺术，无论是面对被批斗还是重建广州美术学院雕塑系，浪漫主义者潘鹤始终能化险为夷，用诗意的情怀面对现实的残酷。

艰难时期他把拜伦与雪莱当好友，将歌德当知己，唯有米开朗基罗可做他先生。他曾写下日记道：“在泥像上可以看到我心境之变迁，它就是我的诗，是我在自传！”

仙鹤托化

母亲在呻吟，
爸爸在默想。
忽然一鹤飞过，
大叫一声“鹤——”

1925年，中国民主革命进入一个新阶段，因“五卅惨案”，各地工人纷纷声援，罢工运动高潮迭起，革命的火焰已从知识分子逐步扩散到工人阶级。随着第二次东征全线告捷，国民革命军底定广东，广东成为中国近代民主革命策源地。

而与此同时，新文化运动之后，社会各界纷纷引入新思潮，中国现代艺术先驱刘海粟在上海引入人体模特作画，开启了中国现代艺术的探索之路。

就在这个各种思潮互相混杂、大破大立的年代，1925年12月18日，位于广州中华北路（今解放北路）的一户人家即将迎来新生命，但孕妇正在难产中。突然，窗外一声鹤鸣！孕妇似受了鹤声的刺激，医生趁势助力，腹中婴儿终于挣出来了。一直在屋外心急如焚的父亲，听到鹤声刚消失，却迎来了孩儿的哭声，闭目沉思片刻，拍掌道：“真是横空一鹤也，好，就让他名叫潘鹤吧！”

潘鹤祖籍佛山，祖父是位颇有名气的中医，所谓“达则兼济天下，穷则独善其身”，以行医来解除百姓痛苦。然而，潘鹤的父亲潘铁并没有继承上一辈的衣钵，他早年毕业于广东公立监狱专门学校，1916年外派做监狱官，1925年毕业于广东法官学校高等研究部，是位赫赫有名的律师，后又办报社、通讯社，在当年算是大知识分子。虽然他没有延续上一辈悬壶济世的行医之路，但他却口诛笔伐，以笔为刀，与父辈一样地关心人民疾苦、国家命运。如此心系国家、忧国忧民的家族传承，为潘鹤后来的艺术道路埋下了伏笔。

潘鹤的母亲杨秀瑛曾经住过的杨家祠堂，是中国共产党早期活动的重要据点，陈独秀、周恩来、谭平山以及当年名噪一时的“三杨”——杨章甫、杨匏安、杨殷等，都经常出入于此。杨章甫是广东中国共产党的创始人之一，也是潘鹤的大舅舅；杨匏安则是潘鹤的表兄；是中共建党初期著名的共产党人，曾积极参与新文化运动，当时有“北有李大钊，南有杨匏安”之说；杨殷曾任广州苏维埃政府代主席，是大舅舅杨章甫介绍入党的。

如此革命进步的家庭氛围，为潘鹤培养出独立的人格提供了得天独厚的土壤，而这些也在日后他的雕塑作品中一一展露。

情定香港

假使我变成一只鸟，
飞翔于蓝天，
飞过了栏栅，
站在她的手上，人静了便破声说话，
使她惊奇，
“是我，不用怕，亲爱的！”

一、一幅水彩夺芳心

1937年7月7日夜，日军在北平西南卢沟桥附近演习时，借口一名士兵“失踪”，要求进入宛平县城搜查，遭到中国守军第29军严词拒绝。日军遂向中国守军开枪射击，又炮轰宛平城，第29军奋起抗战。这就是震惊中外的“七七事变”，又称“卢沟桥事变”。

此后仅一个多月，日寇飞机便开始空袭广州，刚建设得有点起色的广州，立即化作了瓦砾与尸骸的废墟，断壁残垣、血肉横飞的惨景四处可见。“南天王”陈济棠偏安一隅给广州带来的短暂和平与繁荣，就这样烟消云散了。

为躲避战争，潘铁一家走上了流亡之路。当时的香港，在英国的庇荫之下，得到了一丝的平静，也因此成为了广州乃至全广东人的避难所。尚未满12岁、刚刚读初中一年级的潘鹤，因此被迫辍学，跟随家人到香港大屿山避难。

从佛山逃难到大屿山的，远不止潘鹤一家，甚至一所中学，也从佛山迁移到了这里，这就是华英中学。这所学校的校舍在山的中间，此前是“差馆”并设有监狱，后改建成包含教室与宿舍功能的中学。潘鹤在这里度过了他难忘的一段经历。

由于校舍是改建而来，办学环境恶劣程度难以想象，山上几乎连路都没有，学生只能在荆天棘地上自己开路前行。用潘鹤的话来讲，一时间，竟有鲁滨逊被困荒岛的感觉。

关于这段经历，三年后，即1940年9月11日，已经返回佛山原籍求学的潘鹤在老师区庸斋先生布置作文时，写下了一篇题为《大屿山东涌初中一寄宿生活》的“六朝骈文”：

香港之西，有大屿山东涌者，群山兀立，高耸云霄，使人望之畏然；海滨之东，有华英中学在焉，相传校址为昔之差馆，故外有城墙围绕，内有牢房数间，今则为学子宿舍矣。此地人迹稀疏，瘴气弥漫，悬崖绝壁，茫乎大海，旷乎天沼。纵有巨舟，泛若轻萍。每有狂风，声若雷霆。波涛汹涌，摇山撼城。风扫树间，锐声啸鸣。学子回舍，有若囚徒。稍有风雨，壮声凌凌。瀑布飞奔，如马怒腾。言语失其灵，魂魄夺其外。师生对话，有若哑聋。暴雨不止，山泉下泻。宿舍为浸，衣物为湿。岂自然之锻炼学子耶？

每于熙和之清晨，登彼城楼，向天而啸。睹沧海而无极，盼高峰而低吟。野花香而陶醉，浪蝶翩而娱人。松清秀而傲骨，泉声悠而忘忧。风澹荡而至性，景依依以将人。此天性之启发也。

又或课余之暇，披荆棘以登山，涉急流以强渡。寻幽谷以探玄，登高峰以抒啸。颢清流以悠游，弄鱼竿以忘饥。履乱石以涉险，探岩穴以窥奇，临海潮以弄潮。此自然界之嘉惠也。

劳作课者，非形式之劳动，实用真切之劳作也。幼者以拔草辟径为务，壮者以运石建筑为职。兴工数日，藉天然之助力，收美满之效果。于是泳场也，球场也，渡涧之桥也，各有幽幽之草径通焉。此开垦之雏形也。惜此岛之离群孤立耳，爰为之歌，曰：山险岭峻兮难登，气候恶劣兮熏熏，吾宁久居兮？又赋归欤之歌声。

初学六朝，未知通顺否？

当时文章通篇只用句号断句，行文潇洒，意气风发，不但写到恶劣的求学环境，更细致描述了学子们开展的丰富课余生活。作为一篇出自14岁少年的文章，可谓书生意气、挥斥方遒！通过这篇文章，同样可以管窥潘鹤少年时期桀骜不驯的性格。如此愤世嫉俗的性格，哪怕现在已逾九十高龄，仍能觅得一二。

1938年11月，潘鹤一家又寄住在母亲杨秀瑛同父异母的姐姐家，潘鹤也转学至香港德明中学读书。这位姨妈的丈夫是当时香港地位显赫的银行家，他们育有一女，叫李惠仪，小名阿咩，年方十二。这时的阿咩刚从外国回来，不懂中文，清秀的脸庞上始终带着微笑，可爱动人，自然成为一家中的掌上明珠。年仅13岁的潘鹤，竟情窦初开，对表妹一见钟情，而表妹对其才华极为仰慕，两小无猜，引发了一段传奇而又让人叹息的情缘。

1938年11月26日，这是他们第一次见面，可谁也不曾料到这一日竟然成为潘鹤一生故事的序曲，更有趣的是，到1939年11月26日，潘鹤随家人离开香港，恰恰是两人相见了365天。这短短的一年时间，却孕育了潘鹤近一个世纪的雕塑梦，甚至中国现代雕塑发展的开端，也发端于此！

由于年龄相仿，虽然语言不通，但潘鹤与阿咩十分投契。他们之间用手势、用意会，交流不亦乐乎。整整365天，潘鹤与表妹已成深交。甚至，潘鹤的心扉早已为这位豆蔻年华的可爱小姑娘敞开了。

潘鹤尤为喜欢聆听她那优美的嗓音，尤其是《翠堤春晓》（*The Great Waltz*）中借用的小施特劳斯的插曲《当我们年轻时》，她唱得如痴如醉：

> 当年我们正年轻，五月风光令人迷醉。你许愿你爱我，当我们年轻时。

潘鹤后来影响较大的雕塑《当我长大的时候》，似乎就是对此的呼应。诚然，在潘鹤的大半辈子中，近乎一生的雕塑生涯里，诗意的情怀、诗人般的浪漫一直贯穿始终，也许对诗意的追求，正是从这里开始。

有一天，表妹的学校要举办绘画比赛，适逢当时的潘鹤早已迷醉于色彩的世界，对水彩画的运用始有所得。因此，学校里的活动让阿咩毫不犹豫地想到了表哥，面对可爱迷人又楚楚可怜地央求自己的意中人，潘鹤哪能不答应呢？再说，他早就想在表妹面前大展身手。

潘鹤立即调色铺纸，思索片刻——大海、天空，一帆正在远航的小船，向着浩淼深处前进着。年轻的潘鹤，无论看文学小说还是古典诗词，他总有着强烈的代入感，也逐渐开始养成他面对“命题”时所表达出自己内心对世界的狂想，面对大屿山的中学，他把自己比作鲁滨逊第二、胆艺过人的侠客。这一点在他此后一年的日记中可见一斑：

> 我感觉自己是个野心勃勃的人，凡我希望做好的事，都想凌驾于世界任何人之上。

这幅开始隐含着潘鹤个人性格追求、勇于探索精神的水彩作品，被表妹拿回学校之后，溢美之词不绝于耳。从此，潘鹤艺术天才的形象在阿咩心中逐渐树立起来。

表妹的表扬与崇拜，让潘鹤决心成为大艺术家的愿望更加坚定，不能说因为这一件事才让潘鹤有了成为大艺术家的念想，但不能不承认，阿咩的强烈赞许，成为了他追寻梦想的强大动力。

可是，谁又会想到，这幅无心插柳的小小水彩画，不仅成为了两人半个世纪情感颠簸的预示，更成为了潘鹤献身艺术的前兆——画中的小船，从此开始向着茫茫艺海航行……

二、狂妄"年少"

好景不长，随着广州沦陷，香港即将爆发大战的消息也不胫而走，各种传言使得港岛人民胆战心惊，从广东各地逃难到香港的人们，又开始纷纷迈开了回归故土的步伐。1939年11月底，潘鹤父亲又被迫带家人回佛山老家躲避战乱。

从相对安全舒适的香港回到佛山后，眼前的种种疮痍、狼藉一片的景象都让潘鹤这名14岁的少年目瞪口呆。如果说对十几年前伏在母亲背上，踏着尸体寻找失踪舅舅的情景已毫无印象，那么，这一次亲眼目睹之惨状则深深地成为了他纯洁心灵的第一道烙印。他在1939年12月6日写下如此的心声：

> 我在这个地方，真是痛心。目下的居民因为绝粮绝财源，粮食又贵，都生活在饥荒中。他们只有支出没有收入，每日只吃一餐的人家满目皆是。持久下去，唯恐将来饿死的人更多。看见这情况我十分伤心。流了不少泪……
>
> 我渐渐变成了没有慈悲心的人了，这也许是因环境所致，相信因为见惯了，或者因太可怜，只有闭上眼睛不看不想，天啊！

自小忧国忧民的情怀，逐渐养成了他的独特个性。另一方面，如同"数风流人物，还看今朝"的广阔胸襟与傲气，也逐渐奠定他日后的艺术创作格局。

自从他与家人搬进祖屋之后，恐怖的现实世界被古老的祖屋大门隔绝于他们小孩的童真世界之外。

但对充满好奇心的潘鹤来说，这也似乎不成问题，他一刻都不闲着，整天寻找着能够自我提高的乐子。他在家中自己设置游戏，与罗宾汉比射箭，幻想自己是一名劫富济贫的侠盗，时刻心系人民，也许冥冥中自此便造就了他日后从事艺术创作，一直以表现底层人民作为创作主线。

他在1939年12月24日的日记中写道：

绘画方面，我以为能和世界之名家媲美，如果在画报中找着了动人的图画，而作者又并非名家的话，我会对自己的才能感到失望……我以为自己的作品可以和世界历代名家媲美，并非等闲之辈。

这一点，之于一名不谙世事的少年，也许是狂妄之言，可谁又会想到，在大半个世纪之后，他果真被美术界捧上了“与亨利·摩尔对话”的平台上，进入了世界一流大师的对话阵列。而他自己更时刻与西方大雕塑家罗丹进行逐一比较，并成为行内佳话。

三、唯有苦闷是创作的象征

1940年4月的一天，潘鹤第一次跟随父亲走出家门。走在街上，潘鹤所看到的惨状，比刚回到佛山更甚，几乎无法直视。萧条凄凉的街道，家家关门闭户，寂静得让人打颤，偶然还听到有女人的啜泣声和男人的挣扎声，有种强烈的苍凉恐怖之感。他分别在两篇日记中如此写道：

我愈行愈觉得臭，忽然扑面飞来许许多多的苍蝇，撞着我的嘴、我的耳、我的鼻、我的眼，恶臭难忍。原来我的脚正踢在已腐烂的尸体上，一群蛆虫在蠕动。可怜的人啊！可怜的人生。（1940年4月5日）

太残忍了，街口竟有人用人肉当驴肉卖，我们肯定已吃过。抓住他，他还说，因为穷，他一共卖了十天，没有人发觉。他已摧残了许多婴孩啊！世间真有如此奇闻，人宰人，人吃人，不用成本，在街上拾弃婴当街便发货。这种举动真可怕，闻之悚然。（1941年5月15日）

这一一成为了潘鹤童年的阴影，无怪乎在20世纪70年代，他创作的《大刀进行曲》等一系列以抗日战争为题材的雕塑作品，无不通过雕塑传达出激愤和对入侵者刻骨铭心的仇恨。

“书中自有黄金屋，书中自有颜如玉，书中自有千钟粟”，面对战争现实的残酷，潘鹤选择了沉浸在书的世界，也许这是最好的避世方式，他也因此奠定了自己深厚的文学基础并扩宽了自己的文艺视野。

由于当时物质匮乏，书本已经被普通大众认为是无用之物，或者作用仅仅在于拆散后用来包裹东西。无论什么书，只按书本重量计价，每斤二角半，其中有不少价值数元以上的书籍。大约十元左右的书籍二三角就可以买到。根据潘鹤的另一篇日记记述，三角钱已可以解决一个人一顿饭。

外面的世界千疮百孔，而这时候潘鹤的身体也出现了意料不及的毛病，身体越来越虚弱，伴随着先天的心脏病，还有神经衰弱。医生断言他活不过二十岁，并告诫他要停止运动，减少思考。

虽然各种因素均没有为潘鹤提供良好的学习环境以及条件，但潘鹤求知的心始终没有气馁。他在日记中写道：

> 我甘愿为艺术而牺牲。贫穷、苦恼打击着我，我虽然终有这样的一日，文学家的贫苦，画家的受俗人的轻蔑，我甘愿……我宁愿为艺术而夭折，而不愿虚度一生。
>
> 唯有苦闷是创作的象征，倘若苦恼离我而去，一切的所谓天才亦会随之而去……

十多岁的孩子能有如此的胸怀确实难得，他不但没有屈服于困难，反而有了海量的阅读，把拜伦与雪莱看成是好友，视歌德为知己。他曾一个月就买了十二本书，过百页的书一天就能看完，作者涉及歌德、小仲马、但丁、莎士比亚、屠格涅夫等，作品包括《浮士德》《少年维特之烦恼》《茶花女》《福尔摩斯探案集》《金河王》《罗亭》……世界著名的文学作品均成为了他这个阶段的良师益友。他在文学世界里寻找自我，寻找出路，边看边做笔记，将自己和世界赫赫有名的文豪或画家相比较，有时目空一切，有时意识到自己的渺小又不免感伤起来。

他甚至经常会尝试跟大师们对话，他认为《少年维特之烦恼》在不可捉摸的文字中能抓住读者的心灵，百读不厌。

他在1941年2月25日的日记中写道：

> 歌德是一个伟人，是一个天才，他初期的杰作已引我入文艺的国域，认识了在世界中还有一个神圣、高尚的超世界。我崇敬他，感谢他，感谢他给我一个世界，启发我的心灵。

1941年3月10日又写道：

> 歌德，你也和我一样吗？你的生活，你的环境，你的遭遇，你的性格，我发现整个都表现着我。你的自传，就是我的自传，你的事迹就是我的事迹，我的心和你共通，只不过我是一个未会走路的婴孩，而你是一个名震古今成熟的灵魂。和你一样的性格，就会有和你一样的成就吗？我每次翻阅你的事迹都使我兴奋。

书店的书无法满足后，潘鹤又会跟随表哥到处翻旧物，甚至跑回曾逃难离开的房子寻找，偶尔能找到一些月刊。而最让他兴奋的不是找到了新的读物，而是发现每一期月刊里都有一幅世界名画，逐渐地，他开始从热爱文学转向热爱绘画。他开始相信自己自幼便有了画画的癖好，甚至意气风发地说：

> 啊！图画，我只要大自然做我的先生，我并不需要什么画师做我的先生，世界上只有自然能造就伟大的人才，其外总是假的。（1940年4月7日）

四、雕刻比绘画更伟大

1941年10月27日，潘鹤花了大概一斤米的价钱，买来黏土，对着镜

子毫无把握地自塑，顷刻，一个自己的形态慢慢渐现。如此的成就感让他看到了雕塑的乐趣，也由此，开启了一代雕塑大师的探索之路！那一夜，他做了不少雕塑家的梦。

自此之后，潘鹤便有事无事地玩着手中的泥土，不时塑出几个头像，众亲们均赞不绝口。但他对艺术的钟情，并没有得到母亲的理解，但在母亲看来是无用之事的艺术，却得到了父亲的逐步肯定与鼓励。

无论是文学诗词，还是绘画雕塑，对于年少的潘鹤，在那个战事连年的年代，一切都是自行摸索，无师自通的。然而，潘鹤也曾矛盾，到底是选择绘画还是雕塑？有时拿了画笔想绘画，但塑像欲又顿然勃起，便抛开画笔，弄弄黏土。虽然他曾扬言“要做一个永远的画家，代表整个世纪的画家”，但因他的雕塑技能着实让众人惊奇，在这方面他逐渐得到了认可以及自我满足。

1942年3月的一篇日记，解答了这个疑问：

> 我现在感觉雕刻比绘画更伟大，更能使人激动向上，而且潜藏着摄人心魄的力量，在一件雕刻品前你流连忘返，这是人格的表现，气质的表现啊。

1942年5月17日，他又写道：

> 文艺复兴时期的“三杰”我最佩服的是米开朗基罗，他伟大奔放雄健的魄力，使我感到男子的不可一世的气概。他与音乐界的贝多芬、诗人拜伦同为世界上最伟大的英雄艺术家。“三杰”中我最不喜欢的是拉斐尔，他柔弱的气质，实使我不敢佩服。我总认为不仅要用手用眼用心去绘画，更应该用全人格去绘画。

生为艺术

我生是为艺术，
死也是为艺术。
我有很爱的佳人，
为了艺术我不忍去爱。
我有做富翁的希望，
为了艺术我不敢去想！
我有做官弄权的可能，
但为了艺术我宁可放弃。
我宁可容忍世人的轻视而埋头于艺术！
我只希望将来只要叫起我的名字便能代表一个时代。

一、“咩”！这个神妙的字音

1941年2月2日，潘鹤收到了远在香港的表妹发来的电报。可谓久旱逢甘露，一封电报，滋润了潘鹤几乎硬化麻木的心。虽然电报是由姨丈发出，但内容里大致是表妹向潘鹤问好，鼓励潘鹤认真学习云云。

但谁也不会想到，就这么一封问候的电报，却已经开始透露出后来潘鹤与表妹未能终成眷属的征兆。电报中姨丈建议潘鹤走机械化的路，因为当代是机械物质世界，要与社会竞争才能立稳脚跟。

然而，在当时的潘鹤看来，容不得别人对艺术的半点质疑。哪怕这是一份来自表妹的“信”，他在日记中写道：“她是否有意叫我离开幻想艺术之界，不要为这无希望的幻想而下坠？唉！”

虽然电报中描述日后的道路方向上似乎跟潘鹤的喜好出现了分歧，但丝毫不影响他对表妹的思念，甚至正因为这一个来自香港的问候，点燃了他年少的恋爱之火。

他在日记中写道：

> “咩！”这个神秘的字音，是我揭开脑塞的妙音。我心头有了这一声，思想便源源泻出，便启蒙我内在的思潮，如一个汽水瓶的塞一经冲破，便潮水汹涌；我没有了它，来势总是缓缓的滞流。这是一个神妙的字音啊！

这一晚，如同雕塑梦一样，潘鹤又幻化自己变成一只鸟，飞翔于蓝天，飞过了栏栅，站在她的手上，人静了便破声说话，使她惊奇，“是我，不用怕，亲爱的”。

自此，他们便开启了长达近十年的书信往来，虽然中间被人为或因战事中断过，但这一段时期的交往，又成为了一段佳话。

正如上文提及，“我心头有了这一声，思想便源源泻出”。无论是爱情滋润，还是艺术探索，表妹都是潘鹤努力的源泉，哪怕到了耄耋之年，已然功成名就的潘鹤也曾多次在公开场合表示：如若没有表妹，就没有他今日的成就！而表妹也曾在书信中说过：“女子的使命就是造就男人的天才。”表妹如此善解人意，无怪乎少年潘鹤一堕入爱河，即无法自拔。

然而，门当户对的传统观念并没有给他们开启绿灯。阿咩的父亲，潘鹤的姨丈不但在香港拥有显赫地位，更是大银行家、富豪阶层。潘鹤的父亲潘铁虽然在当时也是有名望的人，但在经济条件上却与潘鹤姨丈家无法相提并论。双方家长均持反对意见，先是父亲冷淡地让潘鹤不要再回信，继而母亲以及表妹的父母也开始发声阻挠。

这段经历，潘鹤在日记中写道：

> 我是躲着父亲在写信，有父亲的脚步声了，我便赶快找一本书假装在看，他走了便又闪缩地拿出来写，使我在爱河中多一种险奇的风趣。

有一次，潘鹤给表妹回信被父亲发现，父亲严厉地说：“你不用回信嘛，不要乱说话。”潘鹤听后，独自躲上了天台，独自暗暗地对着花草啜泣吞声。

“宁可取去我的生命，也不能断绝我对你的爱情。”潘鹤唯有在日记中表达自己对表妹的情感。

1941年12月8日，日本发动太平洋战争，重兵进攻香港，阿咩与潘鹤间的书信往来中断。不久香港被日军占领，阿咩一家迁往澳门。直到1942年2月14日，两人才恢复了通信。

“自从别后减容光，半是思郎半恨郎。”这时候的潘鹤每天心思都是纠结的。他甚至天天坐在门前等着那个可爱又可恨的“绿衣人”，既盼望他的到来，带着表妹的信，又害怕他来，怕一封封书信全抖落时却没有一封属于自己。

二、一个不可思议的天才

潘鹤在雕塑中寻找到了乐趣之后，他决心为表妹塑像，虽然他已为表妹塑过不少像，但靠的都是脑海中对表妹依稀的记忆。没想到，表妹很快就把照片寄了过来。看到照片的潘鹤是何等的惊喜啊！他恨不得吻她千遍万遍，偎贴、凝视、抛掉甚至想撕碎。他把照片藏在袋里，又把它贴在胸前，偷偷地拿出来看了又看，发出孤寂的微笑。那种爱与痴迷的情感使潘鹤无所适从。

他在1942年6月27日的日记中写道：

> 我一早醒来，便从袋里取出阿咩的相片，向她道着早安，吻着她，立即拿了粘土给她塑像。可爱的脸，一对深深的活泼天真而迷人的大眼，浮现在我的脑海，我把嘴贴在泥像上，却粘了一嘴的泥。

“人生在世不称意，明朝散发塑凋颜！”潘鹤的塑像欲自此一发不可收。接下来的时间里，他为自己、为父亲、为亲戚朋友塑了不少像。每当塑像完成，往往引来众人围观，人们无法相信这些像竟是出自一个十五六岁少年的手，直叹“一个不可思议的天才！”

事实上，“雕塑”一词在当时的中国，仍然只是一个新的概念。这个概念较早进入中国人的视野是在1935年鲁迅的一篇名叫《在现代中

国的孔夫子》的杂文，他写道："凡是绘画，或者雕塑应该崇敬的人物时，一般是以大于常人为原则的。"而现代雕塑的概念正式对中国学界产生影响，是20世纪50年代对苏联模式的借鉴；直到80年代西方各种流派的涌入，才给中华文化的历史长河中秦代写实、汉代写意的传统雕塑提供了兼收和融创的条件。

无怪乎潘鹤当时为了更好地创作，行遍了广州旧书摊，找遍了佛山镇，也寻找不出一本雕塑入门之类的书。他不得不感叹"古人学一件事之难"。他既不知用何原料，更不知用何工具，塑较大的像时，竟不知道要搭架子，反反复复在支撑的问题上来回思考。也许，他也不曾想到，正是这些摸爬滚打的探索，成为了多年后自己谱写中国现代雕塑艺术新篇章的最好注脚。

更重要的是，这时候的潘鹤早已意识到模仿并非最高级的艺术形式。他开始认识素描作为创作基础的重要性，并告诫自己要重新认识素描，需要勤奋地画素描。

他在日记中写道：

> 不要说素描简单，没有高深的观察力，是捉不住色感与空气之流动的，不是那么容易啊！努力吧！我鼓励自己，拿起炭笔与速写本吧，到自然中去，到民间去。

三、两位老师的不同"待遇"

在师承方面，潘鹤始终强调大自然才是真正的老师。哪怕是一直希望得到父母认可的绘画，在父亲说要送他到美术学校时，他也不屑地表示"欲求非常之功，则舍万全之计"。

潘鹤之所以一直能成为艺术界的翘楚，很大程度上在于他始终保有自己的一套标准和方向，哪怕外部世界如何限制，他始终能找到属于自己的表达方式，这一点在后来的雕塑作品中更是表露无遗。

在十几岁的年纪，"狂妄"的少年潘鹤便坦言自己的学问并非由学校求得，而是全部来自书籍。他喜欢闲逸、悠游，厌恶束缚与限制，总能在书中寻得一方天地。他甚至认为老师不过是一个顾问。因此，在他的老师区庸斋先生讲及“文以载道”时，他就立场鲜明地与先生论战了起来。

值得注意的是，潘鹤强调的“真情实感”的艺术观，就这样逐渐成型，他认为“文以载道”在文体上是乏味的，是毫无艺术价值的，只是一种课本体裁，只知道记载，全无感性，全无生气。先生嘲讽咏物诗、浪漫派、印象派等，他却偏说这正是使人感怀或愉快的。

如果这只是零星偶尔的观点碰撞，真正使得其二人正面交锋的是他的那篇《大屿山东涌初中一寄宿生活》的“六朝骈文”体文章只让先生给了70分。这让他极为气愤。先生认为文章俚俗，毫无古朴含蓄之气，但潘鹤则愤怒地表示：“应含蓄就含蓄，不应含蓄就不含蓄，我所作的纯然是真情的流露，苦闷的申诉，既无顾忌，何必造作把真情磨练呢？情就是情，我是经过鼻酸一次流泪二次痛哭一次而作成的，其中的事就撩起我的情，真情算是俗吗？”

“真情的流露，苦闷的申诉”十个字几乎是贯穿了潘鹤一生的艺术创作观，哪怕在后来的政治限制的环境下，他仍然没有任何的变改。这一点成为了他独特的艺术特色。

当然，这是一个好胜的少年遇上了一名相对固守迂腐的老师所碰出的火花。年少的潘鹤虽然有点狂妄自大，恃才傲物，但内心深处，他也十分尊师重道，并且有些道理早已深谙于心：“区先生又说……一个文人学者，不能有傲气，但要有傲骨。”

后来，区庸斋先生到潘鹤家拜访，年少气盛的潘鹤立刻想到了几年前十多篇笔战之事，他故意笑着问道：“区先生，我前几日翻起你批改我的课义簿，真使我好笑！不知你改作文时有何感想？”

区先生冷静地答：“青年人的思想是常常变化的，你觉得好笑，这也不奇怪！”潘鹤笑着说：“不是哩！当时我是患着神经衰弱。”区先生回答一句：“不是病态，往往天才的青年都是这样急激的。”潘鹤本想与他斗诗，结果区先生称自己没有闲心去吟风弄月来回应，使得潘鹤仍未尽兴。

又一次，区先生到潘鹤家造访，无意中看到他雕塑的作品，不禁当众表扬了他，惊叹：“料不到阿鹤的艺术精进到如此的地步，我不知道

他有塑像的天才。事变后四五年了，我也没有兴趣吟诗，但今日我一定破戒题一首。”虽然后来具体的诗句写得如何，潘鹤已记得不深刻，但诗句中把他的艺术比作“与天地同存”的神气，倒是使他记忆尤深。

与这位区先生不同“待遇”的另一位老师，是岭南画派传人黄少强。如果说前一段时间，潘鹤仅仅是依靠书本自学艺术，无师自通，那么，随后跟随黄少强的六个月时间里，则是他人生中学习艺术最为系统的时光。

少年潘鹤的雕塑技巧让人惊叹，早已传遍佛山，谁也料想不到如此传神肖似的塑像竟能出自一个十七八岁的孩子之手，包括一位见多识广的孔姓世伯。

1942年2月的这一天，成为了潘鹤艺术探索进入另一个阶段的开始。孔姓世伯在前一天惊叹潘鹤的雕塑和油画水平后，旋即答应，第二天必定带上其外甥——岭南画派传人、当时粤港澳乃至整个华人界都闻名的画家黄少强前来指导。因此，这一天，黄少强果真随孔姓世伯到了潘鹤家中。

当黄少强踏入潘鹤的画室，眼前所见足以让他连声赞道，画室中的油画，无论用色还是构图，都十分娴熟，而人物雕塑更是惟妙惟肖。“把你儿子交给我吧！”黄少强对同样很兴奋的潘铁提出这样的要求。潘铁高兴地回应：“早两年，我就许诺要给他找一位老师，现在老师上了门，岂有不拜之理？”随后，潘鹤便对老师黄少强行了师生之礼。

作为岭南画派第二代画家，黄少强极富正义感，他对潘鹤的影响，不仅仅在绘画上，更在人格上，虽然从师不到半年的时间，但足以让潘鹤受益终身。

作为南海县小江乡丰湖里人，黄少强出身书香门第，自小酷爱读经吟诗，更受母亲孔氏影响。18岁即入广州博文美术学校学西画，后又至美学馆师从岭南画派大师高奇峰。次年又随高剑父学画，后又至上海美术专科学校随刘海粟学画。先后游历了广西、江苏、浙江、山东、山西等地，极目祖国河山，探尽民间疾苦，为后来的画作积累了大量素材。

从20世纪20年代开始，黄少强便专意从事美术教育和画艺活动，先后在家乡敦睦小学任名誉校长，在佛山秀德小学、佛山市立美术学校、南海师范学校、岭南艺苑、广州市立美术学校等任教。几年之间，师生一起举办了十多次绘画展览，声誉遍及南方各地，其中就包括在广州举办的“国难画展览会”。广州沦陷后，他迁居香港，成立“岁寒画社”以见志，并在港举办抗战画展18次，把所得的款捐献出来救济难民。香港沦陷后，回佛山闭户课徒。因此，黄少强当时回到佛山，也足以引起佛山各界的高度关注。被大画家亲自收至门下，这也让潘鹤倍感自豪。

当日，潘鹤与黄少强拜师礼行毕，便被邀请第二天到黄少强家中做客并正式授课。

第二日临行前，潘鹤内心也是一番忐忑，第一次到名扬省港澳的大画家家中，也难免有点战战兢兢。在潘鹤看来，如此的大画家，府邸一定十分奢华漂亮，他暗自思忖，到了之后该如何才能表现得自然一些?

但让他意想不到的是，当他同钟振声、陈伟良、张福弟几位画友踏进黄少强家，看到眼前的这位大画家却住在两间狭窄的旧房子时，他的质朴与低调让潘鹤尤为敬佩，之前所有的心理压力和局促不安瞬间全无，取而代之的是由衷的崇敬之心。

虽然黄少强身为前辈，也是赫赫有名的画家，但面对几名好学聪慧的少年，他并没有丝毫的架子，谈起艺术来可谓纵横坦率：

> 自古以来，真正有成就的艺术家，有几个生前就风光的呢？那些生前风光的，死后却风光不再，什么作品也留不下来。古今中外，概莫能外。所以说，搞艺术首先就得与功利绝缘，不要指望借画画能赚钱糊口，更别指望发大财，要这么指望，你也就不会有传世之作。一个画家能传之永久，多不能用于目前生活，你们决心做一个画家，就得有思想准备。

黄少强的一番话，正说到了潘鹤心底里去，与他早已形成的“艺术创作是苦闷的象征”的艺术观不谋而合。经过黄少强如此一说，潘鹤等均大受启发，茅塞顿开。

接着，黄少强继续补充：“现在我们四人中，谁敢说没有一个能名传于永远的呢？青出于蓝而胜于蓝是常有的事，他有天才，他肯苦干，

便能超乎老师。”

如果说前一番话只是拨开迷雾，让他们清楚方向，那么，后一番话则是在他们认清未来之路后所做的一番精神鼓励。

这一天的谈话，黄少强不但把自己的人生观、艺术观向几名少年敞开了心扉，甚至对于当时收授学生以维持逃难的艰苦生活的处境，他也毫不掩饰，一一坦言。而谈及回佛山后所目睹的日寇之猖獗、民不聊生的社会现实，他尤为悲愤，并激昂地告诫眼前的年轻人：“我回来，我不做汉奸，要杀我就杀我吧，反助我成名！”

如此坦荡荡的胸襟让潘鹤深受鼓舞，在日后的成长历程中深深影响着他。在后来的日记中，潘鹤换了一种说法：“只要我能够成功，穷困反增加我的光荣！”而在再后来的人生经历中，他曾遭遇过无数的考验，不论利诱也好，威逼也罢，始终不曾动摇他做人的准则。

潘鹤在1942年4月3日的日记中写道：

> 黄少强先生并不是我想象中矫揉造作，更不像一些世伯对他指责的那么做作，其实他很谦虚真诚。他说喜欢以品格高下评价作品之优劣。的确，想自己的作品能传久远就要有涵养品性了，艺术是精神的表现呀。以品格论，我是很乐于做他的学生的。

无可否认，无论是家国情怀还是艺术品格，黄少强对潘鹤影响确实非常深刻。与此同时，潘鹤跟他学习诗词、国画，所谓“传六法于一灯”。在第一次铺纸研墨时，潘鹤自嘲：“我是一个连字也写不好的少年，居然展开宣纸，润透毛笔，淋淋漓漓地挥洒自如。”也许当时他也不曾想到，如此的自嘲，直至下一个世纪后，他的墨宝同样成为了社会各界垂涎三尺的作品。哪怕直到现在，每一次挥毫，他也会同样自嘲一番。

虽然潘鹤跟随黄少强学艺时间不长，大约只有半年，但这期间让潘鹤涉猎甚广，而且在黄少强的组织下，潘鹤等六名学生在高奇峰的诞辰纪念日举办了六人联合展览。在展览结束不久，黄少强便因肺病离开了人世，享年41岁。对此，潘鹤悲伤地写下了悼挽恩师的诗词：

乍闻噩耗倍怆然，
怅恨无言意若痴，
此夜早知成永别，
该将抱负慰君前！

半个世纪以后，昔日的学艺少年已成名满全国的艺术大家，而恩师黄少强的名字，却始终未能忘怀。潘鹤曾重游少强故居，回忆道：“他对我的影响却是一生的。当时，我的课堂就在大街，恩师带着我边走边观察街上行人，然后现场作画。恩师不仅教我画画、作诗，他还用自己的言行告诉我何为艺术，他常说艺术是有感而发的，有人格自然就有风格，假情假意要不得，也无须刻意脱离人格而刻意追求作品的风格。”

偷渡澳门

她说，
无论飘到天涯海角，
我的爱情都属于您；
她说，
当我在河边看到起伏的波浪时，
我会怀念起遥远的爱人；
当我看到异地的繁星，
我会问它您的近况！

一、用塑像换来偷渡机会

“桃花开，桃花残，桃花开残信未还。”眼看桃花一朵朵地掉落，远方的信却还没到。潘鹤与表妹的联系，不但受到家庭阻挠，时断时续，更因当时战事变化而使得信件经常不翼而飞。

1944年，随着在南太平洋上屡屡惨遭败绩，日寇已是穷途末路，但他们对“大东亚共荣圈”的幻想仍然不想破灭，为防止抗日军队以香港、澳门作为与海外的联络据点，日军严厉加强了对澳门附近水域的封锁。如此一来，潘鹤与表妹的书信往来被完全中断，这可急坏了热恋中的潘鹤。

“一定要到澳门见见她！”突然，潘鹤有了偷渡的念头。可是，所有陆路，均有重兵把守；所有水路，更密布了水雷……去澳门，简直比登天还难。这火线，谁敢穿越？谁又能穿越？

潘鹤一边塑像，一边思考如何解决这件事的神情早已被相处数月、无话不说的知己朋友孔维新看穿，这时候的潘鹤正在其位于广州多宝路的豪宅中为他塑像。

这个年头，不少富豪都对国事堪忧，大部分富豪都开始转移财产，而孔维新也正暗地里准备让家丁用船把家中财物疏散到澳门去。

潘鹤听后喜出望外，毫不犹豫地说：“哪怕拼上一死，也要见上阿咩一面。”孔维新深知这一路上并没有充分的保障，毕竟当时日本人几乎难以买通，说不准人财两空。这事人命关天，虽知潘鹤对阿咩一往情深早已不是一朝一夕的事，但毕竟考虑到他年纪尚轻，无论如何也得征得父母同意，方可成行。

对于去意已决的潘鹤，哪怕母亲哭得死去活来，父亲气得全身发抖，甚至斥责道：“若要去，以后就再也别回来见我！”也阻挡不了他与表妹的见面。

可是，出门要盘缠，家里不支持，潘鹤也还是个小年轻，何来的金钱度日？幸好得到好友陈伟良的同情，他家境宽裕，送了一只很大的足金戒指给他傍身，体积小，又可以随意弯曲，非常便于携带。

就这样，潘鹤便带着这唯一的资财与平日省下来的少许现金踏上了征程。他当时乘着一艘机动帆船，在珠江三角洲河网中躲躲闪闪，有时一等便是半天。在每次的等待中，潘鹤也会想，澳门对于他是个完全陌生的地方，除了表妹家，他几乎再也不认识谁，到底要在澳门待多久？生活如何着落？前途又会怎样？但一想到马上就能见上表妹，他也顾不得这么多了。

经过三天三夜的煎熬，潘鹤终于奇迹般地平安到达澳门，航线已经被封锁一个多月，几乎没有别的人能像潘鹤这样从内地顺利跑到澳门的。

远远看到林立在澳门的石像、铜像，使得从未见过真正雕塑的潘鹤激动得立刻便狂奔过去，虽然沉迷雕塑好几年，但一直仅限于画册的图片。不过，这时候最让潘鹤迫不及待的，还是直奔姨妈家。他凭着很久之前表妹在信中对她家的描述的记忆，跌跌撞撞地寻找着。当他果真奇迹般地出现在姨妈家客厅时，别说李惠仪——阿咩一下子被惊呆了，就连三姨与三姨丈也被深深地震撼了。

阿咩几乎不敢相信，这位少年情人，竟可以不顾生死，在这战争年月里，穿越过重重防线，来到她的身边。五年后的第一次重逢，这是一次跨越生死的重逢，然而，他们谁能想到自澳门之后，第二次重逢，竟然是五十年之后。

多年后的潘鹤在《难忘的澳门》一文中如此写道：

> 天涯海角、南环、西环、大三巴、主教山、氹仔、路环、火炮台、松山、利维旅（酒店、餐厅）无不留下我和表妹的足迹，留下我俩在良辰美景下的风景写生画。

二、富豪塑像解窘迫

到了澳门的潘鹤，自然与阿咩日日出双入对，形影不离，虽不能说已情定终身，但两情相悦却是既定的事实。日日的花前月下，天天的卿卿我我，潘鹤仅有的一点儿现金转眼就没了，手上的戒指个头也日渐缩小，因为每每等钱花完，潘鹤就会到金铺以戒指上的金套取一定的现金。如此下去，终究有一天会身无分文。来这之前，潘鹤心中只有一个念头：恋爱，天天的热恋。爱情便是一切，日日夜夜地沉溺其中便是理想的天国。

这时，他突然想起了在广州出发前孔维新曾交给他的两封亲笔信，

一封是给国际酒店老板的，另一封是写给一个叫简均的人。国际酒店那封交给了服务台之后如同石沉大海，这时候只能依靠第二封。潘鹤好不容易打听到了简均这人常在新马路中央酒店四楼的“聚闲俱乐部”出没，这个地方可不是一个等闲之人的去处，俱乐部会员只有十个上下，都是全澳门前十名的富豪。这个地方只有澳门最上层的少数人知道，警戒森严，每到晚上，这些巨富们便纷纷出现，他们的活动只有一项——赌钱，一直赌至凌晨一两点。他们感觉都像没有家室的模样，玩起来都是肆无忌惮，无所顾忌。他们围坐在大圆桌旁，专心行赌，到凌晨夜宵时才围起来聊天。这里没有人因赢而欣喜或因输而顿足，一切都显得那么平静，但就是在这一片宁静中，成万上亿的财产易主了。大厅旁有一块小黑板，上面天天会写着“某街从某号门牌到某号门牌从某人名下转至某人名下，请某律师办理云云”的字句，有时候输赢甚至是整条街的房地产。

潘鹤就是在这个不同寻常的地方，找到了简均。简均收到友人书信也甚为欣喜，立刻开车带着潘鹤到处去观光，这时候的澳门市面只有几辆私家汽车，大部分都是私家人力车，叫叮当车。而且第二天还专门设欢迎宴，赴宴者都是富商巨贾、社会名流，虽然潘鹤也知道，这一切都是给孔维新的面子，但他出色的雕塑水平早已成为这班富豪茶余饭后中的谈资。简均对众人说“谁要想请这位大才子做像必须先摆上一桌，还得到我这儿挂号，大家排着队来吧！”虽然潘鹤身怀塑像的技能，但从未想起过以此作为赚钱谋生，却没想到，一次意外的社交，让他通过雕塑解决生活上的燃眉之急。

就这样，在这俱乐部里，这班富豪便隔三差五地轮流做东，开口请潘鹤造像了。

凭着雕塑，潘鹤顺利偷渡澳门；凭着雕塑，潘鹤更从囊空如洗、朝不保夕，到顶级富豪的座上宾。

简均、高可宁、傅老榕、梅伯、何澄溪、李珠等，每尊塑像大约八百元，而当时澳门白领的月薪只有二三十元。但是，每天生活作息却很不正常，白天谈情说爱，直到数星星、望月亮、送情人回家了，才赶到俱乐部夜宵、饮酒、塑像，半夜才得以安睡。

这时的潘鹤，可谓如沐春风，不但得到了爱情的滋润，所结交的圈子也让他大开眼界，用他的话是“所见所闻为我输进了终生受用不竭的强大能量”。他除了认识简琴石外，还和高剑父、杨善深、余本、黄蕴玉、孔宗周、郑子展等文化艺术界长辈有来往，其中，余本更介绍潘鹤认识了意大利雕塑家夏刚志，这为潘鹤未来从事雕塑创作起到了不少示范作用，包括大型雕塑的施工、打石、铸造等操作知识。

这次澳门之行，对于潘鹤在艺术上的探索，确实是一次实践的考验。在找不到黏土做雕塑时，潘鹤竟然坐船到氹仔爆竹厂寻找；找不到石膏粉时，则找收买佬沿街大叫“高价收购石膏枕头”，再找人舂碎炒热成石膏粉；实在找不到黏土时，就直接用桐油灰塑像，潘鹤后来笑称其时是“穷则思变，变则通”。

三、为情剃度伤离别

俗语言：“行不更名，坐不改姓。”但对于潘鹤，他不但为了能与情人——表妹一见，甘愿冒着生命危险以冲破重重困难，他更愿意为了表达自己对表妹的爱慕，决心改名为——潘思伟（伟音似惠）。表妹得知他改名的用心，自然万分欢喜，如此痴情的男子，世间难得。

潘鹤在日后的一首诗中，如此写道：

咩，
但愿一拿起了你的信，
我便能洗尽俗气，
使我的精神走入圣洁的殿堂，
使我仍有一点热血，仍有一份真情，
仍是一个真诚纯洁的思伟。

在澳门的这段时间，潘鹤与表妹可谓度过了他们一生中的“热恋十月”。年轻人的爱情观，爱得死去活来的不少，但像他们如此痴缠的，也许并不多，除了每天时刻相见，晚上还难分难舍之外，回到家还要含情笔墨，传情于信。

这是阿咩当时在澳门天天与潘鹤相见时写下的一段书信：

> 至爱的思伟：今早把你的像挂好了，我坐在椅子上呆呆望着它。在那清澈的眼睛里，我看到目光的远大；在曲发覆盖的头脑里，我看到他思想的超凡……

阿咩这样的举动，已经引起了家人高度的注意。毕竟，两家的经济实力相差悬殊，再加上三姨与三姨丈都希望未来的女婿能够掌握实用的知识技术，而非一个不修边幅的艺术家，穷困一生，贻害女儿。

经济与功利成为了阻隔潘鹤与表妹的一道屏障，这使得潘鹤遭受惨痛打击。一切都是因为钱，万念俱灰之下，恨断青丝，他决心逃离这个万恶的世俗，既然无法与爱人一起，那自己干脆剃度出家，遁入空门。

当他拿着一兜青丝，准备到竹林寺出家时，住持告诉他，因为战争，香客少了，没有地方捐善款，原先的和尚都被迫打发走了，寺庙根本养不起几个和尚。更重要的是，要出家，得“添够”香油钱。

让潘鹤意想不到的是，竟然连佛门清净地都开始满口金钱了。为什么一切都变得这么庸俗？他百思不得其解。在他看来，正因为钱的问题，他才不能与恋人相爱而恨断青丝，没想到，一心遁入空门，也因为没钱而被拒之门外。

“钱，真是万恶的本源！”潘鹤一边感叹，一边无奈，只好再次回到姨妈家。结果，这样的举动让姨妈更无法接受，做出如此荒唐之事，如何放心将女儿嫁给他？

一方面是家长们的反对，另一方面，国际战事也发生着剧烈的变化。1945年5月8日，第二次世界大战的罪魁祸首德国法西斯宣布无条件投降。7月26日，美国、英国和中国三国发表《波茨坦宣言》，敦促日本迅速无条件投降，但日本政府置之不理。为迫使日本迅速投降，美军在日本广岛和长崎各投下了一颗原子弹，这是人类历史上首次将核武器用于实战。同年8月15日，日本宣布无条件投降，第二次世界大战至此结束。

这本来是一个普天同庆的大日子，但对于潘鹤却痛不欲生。战争胜利，意味着水路、陆路都畅通了，离家出走整整十月，父母的牵挂早已难以言表，潘鹤不得不踏上回家之路。但一想到要跟热恋中的爱人离别，可谓心如刀割，万般难舍。

在踏上回家的船之前，潘鹤与阿咩约定，既然交通畅通了，那回去后随时回来都可。还有十天是中秋，他们希望在这个月圆之夜，能人月团圆，永不分离。

谁能想到，这本来是十天的约定，却成了五十年的苦苦追寻。

投奔革命

我想，我是属于艺术的。
因为我每一想起艺术，
就勇气百倍，
就精神振奋。
决心从今起锐意调理身体，整顿生活，
除艺术之外，还有什么能如此令我愿意关照自己的？
就算爱情复生，也没这一力量。

一、“她结婚了！”

澳门一别，潘鹤便再也联系不上阿咩，潘鹤按照约定在中秋回到阿咩澳门的家，却早已人去楼空。“桃花依旧在，人面已全非。”阿咩一家突然消失得无影无踪，使绝望的潘鹤再也无心写日记，情书也已无人可托。唯有以诗代信，仍然坚持不懈地寄出，尽管他早已知道回应的可能渺茫。

其中一首，是这样写的：

……

把笔已茫然。

却牵起了离愁懊恼。

今日风光指点何处好。

眼底云烟。

欲寻无路。

又试问画到成时。

泪滴几许。

我欲长歌远去。

怕只怕。

晓风残月下。

又牵起了恼人愁绪。

恋爱是艺术的腹稿。在日夜欢歌缠绵的时候，艺术便在酝酿；在悲哀想念的时节，艺术便在萌芽；在苦闷填胸的刹那，艺术便要爆发。欢歌缠绵固然是爱的表现，就是那苦闷填胸的悲哀也是爱的精华。

可是，没有了爱情的期许与滋润，没有了阿咩的鼓励与仰慕，令万念俱灰的潘鹤开始怀疑自己所做的一切，包括让他同样痴迷的艺术。什么雕塑界的贝多芬，实属无聊；什么米开朗基罗、菲狄亚斯，又算什么？

他曾在1948年8月2日的日记中，追忆过这一段浑浑噩噩的日子：

20岁那一年，除了爱情，不知生命与名誉，不知艺术与父母，过着疯人的生活。唉，那一年我几乎丧身于烈酒。至此，一切都完结了。爱人离去，身体已感不支，厌弃艺术，厌弃一切，前路茫茫……

1949年2月，相隔数年，潘鹤终于收到了来自阿咩的消息，可是，这个消息却让他一脸愕然，“她结婚了！”四个字终结了四年的相思。四年，四年！天上飘过多少浮云，珠江流过多少江水，但潘鹤的心仍停留在她那里！苦也苦够，癫也癫够，酸也酸够！来了这么四个字，是结束，也是开始。

在日记中，潘鹤一方面说自己为此“获得解脱”：“她去了，我亦新生了。我的心灵从此可以自由了。”可另一方面又说：“四年了，我日日夜夜在盼望，在懊恼，在疯狂，在人前我比谁都开心，在人后我比谁都痛苦！爱她的念头一刻也停不了。”

为此，他称：“我不想再与任何女人谈恋爱了，恋爱的失败固然是痛苦，但恋爱的成功对艺术家来说也是痛苦的。结婚是最羁绊性灵的东西，凡伟大的艺术家都不应结婚，艺术家亦只好一生在恋爱的磨难中度过好了。”

他在日记中奋笔疾书：

> 我不能做一个懦夫，什么乘桴浮于海？！我要战死沙场，做一个堂堂男子！我要从零开始白手起家，我要到遥远的地方去建立我的艺术王国，我死而无憾！无论怎样总比现在有意义得多。

二、回了大学，上了“战场”

一天，他突然看到报纸上的一则广告，是华南人民文学艺术学院招收革命学员。那个年代，“人民”再加上“革命”的字眼，就足以让年轻一代热血沸腾，潘鹤毫不犹豫地报了名。

原来，这是一所培养革命文艺干部的学校，1950年由广东省立艺术专科学校、广州市立艺术专科学校合并升格而成。在这所学院里，有来自延安革命圣地的一批老革命文艺战士，也有原东江纵队的文艺战士，包括欧阳山、王匡、陈残云、黄新波、华嘉、杜埃等一批当代著名文学、艺术工作者。

潘鹤在1949年12月18日的日记中写道：

> 我回到了新生的祖国，太令我兴奋了。我望到了祖国的前途，我也望到了艺术的前途，我除了兴奋之外，还有什么可说呢？从前米开朗基罗为帝王发挥了最伟大的天才，完成了历

史上无以匹敌的雕刻，现在我期望能为群众发挥我的才能，完成我此生唯一的宿愿！我愿争取将此生的精力为新时代留下千百万件作品。

潘鹤凭着他那股子不怕死的劲头以及过人的聪明才智，很快便得到了这批老革命文艺同志的赏识。三个月后，他被派往第一线，参加农村的整顿农会工作，为解放区征粮。原本因失恋一心寻死的潘鹤，到文艺学院，也是看到“革命”二字，早就有做好为国捐躯的准备。因此，面对如此的机会，正好符合他的愿望。

当时新中国刚刚成立，政府需要征集大量的粮食，以解决大城市的粮食抢购现象，所以，不得不把一些年轻的革命文艺干部放到第一线上。当时，潘鹤与几个同学被派往位于中山县白蕉区三灶岛对面的大海环（今属珠海）参加征粮及改组农会的工作，这个死角，以前没人去，也没有人敢去，历来是土匪与海盗的老巢，历代政府，无论是清廷，还是民国，甚至日伪政府，都不曾在这里征过一粒米。土匪武器精良，连迫击炮都齐备，不仅如此，那里可谓全民皆兵，几乎男女老少齐齐上阵，孩子满十八岁就一手拿烟枪，一手拿火枪——投奔土匪队伍。

民风如此彪悍的一条村，虽然名义上也成立了农会，但始终操纵在土匪手中，只不过是土匪的代理人罢了。

要征粮，靠这样的农会是不行的，但又不能不通过他们。因此，面对这样一个征粮难题，在动员大会上，领导的第一条要求是“不怕死”。这一条要求在潘鹤看来，可以说完全不算要求，他毫无顾忌地举起了手，主动请缨参加了白蕉征粮队。来自华南人民文学艺术学院的几名同学见状，也纷纷踊跃举手自荐。毕竟，潘鹤是他们一直拥戴与崇拜的首领与偶像。

就这样，潘鹤立即被任命为白蕉大海环征粮工作组组长。一支驳壳枪、一枚手榴弹，三四名同学，就这样组成了征粮组，以赴死的决心，到白蕉区政府报到。让他们没想到的是，接应他们的农会的人，早已被土匪控制，面对他们的到来，自是一句冷嘲，一句热讽，甚至通过土匪杀人无数的事例来吓唬他们。

早已视死如归的潘鹤，哪里顾忌得来这么多，未等农会的人啰嗦完，他便铿锵有力地斥责道："马上打锣，召集群众，开大会，我来宣读征粮政策！"虽然语气凌厉，说话斩钉截铁般的威武，但农会的人根本没当回事，结果折腾半天，几乎没群众前来。在场的几乎都是土匪安排来的"群众"。潘鹤见状，火冒三丈，啪一声，把驳壳枪拍到讲台上。心知再僵持估计一时三刻也难召集真正的群众，但面对这些土匪的爪牙，怎么也得表明立场，严肃传达征粮政策，震慑警告他们一番。

接下来，征粮与整顿农会的工作可谓步履维艰，障碍重重，麻烦迭出，甚至工作组还遭受生命威胁。但潘鹤早已把生死置之度外，凭借已经取得的经验，访贫问苦，经过长期的努力与沟通，终于动员了有存粮的农民纳粮，而且把农会也逐步抓到了自己手中。

实际上，在学院里，潘鹤看似把时间都花在了这些社会工作上，这个阶段在艺术创作方面似乎并没有多少成果，但他的文艺思想却在悄然发生变化。欧阳山院长的"人民文艺论"课，杜埃教授的"社会发展史"，令他接受了全新的艺术观点，在1950年3月日记中他写道：

> 我们应该为广大群众服务做好准备，正确的艺术是忠于艺术、忠于人民的。艺术应永生于人民之中，人民才不至于与艺术脱离。只爱自己、只爱艺术是不够的！

三、当爱情来敲门

没过多久，华南文学艺术界联合会需要从学生中抽调几个有业务能力的骨干，而潘鹤刚刚参加完土改试点并取得不错的成绩，顺理成章地被借调到联合会的编辑出版部主持《华南文艺》和《华南画报》的组稿及编辑出版工作。被调到一起的还有张幼兰、郑天建、张虹、罗超群等，潘鹤便在这里认识了现任太太张幼兰。

其实在这之前，他们早已有过"一面之缘"。那一次，在华南人民文学艺术学院上大课，所有学生聚在一起，好几百人，有学习戏剧的、文学的、美术的、音乐的……潘鹤坐在后边，偶然发现坐在他前排的一位女孩子，侧面非常入画，线条清晰，一管高高的鼻梁，还有一双大眼

睛。作为善于发现美的艺术家，潘鹤本能地拿起了一张纸，一支笔，迅速地画了起来，线条勾勒十分到位，形神肖似，旁边同学争相传看。不过，这并没有惊动张幼兰本人——潘鹤当时也并不知道她已经失聪。

在这里再次见面，潘鹤才想起来那次大课的一面之缘。很巧合，也正因为张幼兰失聪，工作上需要别人关照，而这时候的潘鹤是代组长，所以这个工作似乎对于潘鹤而言便是当仁不让的。因此，两人交流自然多了，开会时她也坐在他身边看记录。

说起张幼兰，可谓出身门第之家，其父是北伐军中的著名医官，北伐结束后下海经商，首创了广州的拍片厂及几间电影院。

她12岁便得了中耳炎，其时日军开始轰炸广州，她便随家人逃难到桂林，沿途都是穷乡僻壤，误信庸医，耳膜被弄穿，致使她听不到任何声音。但她自幼聪慧，受家庭文化熏陶，14岁便在香港的《星岛日报》上连载中篇小说，15岁师从高剑父先生学习绘画，1947年入南中美术院学习中国画，其绘画才能与文学功底深得同行赞誉。如今香港女作家林燕妮，是她姨甥女，曾说自己写文章，就是受姨妈张幼兰影响，并曾写下文章专门谈及此事：

记得小小的我，一出生便知道九姨是失聪的，但是我完全不觉得是一个问题。

小孩子的赤子之心，令到任何方法都是沟通的方法，我从不觉得九姨听不见我说话，只要我面对着她，她都知道我在说什么。

因为九姨蕙质兰心，心静聪明，都没有请特别老师教过她，她自然而然学会了看唇语。

九姨很美丽的鹅蛋脸儿，双眸似水，一管鼻子又高又直，还有两片俏丽的唇，皮肤白白的，长着一头直发，是个极其美丽的少女。

九姨是学美术的，她的纯真，她对失聪的不自觉，和她的清秀脱俗，令她的教授（注：此处有误，当时的潘鹤并非教授，只是华南文联一群小青年中的一员）情不自禁爱上她，结果成为夫妇。姨丈是国内著名雕塑家潘鹤，从北京到珠海都有他的巨型雕塑。

他雕塑的女像，都是鹅蛋脸儿、眼大鼻高、俏嘴含个微笑，他的同事笑他：怎么老照着你太太的样子造？

九姨，如果不是失聪，天使的脸孔加上婀娜的身段，应是个无憾的美人。

然而，她从不觉得自己有憾，面对面说话，你根本不会发觉她是聋的。

后来她有了孩子，三个男的，我问那三个顽童表弟："嗯，你们在妈妈背后说不好听的东西她知不知道？"

三个表弟说："怎么不知？好的她听不见，一说错了话她却似乎有直觉，转过身来教训！"

我和九姨，自小至大未试过"谈"不了话，我根本忘了她是全聋的。

现在年过九旬的潘鹤谈起当初为何会选择张幼兰，他也毫不掩饰地称，正因为她失聪这个特点，让她处于浑浊、污秽的世俗之外。当然，他也开玩笑称："我们永远不会吵架的，因为我说什么她听不到。"这只不过是潘鹤幽默地透露了他们日常之间的恩爱，事实上，他们从相识开始，交流并不是个问题。

言语的隔阂对于潘鹤来说，似乎从来都不是问题。潘鹤在第一次见刚从国外回来、不会讲中文的李惠仪时，也并不会因为语言的不通而阻碍两人的交流，这是否又跟潘鹤的真性情有着密切相关？也许吧！

因此，在那个时候，潘鹤早已习惯了与她无语交谈。张幼兰不但清纯，更重要的是，她非常乐观积极，凡事皆往好处想，如此一方碧玉般的少女，顿然让潘鹤自觉承担起保护她的责任，成为她与世界之间的一道屏风，挡住一切杂音。

久而久之，两人合作做事已经毫无隔阂，无论是一起工作，还是绘画上的合作。更重要的是，潘鹤几乎成为了张幼兰与其他人交流的"唯一翻译"，没有了潘鹤在旁，她不但难以独立工作，连沟通也是

一个问题。

因此，出双入对、形影不离成了常态。慢慢地，流言也开始多了起来，周围同事和朋友开始拿他们开玩笑。尽管如此，潘鹤始终把她当做自己呵护下的小妹妹，根本没有作半点“非分之想”。自从失去阿咩之后，痛过后的反思使得他觉得自己不会再产生爱情。

对于他们是恋人关系这一点，也着实让不少人自己也抱有怀疑，毕竟之前让潘鹤爱得死去活来的阿咩与张幼兰简直是两个完全不同风格的人，按照潘鹤前一段的热烈、浓情、张扬的审美取向，大家怎样也无法理解他突然转向文静、典雅、内敛、含蓄的张幼兰。

很多人并不看好这段姻缘，哪怕结合了，不少人也持保留意见，认为他们并不会长久。自然，那些人并不真正了解潘鹤。唯独黄新波，这位中国杰出的木刻版画家、当时广东美术事业的掌门人另有见地。他非常清楚，潘鹤内心真正的追求反而是淳朴、纯真、超凡脱俗。而张幼兰不仅具有这些特点，而且十分有才华，无论是在事业上，还是情感上，张幼兰的条件都不会跟潘鹤有差距，当时在绘画方面，或许甚至更胜一筹。

黄新波曾多次在关键时刻，如此对潘鹤说：

> 你们俩，你需要她，她离不开你；彼此间，算得上门当户对，实在是金玉良缘，互相都没什么可挑剔的……你还在等你的前度情人么？你心中明白那已是不可能的事了，还是告别过去，面向未来吧，你上哪里找张幼兰这样的人品？

在黄新波的谆谆劝导下，潘鹤也逐步摆脱多年来失恋的痛苦，并慢慢敞开情感的心扉。或许是黄新波点醒了他，张幼兰的纯洁与纯真，使得潘鹤再次看到了爱情的曙光。

“对啊，那就不要再拖了，不如结婚吧！”潘鹤脑中突然有了这样一个念头。

对于张幼兰，由于自身的情况，对潘鹤日常的协助早已形成了依赖，甚至她也已开始对潘鹤产生好感，潘鹤的细心、体贴、热情，让她时刻感动。

一切就这么自然而然，一切就这么顺理成章。相对前一段那种轰轰烈烈的、“山无陵，天地合，乃敢与君绝”式的山盟海誓的爱情，这一段则是一种“随风潜入夜，润物细无声”的，柔和不争，水波不兴，却是静水流深的爱情。

如果说，潘鹤与阿咩不顾父母反对，冲破重重障碍，鸿雁传书，甚至潘鹤为了阿咩，不顾生死，越过重重雷区与日军的关卡，只为与阿咩见一面，是一种伟大，是年轻人追求心中所爱所体现出的大无畏精神，那么，显然，相对失聪的张幼兰，这些似乎都不曾存在。但她的沉默、不争，对潘鹤的宽容、包容与忍让，甚至后期在画坛的主动淡出，相夫教子，把一个有着三个小孩、两个老人，还有几个需要潘鹤在经济上支持的弟妹，一共十三口的家庭管理得井井有条，这不正是中国历代家长观念所倡导的贤妻良母吗?

有人会因“梁山伯与祝英台”那种视死如归的爱情而感动，但也有人努力一辈子只为能享受一段平淡却恒久的爱情。每一段爱情，要长久，总需要有牺牲，张幼兰没有选择争取与占有，而是适时的牺牲与退让。如此默默无闻，却始终在背后维系一切的态度，又有多少女性愿意呢?

1954年，潘鹤与张幼兰结婚了。而在他们确立关系，准备共谐连理之前，成名作《当我长大的时候》也在酝酿之中。

说起正儿八经的雕塑创作，潘鹤几乎从澳门与阿咩一别后，一直并没有多少震撼心灵的作品出现，而当第二次爱情来临时，艺术的源泉也随之涌现。

也许，在此之前，潘鹤的激愤、剃度、放浪形骸等行为是因为年轻该付出的代价，那这个时候的潘鹤，真的长大了，成熟了，有了担当。他在长大后，反过来看小孩的童真、无邪，正是他自己对人生前一阶段的哲思。因此，他的这件《当我长大的时候》雕塑既有小孩的好奇、天真，也似乎传达了成年人对小孩的期许与盼望。

雕像创作初期，作品一共三个人物，整体构图是一名年轻的女教师，弯腰站立在两个正说悄悄话的孩子身旁，感到万分欣慰。在老师的悉心教导与爱护下，孩子们天真活泼，憧憬着诱人的未来。

不过当时几位权威的评论家，认为老师的形象是多余的，结构上不紧凑，出现了两个“中心”，于是，最后作品就剩下两名小孩。

后来，这件雕塑作品代表新生的人民共和国，被送到瑞士举行的国际母亲节大会上展出，也成为1953年第二届广东美展的参展作品，后又送到波兰，参加第五届世界青年联欢节。作品轰动一时，国内全国性大报及期刊都竞相报道介绍，还包括苏联《星火画报》，这是新中国成立后他第一件脱颖而出的杰作。

这一年，他26岁。

艰苦岁月

艺海浮沉未为耻，
轻舟重棹正其时。
脱胎换骨凭大勇，
师怀壮志我最知。

——梁明诚予潘鹤

一、刹那“艰苦”成永恒光辉

可以说，笔者对雕塑的认知，首先是来自一尊名叫《艰苦岁月》的雕塑，这尊作为为数不多能选入小学《语文》课本的雕塑，着实影响太大。它能够为人所知既有巧合成分，但同时，也与潘鹤一直强调的真善美离不开。没有巧合的机会，它恐怕一直都被弃置在角落，但没有潘鹤的“私货”、个人的真情实感，也不能为世人传颂。

这段时期，潘鹤与张幼兰、郑天建等人合作了不少为群众喜闻乐见的连环画，然后参加了以黄新波为首的广东省美术工作室筹建工作，其工作量相当于后来广东的美术家协会、画院、群众艺术馆的全部工作。工作室干部只有六七个人，工作事务范围则包括现在的广东、广西、海南。

1956年，中央军委正在筹备中国人民解放军建军三十周年纪念美术展览会，向各省美术界征集作品。广东省被分配负责表现五个方面主题的任务。其中，给潘鹤下达的任务则是表现中国人民解放军南下大军在人民群众的密切配合下，团结一致、同心协力解放海南岛的辉煌成果。

创作机会的来临，潘鹤当然不会随意漏掉，这也正让他找到了可以宣泄艺术情感的机会。在看完一堆历史资料之后，潘鹤感到解放军在正面轰轰烈烈的战斗固然让人振奋与鼓舞，但取得解放海南岛胜利背后的辛酸更让他尤为感动。潘鹤曾在一篇文章中如此写道：

> 我在“深入生活”的过程中，却了解到当时的民众并不如我所想象的那么有觉悟，“自觉、踊跃、同心协力地配合南下大军”更是无从说起，倒是冯白驹所领导的琼崖纵队艰苦奋战的事迹深深地感动了我。

解放海南岛时，由冯白驹领导的琼崖纵队作为内应，配合解放军渡海主力部队一举摧毁了敌人海陆空的环岛立体防御体系，对取得解放海南岛战役胜利起到了关键性作用。而琼崖纵队在党的领导下，在极其困难的环境中艰苦奋战二十三年，革命红旗始终不倒，为中国人民革命事业作出了重大贡献。

尽管上级一再提醒潘鹤，要表现革命高潮，正面表现胜利的大场面，但一向强调艺术创作需要真情实感、秉承自己内心想法的潘鹤，哪里管得上什么主流意识，他的心早已决定了要表现这支琼崖纵队背后的动人故事了。

很快，潘鹤便开始走访相关的人物，他首先采访了曾任琼崖纵队司令员兼政委、时任广东省副省长兼广东省委书记（当时设有第一书记）的冯白驹。

冯白驹是中国革命史上的一位传奇人物。他是琼崖革命武装和根据

地创建人，长期组织领导海南岛地区的革命武装斗争，被誉为“琼崖人民的一面旗帜”。冯白驹家简朴的客厅，让潘鹤深深地体会到了什么叫人民的公仆：除了一张烂沙发外，最显眼的就是一件海南特产——大珊瑚石，颇似一座精致的浮雕。这件最“名贵”的摆设，却是海南老百姓所赠。

冯白驹对潘鹤回忆道，有一次，一百多人被敌军围困在母瑞山上足足一年时间，敌军在山下筑满了碉堡，层层进逼，扬言要把他们困死、饿死。山上渐渐弹尽粮绝，只能靠挖野草度日，不少人被敌军打散，也有人悲观动摇，扔下枪逃跑……最后，指派下山去摸情况的人，都一去不返，有的被杀害，有的无法回山。最艰苦的时刻，只剩二十三条汉子！饥寒交迫，加上疾病折磨，已很难坚持了。冯白驹回忆：

> 有一天，横扫南海的台风袭击了山头。暴风雨过后，天渐渐亮了，借以藏身的整个树林都被摧毁，残枝折干横七竖八在山坡上，让人心惊。这时，我突然发现，一只只蜘蛛，已从乱叶杂草中爬了出来，在斜立的残枝上结起了网。这使我很受鼓舞，小小的蜘蛛，尚能重新结网，重建家园，我们还有二十三条好汉，难道不可以重建革命队伍吗？于是，我立即把大家召集起来，以蜘蛛结网来振奋起大家的精神，策划下山联络——一百人绝不会无影无踪消失掉，要寻找失散的同志。就这样，二十三位虚弱不堪的战士下了山。结果，由于队伍小，钻出了敌人的合围，然后化装成小贩分头行动，一串连，几百、上千的同志又很快聚集起来，星星之火，重新健全、壮大了党组织。

根据走访收集的大量资料，潘鹤首先创作了第一稿油画素描稿《琼山游击队》，表现衣不蔽体的战士倦睡在一夜暴风雨的树林间，冯白驹醒来凝望着织网的蜘蛛。潘鹤想着，面对狂风暴雨，蜘蛛所织的网被吹破了无数次，但蜘蛛还是毫不气馁地重新再织一次，再接再厉，这就像我们当时的革命精神一样，永不放弃，最终迈向胜利！这一点应该是正面积极的，但让人没想到的是，第一稿被否决了。理由是当时国家政治上“一边倒”学苏联，文艺方面更是要紧跟其后。当时苏联正在批判《第四十一》，批判“中间人物论”，所以，作品不能表现革命的低潮，不能表现任何个人，还要批判“地方主义”；在艺术方面批判印象派，敢于突破官方学院派的束缚、走自己的路的雕塑家罗丹也在被批判的行列中。作为一向强调真情实感、凭着艺术家的良心搞创作的潘鹤，他哪里会知道那么多条框，“什么东西感动我、打动我，我就表现什么，没考虑别的”，几乎是潘鹤的口头禅。

哪怕油画稿被否决，潘鹤的性格也不会随意违背内心的想法去创作讨好上级的大场面作品，他还是遵循内心感受，从真正动人的事迹和角度寻找灵感。雕塑家罗丹曾说：“在艺术中，有性格的作品，才算是美的。”而潘鹤的创作正是如此，他后来接受媒体采访时称：“我当时年少气盛执迷不悟不服输，又选了最感动我的同一表现失败的场面，改成雕塑送展。”

潘鹤把油画改成雕塑，并回忆起当时游击队在那艰苦的环境中，有一个四十来岁的炊事员非常爱唱海南歌，在同伴们都愁眉苦脸、意志消沉，不知道国民党军什么时候会围攻上来的心理压力下，这位老战士却经常大声唱歌，鼓励大家。这样一个场景给了潘鹤非常深刻的印象。他曾在文章中写道：“于是在我面前就浮现出这样一幅画面：山林瘴气烟雾腾腾之下，一位红军老战士正吹着笛子，他的身边依偎着一个十五六岁的小红军战士。他们光着脚，衣衫褴褛，饥寒交迫的生活使小战士的嘴唇都完全干裂开了。老红军为了振奋他的精神，吹起了笛子，欢快悠扬的笛声不仅使小战士忘记了眼前的困境，连老战士自己也沉浸在对美好明天的憧憬中。”

想到这里，潘鹤毫不犹豫，立刻开工，这件描绘“老战士吹笛子，小战士偎依身旁倾听”的造型，体现艰苦年代的革命乐观主义精神的雕塑作品，就是著名的雕塑《艰苦岁月》，从动手创作到完工仅仅用了二十多天时间。

本来第一稿送审被否决，就没有第二次机会了。让人意想不到的是，又是黄新波，他对这个作品赞赏备至，甚至做出了一个大胆的决

定——既然无法送审草图，干脆把作品直接送到北京再看看。这个决定，竟成了潘鹤一鸣惊人的契机！

似乎一切的安排都为让这件作品走进大众视野做好了准备：由于预展开幕时间紧迫、诸事繁忙，这个颇有“离经叛道”意味的作品，居然由于一串偶然原因产生的疏漏，“免审”而直接展出。

虽然黄新波给潘鹤“做主”，直接送审展，但潘鹤也早就做好了心理准备：作品被退回来，并且接受批判。这无疑是一次铤而走险，不是表现大胜利、大会师的光明场面，能为那些审稿人所容忍吗？

结果，让潘鹤完全意想不到，作品不但展出，更获了奖，全国大大小小的报刊纷纷报道。此时的潘鹤，也从报纸上得知此消息，依然觉得一脸茫然，直到寄来800元奖金，他才相信了这并非误传。这在当时可是一笔很大的钱，同时获奖的其他人，包括辈分比潘鹤高的才得到几十元，而当时普通工人的收入每个月也就几十元。

紧接着，全国有两百多家报刊发表了这件作品的照片。惊喜之余，潘鹤始终想不通为什么作品突然备受欢迎，直到他后来看到了刊登在《解放军画报》上的一幅《在建军30周年美术展览会》的油画才恍然大悟。该作品画面表现的是陈毅敞开衣襟，一只手叉着腰，一只手指点着雕塑《艰苦岁月》，并兴致勃勃地追述着什么；面对他的，则是邓小平、彭德怀、林彪等一班统帅人物。原来，这件雕塑当时被领袖们误以为表现长征时的艰苦岁月。于是，他们不约而同地被勾起了往昔回忆，回想起了过去在长征路上的种种艰苦，被作品深深地打动着，产生了深刻的共鸣。更重要的是，作品并非只拿当时艰苦事迹进行宣泄，而是通过这样的事，表现对革命的未来充满自信心这一点使得统帅们感觉苦尽甘来，得之不易。

也正因为这种精神，在“勒紧裤带”都要挺过去的三年困难时期，全国都在寻找一种“精神力量”，以鼓舞六亿人民度过困难时期，因此，《艰苦岁月》再次成为首选：不少刊物把它当作插页、封面；小学课本也把它收进去作“看图作文”，以学习红军艰苦奋斗的乐观主义精神……

1960年，中国人民革命军事博物馆建成并开放，潘鹤去参观，发现

《艰苦岁月》被陈列在红军长征的展区里。本来这是件歌颂解放海南岛的作品，而它却被陈列在表现红军长征的系列作品里，显然跟潘鹤创作的初衷有了错位。潘鹤曾试图说服馆长，让这尊雕塑回到海南游击队的陈列展中，但未被接受，且不让潘鹤再提这件事。后来潘鹤了解得知，原来是当时正在反对“地方主义”，全国的原游击队战士很多都被打成“地方主义”，有关部门当然不会同意创作作品出现游击队题材。

无论如何，《艰苦岁月》成为20世纪中国乃至世界雕塑界的经典之作已经毫无争议，它不仅为中国人民革命军事博物馆收藏，而且为全国多个省的博物馆收藏，外国著名的博物馆也一再表示要收藏它。此外，它更被写进了中国的美术史、苏联所编的世界美术史、其他国家所编的世界美术史以及中国的中小学课本中。这是潘鹤的第二件传世之作。

潘鹤在后来的文章中写道：

> 我曾很奇怪为什么他们收藏的不是表现风花雪月、吉祥之类的东西，他们说出的道理是他们已收集到了世界各地各种流派的作品，中国的也有，但那都是明清时代的，正缺少表现中国革命时代的作品。虽然这幅作品带有很强的历史性和革命性，但从广义的人性角度来看，每个人都有其艰苦的一面，不管什么政治家、企业家、资本家，什么党派都会有其艰难的时候。这正是这幅作品之所以让他们很感兴趣的原因。

《艰苦岁月》的诞生，代表着潘鹤的艺术创作开始走向成熟。从那时起，一种着力于体现人的情感，体现创作者的世界观，体现整个社会时代印记的创作风格被确立了起来，后来的人们习惯于将它称之为“南方雕塑”，区别于教条性的“学院派”雕塑。雕塑界将这样的雕塑定位于“绘画性”雕塑。不拘一格、“不择手段（手法）”、“不重复自己”、有感而发、信手拈来、关心时代、不盲目跟风等便成为了“南方雕塑”的基本特征。

美术理论家梁照堂后来评价称：“可以说，广东没有一个艺术家能像潘鹤在雕塑界这样，能有如此高的影响力。中国画的权威不在广东，

油画的权威不在广东，但中国雕塑的权威，正是潘鹤。可以说，他是中国现代雕塑语言运用得最好的雕塑家。他的《艰苦岁月》构思巧妙，概括性极强，思想极高。”

潘鹤曾经说过，他的作品喜欢表现“痛苦”及“反抗”，风花雪月的东西打动不了他，而只有足以打动他的作品他才会去完成，他的艺术创作完全是发自内心的，这就是为什么他的作品总是能恰到好处地表达出人物的情感，能够代表一个民族，能够体现一个时代的原因。在他看来，真正的艺术之所以能够经得起时间的考验，无非是它表现了真善美；真是首要的，没有了真，善就变得虚伪，美也就假了。每个时代不同的人的审美观都不尽相同，不能为了追求时尚、追求潮流、哗众取宠，为名求利而丧失了真，那也就失去了艺术表现的真谛，也就没有了艺术的永恒。“我认为只要凭良心办事，从事实出发，你的创作就能逐渐被理解并引起越来越多的共鸣。”

二、与毛主席见面

但好景不长，1957年4月27日中共中央发出《关于整风运动的指示》，决定在全党进行一次以正确处理人民内部矛盾为主题，以反对官僚主义、宗派主义和主观主义为内容的整风运动。随即，一场整风运动与反“右派”斗争便蔓延全国。

潘鹤很快便有了另一个身份：被中国美协广东分会列为需要“帮助”的人，美其名曰“帮拉会”——拉得过来就拉，拉不过来，自然便坐实了“右派”的帽子。因此，潘鹤便被安排在大会上作初步检查，然后分小组提意见，再修改，再公开批评。几经反复，经美协大会通过后，再到华南文联大会作“检查”。

1958年1月11日上午，广州市文德路华南文联大礼堂举行千人大会，文联有十几人上台做检查，潘鹤就是其中之一。潘鹤的检查洋洋洒洒六七千字，对自己的认识、定性、“罪名”剖析得十分全面、彻底。

但无论何种情况，给潘鹤的“命题作文”，哪怕再多的条条框框，他依然能找到可以“说话”的地方，他始终是他，一贯保持着自己的傲骨。他在检查中“暴露思想”谈到的很多所谓的“错误观点”，在今天看来恰恰反映出的是一位艺术家高尚的艺术品格。如谈到“文艺与政治的关系”，“检查”中说：

> 从理论上我是承认政治第一文艺第二，因此，在对待创作上我懂得首先考虑作品在政治上的目的性，在欣赏作品时也不至于过分重视形式而忽略政治内容，在创作主题上也同意以反映工农生活为主流。

并主动给自己定了性：属于“专即红”一类。

他列举了由此而推出的六大罪名：

1. 重才不重德；
2. 只钻研创作，不钻研行政事务；
3. 只关心技术，不关心政治；
4. 认为提高即普及；
5. 对深入生活看成首先为了创作，不首先为了改造；
6. 对创作的严格要求自己，是为了保护自己的声名及扩张自己的声名。

这可以看得出当年政治斗争的冷酷无情及施加在一位善良无辜的艺术家身上的沉重压力，但我们也从那些自辩与“狡黠”的言论中，看到潘鹤那种独立的、有自己艺术主张的可贵之处：他借检讨来表达自己的艺术观点和追求，正体现了他的自由精神，一种中国古已有之的士者风骨。

虽说“书生都有嶙峋骨”，但在如此高压的政治环境中，做完检查等结果的潘鹤也难免战战兢兢。毕竟从冯白驹在政治舞台上的突然消失算起，到敬重的老教授、老革命一个个被打成了“右派”，数十万知识分子几乎是在一夜之间，由社会精英变成了社会垃圾，从座上宾变成阶下囚。虽说经历过多次政治运动，每一次都安然度过，但这一次，潘鹤从未这般如临深渊、如履薄冰。正在他做好了被划成“右派”的思想准

备时，突然来了通知。

通知让他火速到文联大门口集合，不能不去。他想，终于轮到自己了，宣布是“右派”就“右派”吧，遣送下放，听天由命，反正城里也非久留之地。于是，潘鹤毫不犹豫地去了集合地点。

到现场后，潘鹤发现来了十几人，都是文艺界的著名人士，包括红线女、欧阳山等等，而且每个人都遵照指示，穿戴得十分整齐。他觉得有些奇怪，莫非这些人也都在劫难逃，一起下手了？因为比他们有名也照被划成“右派”的也不在少数。但对于当天到场到底是为什么，到场的人也面面相觑，一头雾水。

突然，来了个指示，让他们排成队，列队步行去中山纪念堂，不准乘车。当日中山纪念堂门卫森严，而且比平日加了几重保卫，进去后，广州市市长朱光才宣布：毛主席来广东，要接见大家，现在正在飞机上，马上就到。

正准备当阶下囚的潘鹤等人，居然一下子成了毛主席的“座上宾”，大家都瞠目结舌，但不管怎样，既然毛主席也选择了接见他们，对于潘鹤而言，一块心头大石这才放下：“右派”这顶帽子肯定不用戴了。

“天涯退步抽身早！”虽然毛主席接见后仅几个月，文艺界的“整改”运动基本结束，但潘鹤总隐隐感觉到一连串的政治运动没有那么快结束，甚至仅仅是个开始。于是，他立即响应党的号召，主动递交申请，要求下放到农村去，不仅自己去，而且全家都去，把户口也迁去。这种以进为退，自请下放，实则自我保护的策略，后来的事实证明他的选择是对的。无论是艺术创作，还是处世哲学，潘鹤从来不是亦步亦趋，随大流的人。他总能在事件中找到合适自己发挥的点和角度，以体现他的为人姿态。

三十多年后，当他已闻名于世时，曾对一位来自华盛顿大学，专门研究大众艺术的教授约翰·扬说：

> 这就像是骑自行车，大方向坚决不变，但把手的两端却要随机应变。一边是眼前，另一边是长远；一边是政治，另一边是艺术；一边是共性，另一边是个性。如果两边把手不随机应

变，则不是被汽车轧死就是被人轧倒。或者老是向左转或老是向右转，岂不老是团团转？就谈不上大方向不变，达到既定目标了。

1996年，约翰·扬教授给潘鹤写了一封信，信中告诉他：

我的一篇文章中记载了您说过的一段话，正是那段话使您在美国成为英雄式令人注目的人物……我的书要在半年后才能问世，而您的作品照片以及您的一些高见会使我的书更具特色，作品包括您创作的《鲁迅》《珠海摩崖·浮雕》《怒吼吧！睡狮》和《艰苦岁月》等。

死里逃生

1958年，潘鹤主动请缨要求下放，他们一家被下放到了离广州上百公里的西江畔的高要新桥乡参加农业劳动，但不到半年便被“借调”回来搞创作。因为苏联在莫斯科举办一个“社会主义国家造型艺术展览”，《艰苦岁月》被一致推举参展。

1958年5月，中共八大二次会议，正式通过了“鼓足干劲、力争上游、多快好省地建设社会主义”的总路线。总路线提出后，党发动了“大跃进”运动，在建设上追求大规模，提出了名目繁多的全党全民“大办”“特办”的口号。在全社会都投入到轰轰烈烈的“大跃进”时，潘鹤则在创作室重做他的《艰苦岁月》。虽然这个作品让他逃过了如此风火政治生活，却没有让他逃脱身体上的大难。

他自小体弱，十多岁的时候，已经有医生断言他活不过二十岁，而50

年代更因心脏不堪重负，经常会骤然昏倒在野外，或讲台上、车上、游泳池边。

这一次，他竟一连十天高烧不退，整个人脱了形，口里吞吃不了东西，头昏眼花，医生查了半天，却找不到病因。一连数天吃不下东西，眼看无法进食，这边又浑身不舒服，内科、五官科等不同科室的医生均没有查出最直接的病因。一气之下，潘鹤说："再查不出，给我抽脊髓取样。"

无可奈何之下，医生立刻安排他住院，马上抽脊髓取样。检查终于有了实质性的进展，潘鹤染上了"格林—巴利综合征"。病毒已侵入神经系统，如再迟一天半天，恐怕就无力回天了。但要治疗这种病，就当时的医学水平，尚未有成功的先例，已有的医学记载显示，国内十例均窒息而亡。

抱着宁可一试，不可放弃的心态，潘鹤同意尝试一种新药物，进行治疗。当时瑞士人发明的特效药ACTH并未投产，仅通过某种特殊渠道，调配到中国做试验。谁也没想到，这药在潘鹤身上一试就灵，竟然使他又一次起死回生，来了一句"only wonder"（奇迹）！这款试验中的药竟成为潘鹤的"救星"，而潘鹤也成为了这款药临床试验成功的案例。第二年，通过国际药监，这款药正式投入市场。

潘鹤曾在1942年12月13日的日记中，记载了画家梅与天和他的一番话：

> 天才好比是一粒良种，培养得好会开出灿烂之花，但把它撒在贫瘠的土壤里，也会压抑不住表现出它的本质来！天才是不会泯灭的，只怕因人生长短的缘故而有成功大小的差别……
>
> 然而天才只是随生而来，还须后天培养，使它发芽，使它开花。它虽是天赐的良种，但是必定要有不屈的意志力，才能成就。为什么近几个世纪没有伟大的艺术家呢？就是天才之难产。天才没有了，又因没有意志力而半途而废；有意志力了，又因短命而夭折。所以，这种人是很难找到的，全世界都难找的。天才还须加意志！

1959年，他为广东省美协创作了题为《两代》的雕塑。

第二年，他创作的雕塑作品——《海风》《老渔民》及后来久负盛名的《得了土地》《省港大罢工》均为中国革命博物馆收藏。

其中，《得了土地》与《省港大罢工》被视为潘鹤创作生涯乃至20世纪中国雕塑史上的经典之作。《得了土地》酝酿于50年代初下乡参加清匪反霸、土地改革之际，构思几乎长达十年之久。作品中老农蹲在土地上，目光深情地望着手中捧起的土壤；旁边的年轻人手插着腰，面对未来踌躇满志，而他脸上所表现出的希望之光，正是因为得了土地的缘故。

《省港大罢工》塑造的是一个工人形象，双手抱胸，侧身怒视前方。极具艺术性和幽默感地表达了工作的态度，“翘埋双手（双手抱胸）”在粤语中就是“不干活”的意思。潘鹤非常凝练、洒脱地传达了整个革命精神，概括性地反映出工农革命的气概和特点，表现出作品背后的大历史,把历史浓缩在作品里，使作品成为一个窗口，成为一个角度，在丰富的思想内涵中表现出充满艺术个性的力度，为革命现实主义树立了光辉的典范。

这一年，潘鹤除了创作了以上两件经典之作外，还为中国历史博物馆创作了《洪秀全》。此后，潘鹤作为艺术家代表，出席了第三届全国文代会，并被调进广州美术学院雕塑系，任讲师、教研组组长。

此后几年，社会环境较为宽松，潘鹤的创作迎来了第一个小高潮，木雕《童工》《渔家小妹妹》《侨女》以及石雕《文艺女神》等作品就是在这一时期创作的。

“文革”抄家

1964年3月，全国文联、作协、音协、美协、舞协、民间文艺研究会和摄影学会等十个单位的全体干部集中20多天时间进行整风，“文艺整风”开始了。三个月后，毛泽东对中共中央宣传部《关于全国文联和各协会整风情况的报告》作了批示。批示中称，这些协会不去接近工农兵，不去反映社会主义的革命和建设，最近几年，竟然跌到了修正主义的边缘。

随之，潘鹤《文艺女神》这件表现真善美，象征着正义与真实的雕塑作品被标上各种标签，连《艰苦岁月》也被提出来，被认为是强调人性，不表现阶级性的“修正主义文艺路线”的典型。甚至有一位雕塑家义愤填膺地质问道，在解放海南的选题上，潘鹤为什么不正面去表现革命胜利的大场面——木船打兵舰该是多么壮观，却偏要去表现革命失败的小角落？！居心叵测！在今天看来，如此啼笑皆非的质问，在当时却预示着潘鹤厄运的开始。

1964年5月，时任中共八届中央政治局委员、书记处书记的康生等人在一份《关于使用模特儿问题》的报告上批示：“这个问题现在必须解决它。用女模特儿是不是洋教条？”他们甚至还认为，“这种办法实际上是资产阶级美术界玩弄女性的借口”。三个月后，当时的文化部被迫根据康生等中央领导的“批示”精神，向全国文化领导部门及美术院校发出了经其审阅的《中华人民共和国文化部关于废除美术部门使用模特儿的通知》。

而广州美院也难逃一劫，被“整顿以模特儿为中心的资产阶级教育体系”，下令全院师生实行“四查”：查家庭出身、查个人历史、查社会关系、查个人思想。一时间，美院上下人人自危，风声鹤唳。

次年8月，广东省委宣传部的相关领导人根据工作组的“成果”，作出了几点“革命”的结论：广州美院正如毛主席两个批示所揭示的，是“洋人”“死人”统治；广州美院领导成员中大多数是没有改造好的知识分子；党委中资产阶级思想占了统治地位；学生中有近八成问题严重。因此，德高望重的胡一川院长，首当其冲被拉下了马。至于“岭南画派”，由于其创始人是国民党早期的高官，更被当作了“黑画派”“反动画派”。可“二高一陈”已经作古，于是，关山月就在劫难逃了。

这时候的潘鹤，正承担着为韶山毛泽东故居创作三米多高的雕塑《毛泽东青年时代》的“政治任务”。由于林彪推波助澜，其时不仅《毛主席语录》已编辑出版，铺天盖地地发行，而且个人崇拜、个人迷信也同样走向顶峰，毛泽东雕像开始全国“走红”。

但潘鹤还是潘鹤，他并没有受到毛泽东的“主流形象”的影响，而是着重“五四”时期的毛泽东，长发、长衫，两手叉腰，一副气宇轩昂、雄姿英发的文人形象。

在雕像运到韶山时，又有自以为权威的人站出来横加指责说：“经考证，毛主席当年在韶山剃的是光头，怎么会留长头发呢？毛主席是政治家，怎么会只是诗人形象呢？”

每每遇到这般刁难，潘鹤总能幽默地应对。这不，他干脆说：“我不是理发师，你去找理发师把青年毛泽东的头发剃了吧！”潘鹤的处世智慧时刻外露，让人拍案叫绝。如此辛辣犀利的言词，让挑刺者也无言以对，只好作罢。但“躲过了初一，躲不过十五”，在“欲加之罪何患无辞”的年代，这事最终还是在“文化大革命”中成为了一大罪状：什么“要给毛主席剃头”，什么“青年毛泽东用拳头打自己的腰（指握拳叉腰造型）”，还有什么“把伟大政治家贬为一般诗人，何其恶毒”等等。

1966年4月10日，中共中央批准《林彪同志委托江青同志召开的部队文艺工作座谈会纪要》。《纪要》完全抹煞建国以来文艺界在党的领导下所取得的巨大成绩，声称：“要坚决进行一场文化战线上的社会主义大革命，彻底搞掉这条黑线”。5月16日，中共中央政治局扩大会议通过了毛泽东主持起草的《中国共产党中央委员会通知》（即《五一六通知》），《通知》宣布撤销成立两年的“文化革命五人小组”并完全抹煞新中国成立以来思想文化战线上的成就。

不到十天，北京大学校园里贴出了由聂元梓等七人签名的大字报，

矛头指向当时北大的主要领导人顿时轰动全国。一个星期后，《人民日报》发表了著名的社论《横扫一切牛鬼蛇神》，号召群众起来进行“革命”。全国高校立即响应，大字报铺天盖地，广州美术学院也不例外。

当时潘鹤因打篮球摔断了腿，正在医院治疗，却不知势如潮水般的运动已经席卷全国，而他则早已被划入“资产阶级反动学术权威”之列。但由于无法走动，躺在病床上，他只是对此事略有听闻。学院领导一边是笑里藏刀地问候，另一边却早已安排“深挖细找”，布置团支部组织班上的学生，按照人事处抛出的关于潘鹤历史档案，分工按事先拟定的条款，分别写出揭发批判潘鹤“罪行”的大字报。于是，不久之后，一篇名为《丹顶毒鹤》的十万言大字报，贴满了教学大楼东侧三楼国画系的一间教室。其中，列出的罪名有：

一、地主资本家的孝子贤孙潘鹤；

二、《艰苦岁月》是歌颂“修正主义”和“和平主义”的大毒草；

三、潘鹤是怎样毒害青年学生的；

四、潘鹤鼓吹的“形象思维论”应当批判；

……

“打倒潘鹤”的口号标语已经在学校里闹得沸沸扬扬，但尚在医院养伤的潘鹤却仍不知情，只感觉到近段时间不见学生来探病，也不见医生巡房，只有护士在打转。最后，潘鹤在唯一常来看望的支部书记的搀扶下，一瘸一跛地出了院。回到学校，看到自己已经成为了大字报批判的主角，潘鹤只觉得滑稽好笑，反动虽然不好听，但四十岁被列为“学术权威”也不错。这就是潘鹤！有种英雄豪杰般的气概！

没过多久，“抄家”开始了，潘鹤家被翻得狼藉不堪，潘鹤近百万字的少年日记、当年与表妹的鸿雁情书统统被没收带走。后来回看，这也不完全是件坏事，在混乱的年代能把日记情书保存下来也不容易，恰好这些都被抄家时抄走，并被当做“罪证”郑重封存了起来，反倒得到了很好的保护，以至今天还能让后人一睹风貌。

趴着为关山月塑像

说是突如其来的“抄家风暴”，实际上潘鹤早已有所准备。他早已把父母妻儿疏散回乡，尽量让他们免受惊吓，而他自己平日则独自一人住在学校，去食堂吃饭。白天参加学校的所谓“毛泽东思想学习班”，其实就是把重点对象集中起来交代“罪状”。

一天傍晚，高音喇叭中广播：所有学习班的人听着，限五分钟之内带齐行李在篮球场集合！

潘鹤一听，默想：如果要枪毙就无需带齐行李，可能是流放粤北山区分校集中学习吧。于是，他便匆匆忙忙回到宿舍，收拾蚊帐、棉被和一些用品就往外跑。临出门前，看有热水，还冲了一杯咖啡，虽然时间仓促，但对于潘鹤，总是那么诗意与浪漫。喝咖啡的习惯，他直到如今九十多岁还仍然保留着：每天早上，一杯咖啡，一块面包，就开始一天的生活。

到了集合地点后，潘鹤与同样被批判为“反动学术权威”的杨之光一起在红卫兵头头的安排下，被押送到了雕塑系教师进修室，这里原来就是潘鹤的个人工作室，如今已变成了“牛栏”。这批学术权威，从此被打为“牛鬼蛇神”了。

那时候，明文规定一条：“牛鬼蛇神”们天天要集中一次，互相揭发。一天，“牛棚”大门“轰”地被打开了，大家互相看看，不知又该谁倒霉了。关山月画过一幅名画，题为《崖梅》，内中因有倒枝，被说成是“倒霉”，被认为有意映射攻击社会主义现实生活。果然，第一个就叫了关山月：“出去！”

第二个则是潘鹤。二人相继出去后，均被责令跪下，其中一个红卫兵指着潘鹤，劈头盖脸地呵斥道：“潘鹤，你竖起耳朵听着：你不是大名鼎鼎、自以为你的雕塑了不起么？今天我们要考一考你，限你立即把关山月的丑恶嘴脸塑出来！”

潘鹤心想：这不正合自己心意吗？没想到被关进“牛棚”还能创

作，也是上天的眷顾。

当时两人都被罚跪着，由于关山月比潘鹤个头矮，潘鹤要看清他的脸，唯有趴在地上看一下，然后再捏造型，来来回回，这样反复看着捏着。潘鹤说：“也许全世界都没有一个雕塑家跪着做过雕塑，自己却在这样的情况下尝试了一回。”哪怕在若干年后，潘鹤谈及此事，仍然觉得既可笑，又略感自豪。甚至不时用身体比划着当时的情形，总让在场的人捧腹大笑！

不到半小时，关山月的像便塑出来了，而且并不因为时间紧便不像，反而惟妙惟肖，无可挑剔。来人本想借此机会将潘鹤、关山月耍弄取笑一番，现在却什么话也说不出来，只得悻悻地喝道：“马上滚回去！”

两人面对面笑了一下，如获大赦般走回了“牛棚”。这次特殊的塑像经历令潘鹤和关山月终生难忘，但由于“文化大革命”的破坏，最后这尊雕像并没有完好保留在关山月手中。时隔几年，关山月邀请潘鹤为他塑了另一个像。

潘鹤总能以自己的乐观精神战胜一切的逆境，在后来回忆这段经历的时候，他还笑称，当时自己才三十出头，便被“评为”“资产阶级反动学术权威”，实在是荣幸！“你们现在无论评什么职称，都没有我高！”

他的心态总能让众人乐开怀，这是一种包容的阔达，也是一种人生的智慧。

睬你都傻

“文化大革命”的结束以粉碎“四人帮”为标志，而潘鹤则在艺术上以一座极具性格、有鲜明个人立场的雕塑《睬你都傻》或叫《横眉冷对》作为这一时期的艺术态度。

“睬你都傻”是广东话的表达，这句口语化的话语包含的意思主要是指无视、鄙视对方，甚至包含了有态度、有立场、愤世嫉俗的一面，因此，这句话的表达远远要比“横眉冷对”来得直接与生动。目前在广州美院图书馆（昌岗校区）门前也立有这座雕塑，用的名字正是“睬你都傻”。

潘鹤回忆有关这尊雕塑的创作时称：“广州美术学院想我给学校做雕塑，我就做了一尊鲁迅。我当时想：以前鲁迅说是‘横眉冷对’，横眉冷对就把坏蛋看得很高了。但我把鲁迅的头抬很高，眼光往下瞄一瞄，意思是：你们这帮跳梁小丑，我都不屑一顾，算什么革命者，你们根本不是我的对手。我当时是狂妄到这样子，作品就取名《睬你都傻》。”

从鲁迅这个头像上，我们不仅可以看到潘鹤作为一位哲人、一位思想家的深刻思索，而且可以看到一位斗士、一位可以洞察一切的大师所折射出来的人格光辉。这是力量、正义与美的化身。一种震撼灵魂的正义之力，一种教人醍醐灌顶的脱俗之美。那蔑视的目光，足以教一切魑魅魍魉冷汗直下，这座雕塑集中表现了作者思想和艺术的力量。一位艺术家的作品之所以能产生如此巨大的感召力，无疑是由于其灵魂深处拥有不同寻常的轰鸣，潘鹤作品追求的力度，或者说，所体现出的力度，是与他的人格力量分不开的。无怪乎约翰·扬称鲁迅像正是潘鹤的“自塑像”。

1996年，约翰·扬在写潘鹤的文章中表示，自己尤为推崇《睬你都傻》鲁迅像：

> 他创作的著名作家鲁迅的头像，表现了一个在官僚文人之外的，超然脱俗、很有判断力的思想家的形象，潘鹤把它视为自己在“四人帮”时的自画像。

户外雕塑

我们传统习惯把木雕泥塑视作菩萨，
把雕塑家造像视为造菩萨。
即反封建就要反菩萨，
于是就连雕塑视同偶像一起清除，
对雕塑就敬鬼神而远之，
从此雕塑艺术几乎顿然销声匿迹……

一、重整旗鼓

1976年9月，毛泽东主席逝世，一个月后“四人帮”被隔离审查，中国政局发生了戏剧性的变化。

1978年，十一届三中全会的召开，更拉开了中国历史发展的新篇章。也在此时，潘鹤被恢复职称，并晋升为副教授、全国美协常务理事。在此前，他已经担任广东省美协副主席，而更重要的一个职位是，他出任了广州美院雕塑系主任。潘鹤决心“收复失地”，拿回曾经属于雕塑系的教室，以振兴雕塑系。

此时的雕塑系确实已经被“瓜分”得体无完肤，有五六个教室，硬被“刘备借荆州——有借无还”。另外还有个合建的陶瓷窑也落入他系之手。尽管学院领导对潘鹤的想法给予支持，但毕竟雕塑系在当时的环境下，人微言轻，不仅社会上对雕塑系的认可度或认识度较低，就连学院里的排名——国、油、版、雕，雕塑也位列最末。当时全国的美术学院都认为雕塑的出路是搞小生产性的小型雕塑，木雕、玉雕、牙雕——所谓“三雕”就是雕塑的全部出路。由于广交会是当时全国唯一没有中断过的商品交易会，也是赚取外汇的窗口，“三雕”成为了这种赚取外汇的产品之一，自然，学校看到了这种“手工艺”的前景，便购进了一整套玉雕设备与大量玉石原料，并加大陶瓷、木雕的课时。雕塑系的整个方向被引导到了民间工艺的范畴。

对于潘鹤，他怎么能容忍把雕塑视为“雕虫小技”的手工艺品？他始终认为，雕塑要表达的是艺术情感，小工艺品过于注重技艺，难以胜任。早在几十年前，潘鹤在澳门亲身体会到了户外雕塑的魅力。雕塑应该与建筑互相辉映，成为点缀城市的张力；雕塑应该走向广阔的城市空间，早已成为潘鹤追求的艺术方向。因此，面对这种情况，潘鹤更加决心改变现状，扭转局面，给人们树立正确的雕塑观念。

首先，就得从基础设施做起。经过一段时间，“收复失地”初见成效，他不仅很快收回了所有的教室与工作间，还找来了一笔钱，在短短几年内主持兴建了当时雕塑系历史上最具规模的教学楼，使地盘足足扩大了五六倍，内设课室、作品陈列室、教师进修室、金属雕塑实验室、办公室及雕塑放大车间等。这在上世纪八十年代中国的美术学院中，能有这样的教学设施，广州美术院可以说是一枝独秀。

在人才队伍方面，潘鹤更构建了一支完整的教学梯队。无论从年龄层、知识面、专业配备和艺术成就等各方面来看都是“梦幻组合”。有“五虎上将”（李汉仪、关伟显、曹崇恩、郑觐、胡博）等作中坚层，上有学术权威赵蕴修、蔡里安等，下有以梁明诚为首的梯队：吴信坤、林国跃、黄河等。潘鹤兼容并蓄，给他们提供了可以充分发挥各自特长的环境空间。李汉仪的艺术组织才能，关伟显的艺术创作，曹崇恩的艺术石刻，郑觐的艺术基础，胡博的艺术形式，梁明诚的艺术探索……使得雕塑系空前活跃起来，在学院的地位也日益提高。广美雕塑系不但成为全省重点学科院系，更在1981年被定点为国家教育部授予的首批研究生学位点，成为当时全国仅有的两个美术学硕士学位授予点之一。

值得一提的是，梁明诚能调进美院，正是潘鹤兼容并蓄的一个典范。潘鹤早在“文化大革命”期间便留意到梁明诚，虽然当时批斗他的人里面，梁明诚也在其列，但潘鹤不计前嫌，把他纳入雕塑系的骨干力量中。当然，梁明诚也深感自己一时被蒙蔽，在1967年集体批斗潘鹤后便有所忏悔，并在被调进雕塑系时深有感触，写下诗一首：

二十年华始有师，
苍天有意宿缘迟。

执手受教几十载，
应愧如今又扶持。

西方“取经”

一、欧洲“朝圣”

1979年，北京成立毛主席纪念堂广场雕塑修改筹委会，潘鹤被任命为该筹委会领导小组的成员之一。筹委会组织了考察团，到欧洲若干城市参观雕塑。毕竟，古希腊、罗马乃至文艺复兴时期的雕塑，实在为人类雕塑史写下了光辉的篇章，尤其文艺复兴及以后，米开朗基罗、贝尼尼、罗丹等雕塑大师的作品影响极大，同时有些也是潘鹤小时候仰慕的大师。

到欧洲“朝圣”的潘鹤，看到雕塑家贝尼尼雕塑作品前的景象，着实有点惊讶：哪怕当天下着滂沱大雨，但举着伞在雕塑面前驻足观看的人仍然接踵而至。他们显然不全是雕塑家，只是普通的旅游者，但雕塑的魅力却使得他们走在了一起，瞻仰、崇敬、膜拜。在这一刻，潘鹤感受到了户外雕塑的艺术张力。

他在《欧游夜谈》中写道：

> 这些城市都是由建筑、雕塑、绘画写下了他们光辉灿烂的历史，千百年来吸引世界各地游客流连忘返。从这些伟大的作品中，我们看到整个人类的智慧……

其实，早在此次欧洲考察前，时任国家计委副主任的顾明就对潘鹤说过，到欧洲可多留意各国是怎样处理雕塑与城建的关系，文化部由于经济条件所限，雕塑恐怕难有作为；今后可设法打入城建部门，发挥更大的作用。想到这里，潘鹤越发坚信在中国大规模开拓城市雕塑的想法绝不仅仅是个梦。他在梵蒂冈博物馆看到在1400间宫殿共七公里长展览路线上的陈列室，竟有12000多件雕塑，参观人数摩肩接踵，拥挤不堪，不禁感叹：

> 如果这些雕像忽然复活，人数真的不比今天的居民少；又如果这些雕像忽然全部跑光，我估计这些城市就要顿然失色，罗马不再是旅游中心，佛罗伦萨就失去了“文艺复兴摇篮”的痕迹。

当他与少年时崇拜的大师米开朗基罗“相遇”时更为震惊，除了《大卫》《摩西》等世界经典的雕塑作品让他膜拜之外，更重要的是，来到圣彼得大教堂后，让他甚为惊叹，这个世界上最大教堂的大圆顶并不是由什么建筑师设计，而是雕塑大师米开朗基罗业余的杰作。他后来在《雕塑进入新时期》的文章中写道：

> 我曾经站在米开朗基罗充满了巨人力量的作品前，感到战栗，自惭形秽；我也曾驻足在贝尼尼和罗丹遗留下来的艺术瑰宝面前，一次又一次地赞叹雕塑艺术永久的魅力。雕塑有巨大作用，甚至可以有无与伦比的作用。

此次考察，潘鹤先后到了巴黎、罗马、梵蒂冈、米兰、威尼斯、佛罗伦萨、那不勒斯、庞贝遗址参观，见到了数以万计的雕塑，同时，也接触到了西方现代各个流派的艺术，还与闻名于欧洲的雕塑家凯撒有过直接的交流。凯撒有一席话让潘鹤感同身受，他说：他不知道自己是否教授，不相信艺术可以传授，认为无所谓前卫艺术。有前卫思想者不要到他这里学，他只可传授热情及观察力，学生只有通过自己的实践去找到自己的道路。真正的艺术家必须有思想感情，雕塑的观念，从菲狄亚斯到毕加索从未改变过，我们现在要改变一种观念，不是放在桌子上才

是雕塑，有机的结合都是雕塑，可以是艺术家，不一定称雕塑家。

潘鹤在游走巴黎时，即便是小如周恩来住过的小旅馆，门前的墙壁上也安放了一小块周总理的浮雕以示光荣；而拥挤如佛罗伦萨古桥，桥中间仍让出一小块地方矗立作者的纪念铜像；但丁曾住过的一栋房子即使在极为狭窄的街巷里，门前也要放置一个他的半身铜像……

无论是凯撒的观点，还是街头巷尾的所见所闻，潘鹤都有深刻的共鸣，不但在“艺术不能传授”方面高度认同，更启发了潘鹤：“雕塑并非案头艺术”，雕塑应该走出室外，走向城市，走向大自然。

二、雕塑走向室外

1979年，游历欧洲，“西方取经”后，潘鹤深信雕塑的出路只能是室外，走向广阔的城市空间。一方面，西方伟大的雕塑几乎都在室外，与建筑互相辉映；另一方面，推广此理论可以缓解雕塑系教师与学生的心态，毕竟长期以来，从雕塑系毕业即意味失业或转行，学难致用，学生无心向学，教师也难以调动学生的积极性。在欧洲回来后，潘鹤酣畅淋漓写就了《雕塑的主要出路在室外》一文，引起了学界广泛关注，他尖锐地提出了当时雕塑的发展困境：“室内小型雕塑的繁荣是要依存于人民的住宅条件，我国三十年来人口剧增，以广州为例，据说每人平均居住面积不到三平方米，没有摆设雕塑的空间。因此，工艺小型雕塑在国内取得繁荣，实有待于人民生活水平大幅度好转才成。”而“大型艺术品的发展与公共场所的发展是同步的”，“雕塑应该在城市建设、园林规划、公共场所美化、纪念地的点睛、旅游地的部署及大型宾馆的‘造景’取得结合，才能相得益彰，才能发挥它的所长”。

可以说，潘鹤在完成毛主席纪念堂广场雕塑创作后，从参与创作《广州解放纪念碑》开始，他便决心争取各种方式和途径，实践着这一雕塑发展的战略性观点。

在《广州解放纪念碑》创作筹备期间，广州市专门成立了领导小组，小组由市长牵头，由潘鹤等人负责向全国征稿。

对于“解放”的回忆，经历了没有开放的三十年，人民群众的阶级仇恨和敌我意识还十分浓厚，因此，征到的很多稿件都刻画了解放军战士踩着国民党党旗的动作。领导小组的领导们也倾向于这样的创作。这可令身为组长的潘鹤犯难了，在他看来，国民党、共产党都是中华儿女、龙的传人，关起门来都是自家人，如若真做那么一座雕塑立在广州，哪一天台湾同胞来广州看到以后会是怎样的心情？国共过去毕竟合作过，世事合久必分，分久必合，今天是分，明天说不定就合了；今天踩着国民党旗，明天要是和好了那该怎么办呢？但很显然，这样的想法在当时的政治环境下肯定是不能说出来的，该如何是好？时间逐渐推移，始终没有一致满意的答案。领导说干脆让潘鹤起个稿，潘鹤起了个稿，于是，便有了这样一座雕塑：一位解放军战士，手中握着枪，脚下踩着一面旗帜，气宇轩昂地站立着，带着胜利的喜悦，踌躇满志地望向远方。

每一次创作，面对“上级要求”，潘鹤心中总有一杆秤：不是遵循内心的真实感受去表达，他绝不会昧着良心去讨好外人。这既是潘鹤艺术创作的纯粹性，也是其处世哲学的高明之处。

这一次，他得“略施小计”，扭转局面。潘鹤打了个报告给当时的三位领导，希望继续完善这座雕塑。领导们一听，当然是好事，于是爽快地签字盖章了。拿着这张批条，潘鹤把原来雕塑中脚踩国民党旗帜的动作换成了解放军战士手拿鲜花，表示市民欢迎广州解放。就这样，雄伟、阳光、积极的纪念碑从此便屹立在广州海珠广场。“这些花是群众欢迎解放军入城时抛过来的。然后我还在雕塑底座刻了几个大字——‘一切政权属于人民’，这样就把党派的色彩淡化了。”潘鹤时隔近四十年才揭开了这一秘密。

雕塑家李汉仪后来在文章中写道：“潘鹤是个擅长捕捉时机的人。”因为当宣传工作有一定效应时，他便着手从组织上落实城市雕塑的领导班子。在《广州解放纪念碑》筹备小组快将结束的时候，他抢时间写报告给广州市政府，建议将筹备小组转为城雕领导小组，将临时机构转为有权力的政府日常工作机构。

2015年4月，《广州解放纪念碑》获得“2014年度广东省最具价值版权产品”称号，这座雕塑也因此再次光彩夺目，再次受到社会各界的关注。

随后，潘鹤几乎集中全部精力来回奔波于珠江三角洲，向中山、

珠海、深圳各级政府做游说工作，并陆续在这几个城市催生出城雕领导班子。

1979年，霍英东在中山投资一间温泉宾馆，在从国、油、版、雕、工艺陶瓷中挑选装饰宾馆的艺术品时，雕塑备受冷落。但潘鹤并没有因此而泄气，反而动员雕塑系的其他教师，宁可赔本，也决心将雕塑放大立于室外。广州美院雕塑系第一批对外实践的户外雕塑就这样诞生，结果，效果得到了温泉宾馆方面的大加赞赏。在当时，这是全国首例摆放户外雕塑的宾馆。

取得一定成效后，1980年珠海特区成立，潘鹤再一次带领雕塑系为珠海做了城雕规划，改造香炉湾公园同样取得了较大影响，香炉湾并因此改名石景山。一系列的雕塑随后相继在珠海拔地而起，有石景山旅游中心《七姐下凡》雕塑群、《珠海渔女》、《珠海烈士陵园大浮雕》等。其中，《珠海渔女》更成为了珠海的地标性的作品，每年吸引数以万计的游客前往拍照留影，成为了游客珠海旅游必到之地。

三、昔日"牛倌"缔造《开荒牛》

1981年，深圳经济特区国贸大厦喷泉和市政府大院各需要一座雕塑，时任深圳市委书记的梁湘找来潘鹤，想请他在深圳市委大院里塑造一个雕塑。因为深圳素有"鹏城"之称，梁湘希望潘鹤能创作一座"大鹏展翅"的雕塑。潘鹤认为：大鹏是要飞的，放在深圳的香蜜湖或者山顶上都可以，但放在市委大院万万不可以。因为深圳正在建设特区，目前楼房大部分是两三层楼高，但过了若干年后，一定会高楼林立，那时，大鹏就像困在笼里飞不起来。

潘鹤一席话，深圳领导深以为然，于是，项目便停了下来。又过了一年半载，深圳市委领导又找来潘鹤，说五套班子已经定了深圳的市花是莲花，就等中央批下，希望潘鹤能为市委大院做个莲花喷水池。但潘鹤思索再三，依然认为不妥：莲花出淤泥而不染，在市委大院做莲花，那谁是污泥？本地人还是香港投资者？还是参加建设特区的各民主党派？潘鹤的一连串发问，让深圳相关领导也觉得确实有道理，甚至觉得深圳市花是否定为莲花也须再三斟酌。

随后，又有人建议搞两座狮子放在市委大院门口，潘鹤又认为：“特区不适宜摆狮子，给人民群众一种封建社会衙门架子的感觉。”他们中有人反驳：那中南海也摆了。潘鹤回答：那是文化传统，是留下来的历史文物，深圳是经济特区，是开放的，新时代的。

两年后，梁湘又约来潘鹤，两个人在闲聊中，发现他们有一个共同的特点，那就是，他们刚参加革命的时候就立志“俯首甘为孺子牛”，但在“文化大革命”期间又都被打成“牛鬼蛇神”。

这时候的深圳，还只是一个小渔村，但作为全国首个经济特区，它即将是中国经济腾飞的起点，也是中国经济的第一块“试验田”。对此，潘鹤问：“经过‘文革’的破坏，大地一片荒芜，需要开荒建设，你们有没有想过再做一次孺子牛，重新开荒？”

梁湘听后非常有共鸣，国家正待复兴，踏实做事是一种全社会都需要的正面能量，梁湘当即就不让潘鹤回广州了，安排他住在当时只有“碌架床”的市委招待所。

在招待所里，潘鹤回忆起自己跟牛还是有过几段情缘。除了被打为“牛鬼蛇神”关进“牛栏”之外，他在“文化大革命”期间还有过一段“牛倌”的经历。

1968年10月，在中华大地上，所有大学几乎在一夜之间消失了，取而代之的是因“文化大革命”的新生事物——“五七干校”，而且犹如雨后春笋般出现在历经荒火狂烧的土地上。这是根据毛主席“五七指示”兴办的农场，是集中容纳中国党政机关干部、科研文教部门的知识分子，对他们进行劳动改造、思想教育的地方。

广州美术学院的教师被安排到距离广州大约五十公里的三水县，这里有一座“南边五七干校”。潘鹤和他的妻子张幼兰一同被下放到了这里。一个看牛的小组有十人左右，除了负责饲料的，打扫牛厩的，余下五六个知识分子就要承担一百多头牛的放牧工作。潘鹤就是其中一个。

有一次，潘鹤把牛群赶到预定的牧场吃草，忽见一头牛的屁股上突出一团红红的东西。正在一筹莫展之际，来了一位暨南大学的教授，说这一定是疝气，肠脱落。他很老练地指挥潘鹤把牛头按实，让他把肠头

托回屁股里，所谓“牛不喝水哪能强按头”，两位大学教师围着牛团团转了几十分钟才一个按住牛头一个按住牛屁股，总算把那条红色肠头托回屁股里，以为大功告成，那位暨南大学教授得意地告辞了。

谁知没走几步，那团牛屁股里的东西，不仅突出来而且整个脱落掉到地上。这下不得了，肠胃都跑出来了，怎么办？潘鹤实在没有更好的办法，只好用双手把这团血淋漓的东西捧到干校总部，主动“交代”。原来，脱落下来的是胎盘，并非大肠，这头牛是小产了。

这个经历让潘鹤对牛有了深刻的认识。回忆至此，潘鹤看到招待所外面百废待兴的深圳马路，到处是拖拉机、推土机，灰尘滚滚，拖拉机一次次地把砖头、树头拉走，视觉上的冲击，顿时让潘鹤有了“孺子牛”的创作灵感，而且，开垦荒芜之地的孺子牛，应该直接称为“开荒牛”。

第二天一早，这份连夜赶出来的设计方案就在深圳市委领导班子里议论开来，赞成的有，反对的也有，反对的意见主要是：为什么还要做低头的“牛”而不做飞起来的“鹏”？在这个问题上，梁湘力挺潘鹤。

就这样，《开荒牛》诞生了，雕塑主体是一头牛正做着使劲往前拉的动作，后面则跟着一桩即将要连根拔起的老树头，雕塑那种喷发的张力让人无比振奋。对于这样一个构思，潘鹤解释说：马路上千千万万的拖拉机、推土机，都是开荒牛，开荒牛后面的树根不是树根，是落后的意识、官僚意识、小农意识，盘根错节，如不拔了这些根，将来不会有大发展。他说，孙中山推翻了封建社会，砍掉了顽长两千多年的封建大树，共产党要把封建树根拔掉，否则社会难以前进，不摒弃保守观念，思想无法解放。这头牛有一只前脚是跪着的，说的是我们这一代人鞠躬尽瘁死而后已吧！

《开荒牛》开始安置在市委大院内，有一次邓颖超来深圳市委开会，会议室里大家都等候她，原来，她在《开荒牛》前留完影，才来开会。她接着激动地对大家说，《开荒牛》是特区精神，是共产党员的精神。深圳特区成立20周年的时候请潘鹤去，老书记们都来了，一一和潘鹤握手，说：“你塑造了开荒牛，我们个个都是开荒牛！特区建设可以飞速发展。”特区建设可以飞速发展，但还要保持艰苦奋斗的精神继续前进。于是，不久后，潘鹤便再次受邀在《开荒牛》的左方（市委大门的入门左侧）塑造了一座《艰苦岁月》。而特区建设不是一代人的事，应该持之以恒，要有一个自我完善过程，因此他提出在《开荒牛》右方再竖一座雕塑《自我完善》。但由于种种原因，雕塑创作完成后一直没有摆放出来。直至2008年深圳市有关领导找到潘鹤，表示要重塑《自我完善》，成为市委门前的第三座雕塑。“这个‘求婚’我已经等了20年了”，潘鹤说。

四、“像诗一样充满感情”

经过多个城市的实践验证之后，“雕塑的出路在室外”“先有雕塑后有城市”等观点逐渐得到了社会的广泛认可，一系列大型城雕就此诞生，包括惠州市的《销毁鸦片烟》石像和《虎门战役》浮雕、上海龙华公园的《无名烈士像》、卢沟桥的《怒吼吧！睡狮》等。

在一次高校学科评审中，潘鹤面对评审委员从容地说：

> 解放前，在中国的雕塑只有十几座，其中一半以上还是外国人做的，不少孙中山的铜像，不是请日本人做，就是法国人做。而现在，全中国的雕塑，已经好几千座了，全是我们中国人自己做的，根本不用去请外国人来，恰恰相反，如今是外国人请我们出去为他们做了。

一方面，潘鹤把雕塑的艺术创作出路，生存出路，带向了广阔的城市天地，让城市居民时刻感受雕塑的魅力，是一种艺术传播，也是一种艺术教化的推进；另一方面，潘鹤也借此机会，表达自己的所思所想，用双手雕塑出那些苦难的记忆，把过去百年的历史定格凝固在了石头上。雕塑家梁明诚称如此评价潘鹤：

> 我们找不到另一个雕塑家，在他一生的作品中，像潘鹤教授那样对20世纪的中国历史作了如此真诚而强烈、全面而深刻的表现。我们也找不到另一个雕塑家，像潘鹤教授那样，对本世纪的雕塑事业作出了全方位的贡献。

在一次媒体采访中，潘鹤曾说过：“‘文革’后，我对落难英雄更敬仰。”于是，在创作了福建厦门《孙中山总理》铜像、澳门《孙中山医生》铜像、湖南桑植天子山顶《贺龙魂归故里》、珠海《杨匏安烈士》铜像、海丰红场《彭湃烈士》铜像之后，他在众多的委托任务中，还选择了设计贺龙、冯白驹、王佐等“落难英雄”纪念碑。

贺龙的一生充满传奇色彩，当年他仅以两把菜刀起来闹革命，斗智斗勇，收缴反动派的武器后，自行组织起了一支农民革命武装队伍，更在讨袁护国和护法运动中屡建功勋。

1927年“四一二”事变后，贺龙更坚定地站在共产党和工农群众一边，率部参加并参与领导了南昌起义，在半个多世纪的革命斗争历史中，在不同时期均作出了重要的贡献，但岂料晚年竟冤死在“文化大革命”中。

1985年4月，为缅怀贺龙同志的丰功伟绩，宣传他伟大的一生，湖南省桑植县委、县人民政府决定筹备为他塑像。同年7月，“纪念贺龙同志诞辰90周年筹备委员会”通过湖南省委办公厅介绍与广东省委办公厅取得联系，面请潘鹤。让他们意外的是，潘鹤愉快地接受了请求，并且高兴地说：“为贺老总塑像是一件大好事，为他塑像是很光荣的，钱少也要干。”

很快，潘鹤为贺龙塑了一个小样，马在旁，贺龙则昂首挺胸看着前方，然而，贺龙亲人看后却大为不解：“塑了一匹马，老总又没有骑在马上，这像什么样子？”潘鹤听后，决定再做一个小样，并决定亲自到北京拜访贺龙夫人薛明，说明缘由。当潘鹤说出：“一是贺帅骑马式的，一是丰碑配马式的”时，众人恍然大悟，大家讨论一致认为，这种造型殊于一般。贺帅戎马一生，业绩卓著于世，是一座丰碑，贺帅一生喜爱马，打了胜仗，说马是功臣，配匹马思念主人，寻找主人，这个构思很有意义。“丰碑配马”式的小样就基本定了下来。

然而，另一个问题，又来了！到底应该立在哪里？筹备工作开始时，县委没有讨论作出决定，但意向性的是贺龙故居——洪家关，或者是县城。潘鹤教授对选址十分关注，他曾两次到桑植考察。有三个候选地方：一是贺龙故居——洪家关；二则是县城梅家山公园；第三就是天子山。

正当潘鹤看完前两个点，踌躇满志地经过天子山时，那里青山绿水的风景吸引了他，而且一年四季旅游的人气都很旺。潘鹤灵机一动，如果能将贺龙的雕塑放到这里，该多好呢！潘鹤立即上山查看，山上荒无人烟，但山峰气象万千、雄壮非凡，潘鹤更是灵感乍现，干脆依着这山峰的形状雕凿成贺龙像，让其与天地共存。

潘鹤迫不及待地把自己的想法告诉贺龙的养子贺兴桐，贺兴桐虽然也很赞成潘鹤的想法，但同时又眉头紧锁，欲言又止，潘鹤看见他为难的表情，问有何难言之隐，他回答道："这已不属于贺龙家乡。"果不其然，洪家关有少数基层干部和乡亲始终想不通，说贺老总打一世的江山，爬雪山，过草地，跋涉千山万水，死了还要他守山。另外，也有不少人认为立在天子山不妥，要立在故居或县城。

对于如此情形，贺兴桐建议找薛明寻求支持。薛明一看到作品的草图，激动地说道："我原以为，肖像雕塑只求肖似就是，原来是要像诗一样充满感情的。"

说着，薛明不禁失声痛哭了起来。雕塑的真情实感让她怀念起来昔日与丈夫一起走过的峥嵘岁月，在她的从中调解中，组织最后决定尊重潘鹤的意见，将贺龙雕塑立于天子山顶。

经过一年半多的时间，1986年8月1日，贺龙铜像在广东佛山铸铜艺术研究所浇铸就绪。两个月后，桑植县委、县人民政府在天子山召开了大会，隆重举行贺龙铜像落成揭幕仪式。

毫无意外，贺龙雕塑落成后，原来的荒山野岭很快便被开发成旅游胜地，每天前来瞻仰贺龙雕像的人络绎不绝。

潘鹤在后来的采访中多次谈及，虽然自己一生中，几乎都是"命题作品"，但每一次都是"有话要讲"才会愿意做。不得不承认的是，潘鹤每一次"心里的话"，几乎都是正确的。这也许正是一位伟大艺术家才有的智慧。

五、"曾经爱过，何必拥有"

1993年的一天，正在香港探访朋友的潘鹤，竟无意中遇到了一位

四十多年不见的表姐。两人见面喜出望外，寒暄过后，潘鹤便到了表姐家中做客。由于太久没联系，过往的回忆顿时涌上心头，诉之不尽。两人边翻旧照片边聊家常，翻着翻着，潘鹤忽然盯住了其中一张照片，呆着半天才问：这不是阿咩么？正陶醉于二人诉说往事中的表姐突然慌忙把相簿合上，扯开话题。

可再次看到那个曾经令他魂萦的女子，潘鹤早已魂不附体，灵魂就像随着照片飞进了另一个世界去寻找当年的回忆，时隔近五十年，本来渺无音讯，却让他在这里重燃希望。他知道表姐一定跟阿咩有过联系，突然两眼含泪地乞求表姐告诉他阿咩地址，表姐慌得不知如何是好，手足无措。正在推托之际，潘鹤突然言正词严："你一定有她地址，立刻告诉我。否则，我不认你这个亲戚。"

表姐深知也无法再躲避，面对眼前的痴心汉，她深深感叹爱情为何。

在潘鹤的强行要求下，表姐只好吧阿咩的地址找出来，给了他。一个尘封近五十年的谜团，这时候才得以解开。原来，当年潘、李两家结成同盟，对潘鹤和李惠仪进行严密封锁信息，致使对方互相收不到任何信件。无怪乎当年潘鹤无论如何，都找不到半点有关表妹的信息。

一别便是近半个世纪，昔日的青春少年已经成为了花甲老人，而且这时候的阿咩早已在万里之外的大洋彼岸安居乐业。获知了阿咩的信息，潘鹤既是欢喜，又是忧愁，看着地址，再看看维多利亚港的茫茫大海，潘鹤顿时万般惆怅。那个时候要到加拿大，作为大学教授，若非公差，谈何容易呢？

正在潘鹤步履蹒跚，失魂落魄地走在香港街头时，却巧合地碰上了岭南画派大家杨善深。本来无精打采的潘鹤，当听到杨善深刚从温哥华回来，犹如黑暗中的一道亮光闪耀着脑袋，潘鹤顿时感觉这是天上在安排他跟表妹重逢。

杨善深知道他的境况之后，马上表示想办法解决他的"公差出国"问题，随后，杨善深找到了多伦多美术家协会办了邀请函，出国手续问题很快便得以解决。

为了妥善起见，潘鹤委托了加拿大的朋友按照这个地址去核实，是否真的还住着一个叫李惠仪的人。朋友来信告知确凿无误后，潘鹤去信：

我不想隐瞒自己的感情，就是这个李惠仪，影响了我毕生的命运……谁知这儿女情长的小事，却一直让我耿耿于怀，人生就是这么费解……

朋友把信给了阿咩看，阿咩很快便给潘鹤复了信：

我很感激你的情重，但迢迢万里去见一个60多岁的初恋情人，真的值得吗？

为什么不保留一个美丽的回忆呢？思伟，我们都老了，我亦希望见到你，亲自向你谢罪。温哥华快要下雪了，广州一定冷了，希望你加衣保重……

等了近五十年，曾经发出的上百封信毫无回音；苦等了近五十年，那边终于有了回信，这封信的分量远远比那个地址的确认要重，潘鹤小心翼翼地打开了信。平常做雕塑手脚麻利的潘鹤顿时变得哆嗦紧张起来，“是阿咩，是阿咩，是她的笔触”。潘鹤在默想，他吃力地一个字一个字地默读着，未等读完，早已泪如雨下，信纸早已湿透。来回读了一遍又一遍之后，潘鹤迅速拿起笔准备回信，但却提笔凝重。最后，他在回信中写道：

人生如梦，我也不知自己是有情还是无情，无论你怎样一别无消息，也无论我一时天旋地转，也曾极力想把你忘却，但我没理由恨你，你也没理由内疚什么，实际上你已给我无限的精神力量，想起来我很惭愧，时时刻刻想起当年的诗行：

迟了
当您在时
我竟疏忽了

狂焰会烧断柔情……
不过，人生就是如此丰富多彩
唯那人类伟大的历史
离不了苦爱
……
曾拥有刻骨铭心的爱是一种幸福，曾经爱过，何必拥有！

阿咩很快又有了回信：

……

造物要在中国创造一个伟大的雕塑家，于是又创造了一个可爱的表妹，去激发艺术家的创作灵感……但艺术要登峰造极，表妹一定要走。

成功的艺术家要经得起波折与考验，天才没有奋斗，天才会埋没。

……

我是造物用来开发你的天才的工具。我的任务完成了，我就要功成身退。

……

今日破冰解冻，不是一件很美的故事吗？来吧，思伟，让我们庆祝重逢……

拿着这段时间与阿咩的通信，潘鹤仿佛又回到了少年时代，想到即将要与分割近五十年的初恋见面，兴奋的心情难以言表。然而，想到枕边相濡以沫的妻子张幼兰，潘鹤却又顿时沉重起来。张幼兰耳聋，但并没有心盲。让潘鹤万万想不到的是，张幼兰早就支持他去圆了这一心愿。张幼兰的包容与体贴，让潘鹤十分感动。

1993年秋天，潘鹤到了大洋彼岸，“中秋佳节，码头相见”，一切的巧合犹如上天的可以安排，谁曾料及如此的誓言却要在48年后才得以实现?

两人见面后，太多话要说却无从说起，潘鹤特意请人把自己埋藏心底已久的思念诗句录制成曲子：

长夏温风
我把笔茫然
点点落花
似泪水飘零
今日风光
指点何处
欲寻无路
眼底云烟
我的心在遥远的天边
天边藏着一个难忘的旧恋
我的心在遥远的天边
如今仅留空虚伫立在我的身边
我以为那山光水色
可医好我弥天悲痛
但岂料烟丝云缕
却埋着永远的旧梦

在加拿大的维多利亚海湾上，蓝蓝的海水波浪荡漾。旅游小飞机在帆船的上空翩翩飞翔，仿佛在向他们的重逢频频致意。潘鹤与阿咩在帆船上互相诉说着这四十多年来各自的经历，仿佛历史就这么随着波浪重演了一遍，当中有笑，也有泪，阿咩知道信件原委，甚至几度悲痛欲绝。一切的爱恨情仇就这样随着音乐，随着海风，随着波浪荡漾而去。

是的，两个甲子老人，早已过天命之年，难道有些事情，还能放不下吗？在后来潘鹤还笑侃称：

早不重复，晚不重复，一定要相隔48个春秋才突然重逢。不过，细细寻思，这也是个最佳的年岁。如果早十年重逢，会

> 产生悲剧，双方家庭可能会解体；如果晚十年时重逢，那便成了哑剧，只怕已相对无言；更老一些，须要人搀扶着再相见，那就会变成滑稽剧了……唯有此际重逢，乃是天作之合，是喜剧，是好事，无须为别离再伤悲了。

在加拿大二十天的时间，潘鹤的行程被安排得满满当当。他们的相见可谓“发乎情而止乎礼”，阿咩的丈夫也通情达理，后来潘鹤与他还成为了好友。早在此行之前，阿咩便在给潘鹤的信中写过：

> 我明白我们都已非48年前的自己，话旧后，我会让你平安地回到妻子、孩子身边，我亦不会忽略丈夫40多年如一日对我的爱。希望我们四个人均幸福……

这场诗意般的生死之恋，就这样跨越大洋，画上了句号，潘鹤也称“这不像终结而像另一种开始”。

似乎一切上天早有安排，潘鹤从温哥华回到广州后，便接到了为庆祝澳门回归的一个雕塑任务。潘鹤来到了需要立雕塑的地方——淇澳岛，这个曾经为了见表妹一面，冒着生死走过的雷区航道，顿时触景生情，他马上想到了一个主题——《重逢》。这既是对祖国欢迎澳门回归的家国情怀，也是自身感情的艺术表达。

这个9.9米高的石像，俨然是表妹“化身”的女神，嘴角微抿，面容柔和，身边环绕着飞翔的和平鸽与仙鹤，手中托着可爱的“天使”，矗立于淇澳岛上与澳门隔海相望。

几十年前，潘鹤可谓“失之东隅，收之桑榆”。失去了刻骨铭心的一段爱情，却从苦闷中成就了一代艺术天才。然而，《重逢》的出现，显然既是潘鹤艺术的结晶，也是他对那一段感情最好的回应。他曾经答应过为表妹塑像，可表妹又何曾想到，曾经的“情人”为她许下的诺言会以这样的方式兑现。

1993年，也是潘鹤艺术的一个高峰，广东省政府破例为他辟出一块地，建立以他的名字命名的个人雕塑园，这在中国从无先例，世界上也为数不多。他的众多可以彪炳史册的作品，将在雕塑园里一一陈列。

潘鹤在后来谈及这个雕塑园时说：“能够完整地把我在20世纪的所见所闻，通过雕塑的艺术语言留给后代，可以说是今生无憾了。”

1997年11月28日至1998年7月27日，广东美术馆举办了“潘鹤·走进时代的艺术”展览，引起了巨大社会的影响，受到了各界观众的好评，展出七个月，先后接纳海内外观众达十多万人次。这对于当时的同类艺术展览，是难以想象的。

著名画家关山月在当时还特意赋诗一首：

艺海航程同一舟，
刀雕笔写颂千秋。
牛栏恶梦相抹黑，
书舍交心诉展筹。
继往开来培沃土，
承前启后代无沟。
风骚尽领力攀顶，
寿比南山天道酬。

就这样，已步入古稀之年的潘鹤以一个展览，通过自己的艺术形式，回顾了他20世纪的所见所闻。更重要的是，1997年广东省政府为其在广东美术馆建立潘鹤雕塑园，也是社会对其20世纪艺术探索的一个重要的肯定！

笑傲艺坛

滚滚潮流东逝水，
又岂料浪花淘剩狗熊，
弄虚作假终成空。
青山依旧在，
管它垃圾浮。
庭前落叶循环事，
惯看春夏秋冬。
一瓶红酒喜相逢，
古今多少事，
都付笑谈中。
——潘鹤2012年所作打油诗

一、“戆居居”

新世纪之后，潘鹤的住处便多了一块匾，上刻“戆居居”三个憨厚拙朴的字，如此的内容总让来客忍俊不禁。

原来，在上世纪七十年代末，潘鹤重建雕塑系时，学校正为雕塑系搭建雕塑大楼。有一天，关山月过去找潘鹤，潘鹤回想起“文化大革命”一起被关进“牛栏”的事：那时候他们十来个比较“高档次”的“牛鬼蛇神”被一起关进了“牛棚”，潘鹤负责看牛，很晚才回来，睡的位置都被霸占了，于是，潘鹤便在横梁上面放张床板爬上去睡觉。结果，第二天放牛回来后，其他人逗趣地拿了张旧报纸写上“云鹤楼”几个字并挂在了潘鹤的这个“空中楼阁”，众人笑得人仰马翻。所以，潘鹤忆苦思甜，便让关山月重题“云鹤楼”。

而赖少其则给潘鹤写了副对联：“云往云来浮沉无意，鹤翔鹤立宠辱在望。”

时隔五六年后，已过古稀之年的潘鹤突然看透世事，自感“太天真，世界哪有这么简单！”于是，他就把这些都取了下来，让杨善深重新写“戆居居”（粤语）的匾，意思就是没有脑筋的人，以此“讽刺”自己是一个很蠢的人。后来，杨善深又为他写了副对联：“能受天磨真好汉，不招人妒是庸才。”

清代有郑板桥“难得糊涂”，当代有潘鹤“戆居居”，看似诙谐，实际大智若愚。他既被称为“老愤青”，但言语幽默却又让人捧腹大笑。早年因公干经常出差，他笑称自己“差佬”；又因出差频繁坐飞机，又自称“机佬”。

更有趣的是，广州亚运会，相关部门找到潘鹤，请他举着“羊城火炬”小跑一段，或者慢走也行。他说，我都一把年纪了，你还要我举着“羊炬”当众跑步？应叫“广州亚运会火炬”。而逢年过节，举办挥毫活动，若邀请潘鹤书写“福”字，他会打趣问“这么多艳福”，总让在场人员哈哈大笑。

潘鹤自己撰诗总结道：“转眼人间八十年，世风日下钱钱钱；老来方知徒悲愤，能癫就癫过一天。”

这些诙谐中，尽见潘鹤真性情。

二、“床上功夫”

2006年，潘鹤因腰疾住院治疗期间，卧病在床，甚感“百无聊赖、手痒难禁”，一些大胆的护士试着请潘鹤为她塑像，潘鹤竟也一口答应。他拿着一块湿泥，只消几分钟就把面前的人塑得惟妙惟肖。消息很快传出去，来探病慰问的人除了带来鲜花、蛋糕外，还加多了一块湿泥。于是，潘鹤就这样，在病床上玩起了泥巴。

刚开始是朋友探病时，边陪潘鹤聊天，边做模特，慢慢地，潘鹤“免费”塑像的消息不胫而走，逐渐院外的人也纷纷涌来“探病”。潘鹤突然觉得奇怪，一段时间来了自己并不认识的各式人等，不过，能让他打发时间，过过“手瘾”就足够了，哪里管得了真假虚伪。其实，他是心知肚明。

就这样，在一年多的时间里，潘鹤左手打吊针，右手捏泥巴，为前来探望的亲朋好友、徒弟徒孙速塑捏像，最终积累起来了警察、工人、海关关员、医生、护士、舞蹈演员等共28个行业的工作者塑像。

其中，潘鹤为自己和夫人张幼兰所塑的《真爱永恒》更以温情幽默的内涵深深打动着人们。潘鹤住院期间，张幼兰悉心照顾，出院之际，才“抱怨”说潘鹤为那么多亲朋好友都塑了像，独独漏了她。潘鹤“自知理亏”，于是以年轻时两人的合照为模塑像，为了突出夫人的形象，他特别将两人的头像互换，并保留了夫人年轻时的模样，自己则用现时的模样，可谓“老夫少妻”，令人会心一笑。

2012年春节期间，时任广东美术馆馆长的罗一平到潘鹤家里拜年，一看到这些随意摆放着的雕塑小品，甚为惊讶，更为其迸发出来的深厚艺术能量所打动，于是，他决定专为这些雕塑办一个展览。征得潘鹤同意后，由广东美术馆主办，广州美术学院、潘鹤雕塑艺术园协办的“潘鹤病榻速塑作品展”于当年7月10日在广东美术馆开幕。

这一系列作品，虽然很多只花了潘鹤五分钟时间去完成造型，但其栩栩如生、神情兼备的情态却显示了他深厚的功力和精准的造型。“速塑”的概念正是由潘鹤提出，指在短时间内以简要的方法用塑泥或可塑性材料塑造出对象的雕塑小品。一件速塑作品所包含的，往往是塑者毕生学问修养的总和。

三、自我完善

2008年，广东省政府为潘鹤建立的，总投资1500万元、占地38亩的“潘鹤雕塑艺术园”正式向市民开放了，雕塑艺术园的主题为“世纪见闻录之历史长河”。园中陈列的雕塑是从潘鹤多年创作的作品中精挑细选出来的，共80件。以雕塑艺术记录了中国近现代一百多年的发展历史。

“我从事创作68年了，现在政府为我设了雕塑园，我曾经考虑应该怎样去摆好呢，是按我年代来摆设还是按我所见所闻来摆设呢。按年代来摆，很难表现我自己的所见所闻，所以我决定以我所见所闻来摆设。”潘鹤后来说道。

虽然潘鹤一生作品不计其数，全国也近百个城市立有他的城雕，但在他看来，却只用五个雕塑概括自己一生：

第一个是《居里夫人》。居里夫人是历史上第一个在两个不同领域获得两项诺贝尔奖的人。她的发明，本来有助于科学发展，却没有想到她的成果用来推动了原子弹的发明。“科学本来造福人类，现在却成了毁灭人类”，潘鹤以此来讽刺自己。艺术本来是用来美化心灵，他希望通过艺术把社会的垃圾清扫干净，美化人类心灵，但现在却太多人借艺术之名污染社会，造成了越来越多的艺术垃圾。

第二个雕塑是《司徒乔》。在潘鹤看来，司徒乔是一位极具艺术才华的画家，然而，他在中国艺术史上的地位及影响力却与他的才华极不相称，因此，潘鹤将他雕塑成一幅冥思苦想的样子，又取名《想不通》。想不通为什么真正有艺术才华的人得不到施展的空间和社会的认可。潘鹤感叹：“现在艺术家受关注的原因不是因为才华，而是讲后台、手段。”

第三个雕塑是《睬你都傻》，创作于1978年，是鲁迅“横眉冷对千夫指”的真实写照。他对民族劣根性的深刻反思和黑恶势力的坚韧反抗，时刻唤醒国人冲出精神的牢笼，获得思想的解放。潘鹤把这件作品作为自己的“自画像”，“睬你都傻”就是他面对人生命运的跌宕时处之泰然、坚持真我的傲然和超脱，也是他看待种种“想不通”的现象的态度。

第四个雕塑是《自我完善》。潘鹤曾多次说过：“人的一生就是自我完善的过程。”这件作品创作于1992年，后于1996年重作，是潘鹤本人最为满意的作品之一。作品中一手持锤一手持铁凿的少女（后有男性版本），上半身已经得了自由，还在不断雕刻自己的双腿。正如人生是一个不断自我完善的过程，不断吸取真谛、抛弃劣迹、千锤百炼，生命才坚韧有力。潘鹤在他的艺术生命中一直在实践这样的信念。他不但追求自身的完善，还致力于改革雕塑教育，推广中国城市雕塑的发展，重新建立雕塑在中国美术史上的地位。

他也曾强调：“只有自我完善，才能问心无愧，也只有自我完善，才可以不随波逐流，才能‘笑到最后’。”

因此，最后一个雕塑，就是《笑到最后》。这件作品潘鹤创作于2008年。原本是为某位已故国家领导人制作的雕塑，构思中，人物以

爽朗的面容笑看历史风云，后来这个方案因种种原因搁浅。在委托人的强烈要求下，潘鹤以自己的塑像取而代之，却保留了原计划中的开怀一笑。

不追一时之名，不求一时之利，唯有锲而不舍地追求艺术的真、善、美，才能做到问心无悔，笑到最后——潘鹤如是说。

第二篇

众说潘鹤

潘鹤雕塑漫谈

钱绍武

潘鹤的雕塑作品，如果不按创作时间的前后，而从其本身内容来看，几乎可以说，它们反映了中国人民在共产党领导下的各个重要革命历史阶段，像史诗一般，精炼而深刻地讴歌了中国人民的斗争和胜利。我们从《省港大罢工》这座雕塑上看到20年代郁怒愤慨的罢工工人，面对封建势力和帝国主义的镇压而坚强不屈、巍然屹立的英雄气概，在他们身上正酝酿着一股即将震天撼地、使帝国主义发抖的力量。这正是大革命的前奏，我不得不赞叹这种准确而深刻的概括。《艰苦岁月》则十分简练而又非常本质地体现了中国共产党人的乐观主义精神，把乐观和信心寓于艰难困苦之中，这件出色的作品已有很多理论家专文论述，我就不再多说了。接着是抗日战争，潘鹤和梁明诚合作创作了《大刀进行曲》。“大刀向鬼子们的头上砍去！”大概经过这场战争的人，不管老人、小孩都会立即在耳畔响起这支气壮山河的乐曲吧。这是潘鹤雕塑艺术的新发展。如果说以前他总是抓某个侧面、某个生活情节来概括整个历史，那么，这次他却从正面，从概括和象征的角度，强烈地喊出了中华民族的心声！我要说，在现代中国的雕刻作品中似乎还没有见到过如此气概的作品。值得补充一说的是这作品产生于“四人帮”统治后期，作者能排除帮风帮气的干扰，这正是一个真正的艺术家的可贵之处。伟大的解放战争呈现了丰富的斗争形式，最后以南京总统府的占领为象征结束了蒋家王朝长达二十余年的罪恶统治。潘鹤正好抓住了这个关键，与人合作了《占领总统府》。我不知道在总统府门楼上升上五星红旗这一场面最先由谁构思，但是在我所见到的类似作品中，最早出现的却是潘鹤的雕塑。他还是从真实的人物性格出发，塑了一排并列着的五个战士，从饱经战火考验，看样子是山东大汉的机枪手到刚参军不久的小伙子，一个个生龙活虎，几乎可以给他们每人写个战地采访记。这些战士是那么亲切和可爱，使人油然起敬。我不禁在心里说出：“这些人才是新中国的缔造者，才是历史的真正主人！”如火如荼的土地改革，改变了延续两千多年的土建制度。潘鹤深深理解农民，理解农民们对土地的感情，他塑了祖祖辈辈在重压下喘息、同时还支持着偌大中华民族的农民，《得了土地》中那个农民几乎可说是农民的象征，他身后站立着一个青年，看得出来，对新中国的未来他充满着美好的憧憬。他反映了我们这一辈人要在解放了的土地上亲手建设光辉灿烂的明天的强烈愿望。潘鹤还作了很多反映其他方面的雕塑，我就不一一举例了。我只是想以这些例子来说明潘鹤创作的浓度和广度。我们可以体会到作者创造人物典型的功力。他善于在广阔复杂的斗争中抓住最本质的东西，在缤纷的事件中抓住最动人的情节。他以一个艺术家所特有的洞察能力，刻画了一个个有血有肉的典型形象。恩格斯强调艺术创作必须是“这一个”，潘鹤就很具体地谈过他的心得。他说：“雕塑创作就是要关于从侧面反映正面，从小角度反映大场面，从个别反映一般。”雕塑在造型艺术中很接近于诗在文学中的地位。它本身要求巨大的概括能力，要求高度的精炼和集中，要求一针见血而又其味无穷。我认为潘鹤的雕塑就是造型艺术中的诗，是既能扣人心弦，又有让人反复吟诵、警辟深沉的史诗。说起潘鹤的雕塑语言，他是重视和善于运用情节这个因素的。我认为正如“情节性”同“无情节性”一样，它本身却并不决定艺术价值的高低。我认为，情节在造型艺术中是一个重要因素，情节本身绝不是和造型艺术对立的。自古以来就存在着善于运用情节的好作品，也存在着无情节可言的好作品。以罗丹这样的艺术大师而言，可说是精通造型语言了吧，但他就从不掩护情节性，而是恰当地运用它。他的代表作品如《加莱义民》、《地狱之门》中的《老欧乐米埃》（老娼妇），以及《吻》《春》《乌谷利诺》等等都有情节，罗丹举了雕塑中文学的功用来加以肯定。当然，情节不能代替造型本身的魅力，潘鹤的作品正是充

分发挥了情节性的巨大作用的。这种情节渗透到造型艺术里的具体性如果选择恰当，不但不会削弱造型艺术语言的作用，反之更能提示主题的本质。同时，我们不应该忽视普通中国老百姓的欣赏习惯，因为我们的作品是为了人民的，我们的艺术应该是帮助人民提高精神境界的。所以我们应学会善于诱导，力求让人民能理解和喜爱。这是无可非议的要求。所以，问题的本质不在于有无情节性，而在于如何选择情节，如何运用艺术语言表达情节。这些本领就涉及一个艺术家的全面修养了。光凭塑造技术的高明就远远不够。正是因为潘鹤有很好的文学修养和广泛的历史知识，又有广阔的生活基础，所以才能具有深刻的洞察能力和准确的判断能力，能在纷杂冗长的锁链中选出一环，引人入胜，发人深思。这种本领正是我们应该学习的。

潘鹤特别重视“形象思维”，他常说，艺术家的创作构思任何时候都离不开形象，都要在形象的基础上进行推敲和提高；他甚至认为形象的感受往往油然而起，一见生情，不能立即作出透彻的解说，往往要经过相当时间的琢磨才能认识这种感受的全部意义。因此他主张对一切激动自己的形象都要加以摄取，然后在这些使自己激动的形象中去发掘其真谛，并且加以完善和提高，而这种完善和提高的每一跨步也都离不开形象。正因为如此，所以潘鹤的创作都来自生动具体的形象感受，从不出现公式化的问题，也不存在用形象来翻译抽象概念的问题。他总是从生活出发，从活生生的形象感受出发，即使塑历史人物，也是从具体的历史事件、历史的具体情节、人物的具体性格出发的，是以现实生活中他所具体感受到的人物形象为依据的。因此，他的雕塑都生动具体，真实可信，具有真实人物的丰富性和个性特点。在这里附带还要说一下，潘鹤这种正确的创作方法在“十年动乱”中曾经受到“批判”，我曾经就此问过他。首先，他强调形象感受，珍视这些具体的感受，认为贵在有感而发，贵在真诚。我认为，这样好是好，因为它保证了作品的具体生动性和感受的真实性，但是，问题在于我们的文艺首先要求具有积极的社会作用，如果一个人的形象感受虽然真切而强烈，却不大符合这种社会目的，那该怎么办呢？潘鹤非常风趣地说：该检查检查世界观、审美观、思想方法。隐瞒世界观的作品是好是坏都难打动人，何况不易隐瞒。这些年的艺术实践说明了他是对的，无可讳言，他的这种理论和实践影响了一批可喜的新生力量，特别是广州的年青人。他们共同的特色都是形象生动、性格鲜明、具有浓烈的生活气息，这就是回答。

潘鹤早年在从事雕塑的同时也画一点画，他的确掌握了绘画技巧。因此在解放初期，他的作品《当我长大的时候》也诚然有接受“绘画”地方。但是，随着经验与题材内容的变化，也就产生了多种多样的表现方法。如《省港大罢工》就塑得浑然一气，发展到《大刀进行曲》就更造型结实，形体完整了。这种雕塑语言的变化我也曾和潘鹤探讨过，他说了一句话：“我觉得要把雕塑体积做得结实而富有生命力，就要使雕塑的每一个形体从里边尽量向外膨胀、扩展，而外边却有一相反的力量向里挤压。鲜明的例子，不管是起伏强烈的米开朗基罗的《挣扎的奴隶》抑或是起伏不大的马约尔的雕塑作品。”我想，他已经把雕塑造型美的法则之一阐明得十分清楚了。最近我帮助别人推敲法国大雕刻家马约尔一书的译稿，他说马约尔那种造型效果在于表现出一种“离心力和向心力互相抵消的空间”，也就是表现出形体内部有种力量向外扩展，而在扩展过程中却遇到一种想象中的外力的阻遏。如果表现不出外力的阻遏，也就表现不出在形体中膨胀扩展的强大生命力。我想这是在表现形体的“雕塑美”“生命力”这一领域中的辩证法。我们不妨仔细观察一下《挣扎的奴隶》突出的肩膀和背膊，按整个强大体格来看，三角肌、二头肌和三头肌都要比现有的大得多，但是却被一种想象的压力，压成高浮雕状，整个复杂的形体被压成明确的锐角形。正因为如此，才使人感到这些形体包藏着无限弹力，表现出强烈的反抗。潘鹤的《大刀进行曲》也正是这个原则的体现，其中老汉的胸臂和八路军的脸和腿表现得特别突出。我们看到潘鹤在充分发挥雕塑美的同时也仍然保持了有利的绘画效果，这就不是什么缺点，而是发挥所长，匠心独运了。

综观潘鹤的雕塑，构思深邃，形象真切，的确是难能可贵的，他的创作方法和造型方法也是值得我们认真研究和学习的。这里所谈只是我个人的体会，谬误是难免的，一砖之抛，引玉而已。

（原载《中国美术》1981年第1期）

优美、雄峻、奇崛、古朴
——潘鹤城市雕塑的艺术构思及特色

黄渭渔

潘鹤是富有创造精神的雕塑家，他的艺术以构思佳妙、充满时代气息而著称。人们常把他的名字和他的一系列雕塑作品——《艰苦岁月》《省港大罢工》《大刀进行曲》《孺子牛》《和平》《珠海渔女》等联系在一起。

70年代末至80年代初，是潘鹤雕塑创作的一个转折点。改革开放的春风，唤起了他的创作潜能，意识到在这改革开放的城市，应该有自己的门庭形象。他立意冲出室内雕塑的框架，发挥雕塑艺术更大的社会功能。潘鹤在全国性报刊上发表文章论述了雕塑的任务和发展趋向。他率先带领广州美术学院雕塑系的师生和社会上的同行投入了城市雕塑的建造，从省内到省外；南至海南省，西至西安市，北抵内蒙古，东达宁波市，以至超越国界远渡扶桑，共建造了一百余座，其中以他个人创作为主，放大时与人合作的就有四五十座之多，故被人美誉为“城市雕塑的开荒牛”。由于他有很强的使命感，并有一颗感受和发现美的心灵，好像是位熟练的魔术师，拿着魔杖点石成金，把丰富的意象物化成各式各样的审美形体，展示出超卓的艺术才华。现在，选几件作品谈谈他的构思经过及艺术特色。

一、优美

在珠海市的香炉湾上，屹立着一座美妙动人的雕像，高标直插长空。海湾中错落有致的礁石，使它更添风采。这就是著名的《珠海渔女》（1981年，潘鹤设计，放大时与段积余、段起来合作）。人们往往以为这座雕像是根据民间故事创作的，其实并非尽然。在70年代末，珠海尚是一个偏僻、落后的渔村，便被作为经济特区开发。潘鹤深入走访了许多渔民，了解到他们有一个共同的愿望，希望珠海很快发展起来，让大家过着幸福的生活。他把这些善良人们的愿望作为动力，开启想象的翅膀。传统文化的积淀，使他联想起章回小说里的水晶宫、海龙王……渐渐地领悟到过去的民间传说也无非是人所编造的，自己也何不去浪漫一番。于是，他设想海龙王派出龙女向珠海人民献宝。“珠海”的“珠”字，本身就代表宝物和财富，用它来象征人们生活得幸福、富裕。这个意象的获得使他欣喜，但却未能使他满足。“龙女”与“明珠”如何出现才能精妙深刻？对于这位要突破前人、超越自己的雕刻家来说，不惜惨淡经营，终于被他发现了漂游在海中水草的美妙形态。呵，何不就让这龙女变为健美的渔家姑娘，像海草一样袅袅地从水中升起？就是这样，他把民间传说作了“故事新编”，“珠海渔女”的形象在他的艺术思维中瓜熟蒂落。

他紧扣住海草袅袅升起的形态，使渔女双手高擎着明珠，这么一来，把崭新的内容与独特的形式取得了高度统一，雕像脱颖而出，成为一个非凡的创造！运用了古典艺术在人体数量比例上的对称与和谐，使渔女的手掌合着明珠形成了一个小棱形，略曲的手臂又形成一个较大的棱形，这两者之间既统一又有区别；紧接着的是那舒缓而有弹性的身躯，都显得匀称而有节律感，给人觉得它活泼而自由，体现了黑格尔说的：“直立的姿态不是单凭它本身就美，而是要凭形式的自由才美。”[①]

作者并不讳言，这形象的塑造上曾借鉴敦煌菩萨的某些表现手法，然而借鉴并非摹仿。从形体的比例看，它比敦煌菩萨矫健修长，结构上显得更为合理。敦煌菩萨是宫廷少女的化身，有高贵娇媚的气质，而雕塑中人物是现代中国南方渔女的化身，俊秀明丽，身上饰物不是瓔珞，而是渔网，在九米高的巨大形体中不算显眼，但却是不可缺少的。它与形象的身份、特性有内在的联系，处理得很有分寸：渔网盘腰而过，加

① ［德］黑格尔：《美学》第三卷上册，第153页。

强了身体曲线的造型；那短袖贴体的上衣，高卷的裤腿，把女性柔和流转的体态充分展现出来。这是他把感情灌注到石头里去，才使它洋溢着生命的意蕴。所以说，它是“神”的“人”化，也是“人”的理想化，是把古典与现代结合，散发出生存空间的人文气息，好像是一朵对着朝阳含苞待放的白玉兰，也像一首优美悦耳的歌曲，令人神往。以至被公众认为是珠海城市的标志，是珠海人民幸福、康乐的象征。

二、雄峻

室外雕塑创作，总是与环境密切相关。在选点设计的过程中，雕塑家不应只是被动地接受安排。潘鹤在创作室外雕塑作品时，常常是从雕塑与环境整体优化来考虑。能做到这一点是很不容易的，就以他接受建造贺龙元帅的纪念像——《魂归故里》时，就坚持了个人独到的见解。80年代中期，他亲自去到贺龙元帅的故乡——湖南省桑植县考察，从长沙到桑植县城，得花三天的路程。这就引起了他的思索：这个湘西小镇离长沙这么远，环境平常，若把雕塑建造在这里，到底有多少游客去瞻仰？他希望建在可以发展成为旅游区的地区。为此，他游览了张家界、登上了天子山，使他大开眼界。这时的天子山尚是个荒无人烟的地带，而风景很美。他站在山顶上，但见群山起伏，奇峰三千，有状如莲花，有形似猛虎，气象新奇，令他豁然开朗。预见这里将可能发展成为旅游的景点；何况天子山仍属桑植县的范围，尚不失为有特定纪念意义的环境，便立下了在这里造像的决心。当他提出这一设想时，并未为人们所理解，持反对者大有人在。面对压力，他耐心说服，取得了共识。如果说他创作《珠海渔女》是与大海结合取得成功；那么，《魂归故里》的纪念像则是与群山结合的又一佳作。

贺龙元帅是一位充满传奇色彩的人物，在战争年代驰骋沙场，英勇无畏，却不幸在“文革”期间被“四人帮”摧残致死，这无疑是一场悲剧。鲁迅曾说过，“悲剧是将人生有价值的东西毁给人看”，但作为艺术，悲剧的另一种含义是“在本质上是崇高性和英雄性，在美学中是崇高范畴的深刻体现”[①]，它不仅是悲怆、悲凉的同义语。因此，在潘

① 黑格尔：《美学》第三卷上册，第168页。

鹤的心目中，是从“崇高性和英雄性”来为贺龙元帅造像的。用他的话来说：“就是立意把元帅像塑造出顶天立地、与天地共存亡，让它成为镌刻在人民心中的丰碑！”为了体现这一意向，他采用了象征的表现手法。该像是用铜铸成，高6.3米。头部是写实的，极其传神地刻画了元帅魁伟而内含英气的面容。为了显示出人物意志力量的崇高性，有意识把整个体积放大，比真人高大两三倍。自胸以下雕凿成岩不平的壁面，远看如同一座山峰，与天子山浑然天成，呈现出一种雄峻的美。

自古以来，有不少雕像都把动物作为与人物性格在某方面联系的标志。当黑格尔谈到古希腊的雕刻时，就举出了如天神宙斯的身边往往雕着鹰，天后朱诺的身边则往往雕着孔雀。①作为元帅像旁立着一匹战马无疑是合情合理的。他的英灵已化作山峰，他的血肉之躯却永远不会归来；这战马的马鞍未卸，在等他一千年、一万年重上征途。是以战马被塑造成驻足沉思，流露出等待之情。这是作者感情的移入，寄托了对元帅的无限哀思。

当人们站在山顶上，这座雕像就成为近景，在它的背后就展现出万石峥嵘、奇幻无边的境界；它，与群山相呼应，把艺术与自然融为一体，为人们开拓了一个广阔的审美空间。

三、奇崛

雕塑是移情的艺术，有很强的概括力，可以在有限中表现出丰富的意蕴。潘鹤在运用雕塑艺术缘物寄情方面，有着出色的表现。1987年，当他接受了中国人民抗日战争纪念馆广场雕塑的设计任务时，就考虑到在这纪念性的环境里设计的雕塑，自然应该无条件地服从于这个纪念性的母题。他亲自去了宛平县城和卢沟桥上考察。当他看到了桥上那数百座石狮，以及宛平县城墙上的累累弹痕，顿时唤起了过去的惨痛记忆：1937年7月7日，这里响起的枪声震惊了全国人民，从而掀起了八年抗战的烽烟。他面对卢沟桥的古老石狮，深觉它们的形象过于温顺，为了捍卫祖国的独立与尊严，理应站起来怒吼着的。残缺的城墙也启发了他联想到万里长城。自古以来长城是我国人民反抗侵略、团结奋斗的象征。

① 周来祥：《美是和谐》，第174—175页。

这一切，都拓展了他的艺术思维，成为纪念像所不可缺的基因。他将这两者糅合，让它表现出我们民族的血与泪，奋起与抗争。《怒吼吧！睡狮》，就是他融进了个人强烈的情感而诞生的。

雕像坐落在纪念馆前的广场中央（潘鹤设计，放大时与程允贤、梁明诚合作），像高5米，长8米，玻璃钢仿花岗岩石，底座是黑色大理石砌成。远处看去如一座巨大的观赏石，也好像是大海上的一团巨浪。“狮子”作昂首奋起的状态，张口露齿，威猛逼人。以大小不同的块面刻成，转折的地方显露棱角；毛发起伏，伸向天空；身躯是虚拟的，仿长城的砖石垒成；爪腿呈方块状，支撑在地面；后面是残缺不全的躯体。在通常的情况下，残缺是不美的，但这是基于主题的需要，它真实地再现了山河破碎、金瓯残缺的意念，以唤起人们毋忘国耻！所以它是美的。

在艺术处理上，他刻意追求气势，表现出涵盖性很强的力量，使它在再现历史真实的基础上具有浪漫主义的气氛。狮子的造型奇崛，既不是现实形态的忠实摹拟，也不同于虚幻世界的怪异形状的综合，大致接近于原型结构，又作了某些夸张，给人感觉是强调对立，冲破和谐。为了表现崇高的无限力量，雕像的体表粗硬，影像峻嶝，展示了中华民族艰苦卓绝的斗争精神，具有悲愤雄强、犀利的美感，产生催人奋进的震撼力量。

四、古朴

雕塑与建筑虽然是两门不同的学科，但它们之间并非没有联系。建筑虽有实用的功能，但同时也是一种艺术。西方美学家把它比作“凝固的音乐”，就这一点而言，建筑与雕塑是有共通之处的。

距今二千一百年历史的南越王二世——赵眜陵墓位于广州象岗，1983年被发掘，是新中国考古学上的重大发现，故在这里建博物馆。当时是由潘鹤承担了门前雕塑设计的任务，雕像放大时，潘鹤率领他三个从事美术工作多年的儿子完成的。

象岗位于闹市，前面是大马路，周围有现代都市的建筑，给设计带来许多困难。潘鹤与著名的建筑师莫伯治共同研究，既要保持西汉王陵的风格，又要有现代的特色，务求“法古变今”，创造出一种古倔而质朴的美。为了吸取汉代建筑的特点，对“汉阙”作了大胆的改装，变成了博物馆入口处一对类似“阙”的外墙，把原来是梯形四面体改变为长方形，面积共有400平方米，且去掉了“阙”所有的瓦檐、斗拱的石造顶盖。外墙用红砂石砌成，质地粗糙，与王陵墓室墙壁的色与质有某种内在的结合，与两旁现代楼宇既协调又有一定的对比度。外墙建立在三层的平台之上，中间的梯级是仿照宫殿式的“重台叠阶”，只省去了汉白玉的望柱，使它显得简练而有现代感。

潘鹤对这里的出土文物作了认真的研究，使它能和现代的材料结合。是以在这两堵大墙之间，采用了现代钢材镶嵌玻璃，构成入口处的整个门面。上面的拱形架上，还镶着一个“透雕双环龙凤纹”的饰物，其色泽金黄，简洁精美，相映生辉。

主雕分别刻着日神、月神的形象。这是他从一座漆屏风上的铜构件“人操蛇托座”及“蛇形支座”上获得的启发，领悟到岭南文化一方面受中原文化的影响，一方面有地方的特点，反映出西汉时南粤人对蛇的崇拜。所以让这一男一女手握巨蛇，不独显示出地方风尚，同时也显示出人与自然搏斗的力量。至于对人物造型，就更强调南粤人的特征，还用了粗而带拙味的阴刻线条，加强了人像的轮廓，使它更为清晰。人像的后下方衬有一条以线刻组成的装饰带，以二方连续图案刻出走兽的形象，正好把人们的视线引向博物馆的入口处。

最下一层平台上，左右有立雕守护兽，是从“错金铭文铜虎节”取得借鉴。原是三四寸长的手工艺品，虽精致而缺乏力度，经过再创造就大异其趣，用红砂石刻成，强劲有力。可看到他的刀法劲利，有深厚的功底。

整座雕塑是由立雕、浮雕、线刻组成，古朴中有现代感，是雕刻与建筑巧妙结合的一个范例。

（原载《美术》1994年第11期）

“潘鹤艺术研讨会”发言记录节选

林抗生等

潘鹤教授的“潘鹤·走进时代的艺术”是广东美术馆开馆以来最大的个人艺术展览，在三个展场集中展览了潘鹤教授从二十岁起各个不同时期的代表性雕塑及绘画作品近百件，系统地展示他五十余年艺术创作的轨迹和风貌，受到行家和观众的热烈欢迎，从1997年11月开展至今，近7个月的展览期间，共接待观众十几万人次。为了进一步研究其艺术特色和艺术成就，广州美术学院和广东美术馆于今年5月29日召开了“潘鹤艺术研讨会”，省、市宣传部门和文艺单位领导、艺术家，以及潘鹤教授的朋友、同事、学生近一百多人参加了座谈，在整整一天的座谈中，发言踊跃，气氛热烈，从各个方面对潘鹤教授的雕塑艺术进行了新的探讨。现特将座谈会发言整理发表，文章由王嘉同志根据录音整理，整个工作得到广东美术馆领导的大力支持和帮助，特此表示感谢！

时间：1998年5月29日

地点：广东美术馆

会议记录及整理：王嘉

林抗生（广东美术馆馆长）：

很欢迎各位嘉宾来我馆参加潘鹤艺术研讨会。这次研讨会由广州美术学院和广东美术馆联合举办。潘鹤老师从事雕塑事业几十年，不但创作了大量如《艰苦岁月》《大刀进行曲》等富有历史感和艺术性的优秀作品。而且，他还以严谨求实的创作态度和深厚的人格修养培养了一大批年轻的雕塑家。潘鹤老师的作品有着如他本人一样的魅力。广东美术馆举办的“潘鹤·走进时代的艺术”专题展览受到了各界观众的好评，展出七个月，先后接纳海内外观众达十多万人次。由我馆策划主编的《潘鹤·走进时代的艺术》画集和《潘鹤少年日记》也普遍获读者好评。这次我们邀请各位领导、各位艺术界朋友举办这个研讨会，是想听取各位对潘鹤老师的艺术思想、艺术道路、艺术风格的分析和评价，让更多的人从中获得教益和启发。下面，研讨会由广州美术学院院长梁明诚先生主持。

梁明诚（广州美术学院院长）：

这次研讨会我们筹备了很久。从广州美术学院长远发展的角度，我们计划有组织地在学院里树立起几面有代表性的学术旗帜。各主要学科都应该有几位堪做学术带头人的专家。在广州美术学院校庆40周年的时候，潘鹤等老师已经是我们美术学院的终身教授。我们的美术事业需要有这样的一批带头人，以他们为骨干，把广州美术学院和广东的美术事业往前带。老前辈对美术事业和美术教育事业都有十分重要的作用。充分发挥他们的作用，对于各方面都有着积极的推动。我院决定在院刊以专辑的形式对学术带头人进行宣传，上一次，我们出版了胡一川先生的专辑；最近，我们将出版潘鹤的专辑；以后，我们还将陆续推出类似的学术带头人专辑。我们希望通过专刊和其他的宣传形式，把我们的学术带头人推介给大家。潘鹤是我院雕塑艺术方面的一面旗帜，数十年来，他创作的作品不但数量多，而且水平高，特别是他关注历史题材而创作的一大批优秀作品，成为我们历史和时代的反映。去年广东美术馆落成开馆之际，我们荣幸地推出了潘鹤艺术专题展，广东美术馆以优越的展示条件系列展示了潘鹤老师若干年来的作品，在观众中的反响始终都是轰轰烈烈。这次举办潘鹤艺术研讨会，可以说是水到渠成。为节省时间，请自由发言。我想这个研讨会还是轻松点好，有什么话都说。下面，请关老和刘部长先谈谈。

关山月（老艺术家）：

我很高兴参加这样的活动。首先，我向潘鹤同志有今天这样的艺术成就表示热烈的祝贺。在这里，我为潘鹤同志写了一首贺诗，我用诗的形式表示祝贺。这首诗的题目是《贺潘鹤雕塑大展成功》，一共八句。“艺海航程同一舟，刀雕笔写颂千秋。牛栏恶梦相抹黑，书舍交心诉展筹。继往开来培沃土，承前启后代无沟。风骚尽领力攀顶，寿比南山天道酬。”为什么叫“大展”呢？因为潘鹤的作品有用武之地，广东美术馆刚刚开幕，就第一炮打响了，成功地举办了潘鹤的展览，所以，美术馆要感谢潘鹤，潘鹤也应该感谢美术馆。我这首诗主要的意思是说，潘鹤活到老，干到老，人老心不老，他一天能干别人几天才干得了的活。他有这样的成就，是天道酬勤的结果。我希望天公会给他长寿，希望他在今后还会有更多、更美、更受欢迎的作品。

刘斯奋（广东省文联主席，广东省委宣传部副部长）：

今天来参加潘鹤艺术研讨会，我很高兴。刚才林馆长和梁院长介绍了有关的情况，特别是潘鹤展览迎来十多万人次的观众，可见潘鹤的作品受到广大群众的喜爱，有着广泛的群众基础，也可以见到潘鹤的艺术在观众和艺术界中的地位。在这样的时候，召开潘鹤艺术研讨会，是水到渠成，正当其时。首先，我代表广东省委宣传部和广东省文联向这次研讨会表示热烈的祝贺！我个人希望各位在讨论潘鹤艺术成就的同时，也能结合个人的感受来谈一谈，希望研讨会生动活泼一点。潘鹤的艺术，我在很早就有接触，从少年时代起已经喜欢他的作品，为他作品中的才华和丰富内涵所感动。他的作品如《艰苦岁月》《省港大罢工》《渔家小妹妹》等在《广东画报》和各种展览会上发表、展示。我在年纪不大时就能够从他的作品里感受到一种时代气息和现实美感。“文革”后，我见到潘鹤在沉寂了十年之后推出的一大批新作，《开荒牛》《珠海渔女》等，经过了十年思考和人生坎坷，潘鹤的作品，在艺术水平、思想内涵各方面都趋于更加成熟。他从艺五十八年来，作品里始终有着时代气息，他的艺术是随着时代一起前进的艺术。潘鹤从艺术的角度切入时代，他不是用笔，而是用雕塑的手，来表现历史和现实，表现中国革命和建设的道路。他的作品不落俗套，有着独特的风格。他并不过于追求对对象表面的发挥，而是着重于发掘对象内在的精神和意义，强调总体的感觉，使人在视觉上和精神上都得到震撼。这也是他的作品能够赢得十多万观众的重要原因。我觉得要特别提出的是他作品里的思想性。潘鹤在作品里有效地把形式和内涵相结合，这跟现在某些艺术家玩弄形式、缺乏内涵相比，有着深刻的教育和启迪意义。真正感人的作品是有内涵、有真情、有激情的作品，没有这些，即使能蒙蔽一时，也不会长久。徒有其表，便会失去魅力，也终将没有价值。不但雕塑如此，其他艺术，包括文艺等也是如此。潘鹤的成功，给我们这方面深刻的启迪。广州美术学院树立学术带头人的做法，很好。各学科都应该有这样的带头人，我真诚地希望有越来越多的带头人站起来，带领我们的艺术事业不断前进。谢谢！

蔡时英（广东省文联党组书记）：

我很荣幸参加这次研讨会，刚才刘部长讲得很有启发性。我代表文艺界的朋友向潘鹤老师表示祝贺！我们很惊讶潘鹤有这样的艺术成就。今天有这样的研讨会，也反映出我们对省里有高度艺术造诣的艺术家敬仰尊重的深情。潘鹤的作品是深受人民喜爱的作品，我在歌舞团工作的时候，在海南岛排演文艺节目《艰苦岁月》（双人舞），剧本创作的依据，就是潘鹤雕塑《艰苦岁月》的故事。在天涯海角，在观众中，产生了强烈震撼力，深得文艺界和老百姓的喜爱。这一深入人心的作品，当时不但在广东，甚而在全国各地都有演出，都受到了欢迎，我深为广东有这样一位雕塑家而自豪。我们完全可以讲意大利有米开朗基罗，法国有罗丹，我们广东有潘鹤。这是值得我们骄傲的事情，潘鹤的作品，与生活、与历史紧紧相关，反映出生活的真美！潘鹤以其深刻的内涵、高超的水准、多样的题材打动人心。他的作品是通俗的、现实主义的、亲切的，普通老百姓都能看懂，都受到感染，都乐于接受。这是他作品的魅力所在。这对我们广大的艺术家来说是值得深思的，我们的作品既要有水准，又要通俗，我们要从潘鹤的作品中引申出一些道理来。愿更多

的艺术家从他的作品里吸收营养，愿潘鹤健康长寿，艺术之树长青！

黄笃维（老艺术家）：

我觉得潘鹤雕塑艺术的成就，不但属于他自己一个人的成就，而且应该属于整个美术界。在潘鹤从事雕塑几十年间，跟他同时期的别人的作品，有多少被淘汰，但潘鹤的雕塑作品却一直得到大家的喜爱。即使在"文革"浩劫中，很多艺术家和他们的作品被打倒的时候，潘鹤的作品，如《艰苦岁月》却打不倒，经受住了历史的考验。只有经得住历史考验的作品，才是了不起的作品，这一点道理大家都知道。《艰苦岁月》被大家接受，成为人所共知的艺术品，被编进小学教材，连小学生都在学习它。在作品里包含着题材的广泛接受性和内涵深厚的感染力，这正是潘鹤作品生命力所在，破不坏，打不倒，深深刻在观众的心里。潘鹤其他作品，如《省港大罢工》，真实地表现着那个历史年代的社会理想和革命精神，概括性地反映出工农革命的气概和特点，表现出作品背后的大历史，把历史浓缩在作品里，使作品成为一个窗口，成为一个角度，在丰富的思想内涵中表现出充满艺术个性的力度。这就像罗工柳油画《地道战》一样，虽然不是正面反映千军万马，却使人难以忘却，激发中国人的爱国精神，增强我们民族的自信心和自豪感。潘鹤用雕塑这一艺术形式来反映历史，用雕塑语言来描述历史。他的作品中，不但有着伟大的思想性主题，而且有着生动形象的语言感染力。如果跟同类题材的其他作品相比，如《血衣》描绘的是针锋相对的斗争场面，而《艰苦岁月》却采用了另一种表达方式。潘鹤用某个时期、某个角度来表现革命斗争，从一个小的侧面来高度概括地表现游击战士革命乐观主义精神。潘鹤并不回避当时战斗环境的艰苦、战士的服装不整齐甚至没有鞋穿，潘鹤抓住了"艰苦"二字，从40年代的草稿画稿，到50年代搬进雕塑，确立了一老一少的基本形象。通过充分的对比和概括，充分地表达革命战士和革命场面这一历史主题。这件作品，常使我联想到一首写红军的诗："红军不怕远征难，万水千山只等闲。五岭逶迤腾细浪，乌蒙磅礴走泥丸。金沙水拍云崖暖，大渡桥横铁索寒。更喜岷山千里雪，三军过后尽开颜。"我为潘鹤的作品所深深感动。潘鹤的艺术手法有他的个性，典型形象的写实和突出（实）跟历史背景的抽象和概括（虚）相结合。这种虚实结合的手法，也表现在雕塑作品的每一个局部，如，在艺术处理上，潘鹤的着力点在头部，精于造型，努力地表现人物的表情神色，这是实；身躯处理力求简练概括，这是虚。对虚实的巧妙结合，使潘鹤的作品有着历史的典型性。潘鹤还善于利用其他的艺术技巧，通过矛盾冲突来强化作品的艺术感染力。一般的雕塑家，要么是有好的主题却没有好的形象，要么是有好的形象却不能充分表现主题，在这方面，潘鹤兼顾了两点。潘鹤作品，不但有写实的手法，还有浪漫的精神，作品里表现的造诣，不比罗丹等大师低。这不但包含了经验的优势，还有一种勤奋的精神、创造的精神。潘鹤的作品了不起，我祝潘鹤不断前进，不断产生更伟大、更高水平的作品，在艺术上更上一层楼。

黄渭渔（文艺评论家）：

潘鹤是我的老同学，有着几十年的友情。这么多年来，我觉得潘鹤最值得我们学习的是他的人格精神。特别是在“文革”之后，受到雕塑无出路的经济环境和两方思潮的冲击下，美院雕塑系的学生学习不安心，要转系。当时潘鹤是雕塑系主任，他先后发表了《雕塑的主要出路在室外》《社会主义国家是城市雕塑的最佳土壤》《民族风格的时代性与现代风格的民族性》等几篇文章，我看很有说服力，在比较困惑的时候他不仅能站得住而且敢于站出来，看得出这在美术界和雕塑界都起到很大的作用。我觉得潘鹤有一颗为祖国为人民的心，我觉得他的胸怀博大，不是看自己，而是看国家、看民族、看事业的前途。很多艺术家朝思暮想去香港发展，而潘鹤是在很年轻的时候从香港选择了内地，几十年来，又批又斗，还是这么安心，搞出了这么多雕塑，这很不简单。潘鹤的雕塑作品好，一是质量好，二是数量多。质量好，因为在国家级的历史博物馆、军事博物馆中，一个雕塑家一生能陈列上一件作品已经算不简单的事情。但是我1992年去北京，见到每个馆里陈列的潘鹤作品都多达六七件。我还注意到，在两馆陈列中，很多人的作品因为各种原因被轮换掉，而潘鹤的作品，如《大刀进行曲》《艰苦岁月》等，始终

被陈列在显眼的位置，并得到观众的赞赏和共鸣。这说明潘鹤的作品很不简单。刚才有的同志把潘鹤和罗丹和米开朗基罗相比，我没出过国，没见过罗丹的作品，但是根据大卫《罗丹传》中统计数字，我知道罗丹生前大大小小作品有大理石雕塑作品56件、青铜雕塑作品56件、石膏雕塑作品193件、绘画及素描作品2000件、陶艺等小件作品100件，大型户外作品不多，只有十余件。但现在对比潘鹤的作品，单是长期性户外大型雕塑作品已达70多座，分布在国内30多个大城市。这一点我们应该高兴，我们中国有自己的人才，有自己的艺术家。至于米开朗基罗，我没有比较过。记得潘鹤在少年日记里说要做中国的米开朗基罗，要做雕塑界的贝多芬。现在呢，我说你别做贝多芬，你做冼星海得了。冼星海很伟大，他著名的《黄河大合唱》在海内外演出超过1000场次。黑格尔说："雕塑是凝固的音乐。"我们雕塑界有潘鹤，潘鹤的雕塑必将像冼星海的《黄河大合唱》一样成为艺术里程碑。另外，我还有一件事深有感触，中国雕塑界产生过不少名家，古代有杨惠之，近现代有刘开渠、李金发等，他们只在创作上有成就。但是，从古到今，都没有雕塑方面独立的理论体系和论著，潘鹤关于雕塑方面的理论文章，特别是讨论雕塑与社会主义的关系的文章，填补了这方面的理论空白。如果有人从事雕塑理论研究，就不能不看到潘鹤在这方面所做的理论贡献。

钱海源（文艺评论家）：

看潘鹤老师的作品，我深有感触。我觉得好的艺术一定是面向人民的。我是广州美术学院的老学生，我认为潘鹤最感人至深的是他几十件作品中每一件都有价值，都有内在的震撼力。作品中可以见到中国人民从衰弱到崛起整个20世纪的民族精神，看到几代中国人民为了振兴中华而牺牲的伟大精神。广东美术馆主编的《潘鹤·走进时代的艺术》画集和《潘鹤少年日记》我都系统地阅读了，我深为潘鹤的思想和艺术感到振奋。如历史上作出重要贡献的大文学家、大艺术家，在他们少年时代都有为人类进步而发奋的远大志向，从潘老师少年日记中看到，他早在少年时代就立志成为代表一个时代的艺术家。他面向人民的志向，教育和影响了几代学生。他从年轻时候起，就几十年如一日，坚韧不拔地追求艺术，他的艺术信念的坚定性很有典范意义，潘老师感染人的，不仅仅是他创作了数量众多的作品，而且还有他作品中有着饱满的精神，其中包涵着100多年来历史磨练和铸造的民族的精神。潘老师的艺术是他思想和力量的写照。人的生命其实是有限的，但艺术的生命却是无限的，这些年来，总有一些相识和不相识的人对我说及潘鹤的《艰苦岁月》影响了几代人。这是因为潘鹤的作品，既不是盯住钱袋，也不是为了投机政治风头而创作的，他忠实于历史，忠实于弘扬正气，为时代树碑。李正天说，潘老师不但是一个艺术家，而且是一个思想家和哲学家。潘鹤的作品是面向人民的，他的艺术展，从开展至今七个月，观众十多万，这是中国艺术界20年来一件少见的盛事。这说明潘老师的作品，受到人民的喜爱。没有一个艺术家认为自己作品不好，有的艺术家认为自己空前绝后，但历史是无情的、公正的，观众的喜爱、历史的认可，这不以艺术家个人意志为转移。潘老师的作品得到的是观众的公认和历史的认可。这一点跟当前有些自以为是天才的艺术家形成了鲜明的对比。我们不乏见到有的艺术家作品展，被几位收取了红包的所谓“理论家”吹捧得不得了，但是迎来的只是开幕式短暂的热闹，它经不起历史检验，得不到认可，开幕式等于它的闭幕式，展览一开幕就没人再看。而潘老师的作品，却有历久不衰的艺术魅力，这是一件很值得我们去研究的现象。我觉得根本上是艺术对时代的态度，如果艺术冷落了时代，那么，时代也终将冷落这艺术。潘老师的艺术是跟随时代前进的艺术，这一点最值得研究。

谭雪生（广州美术学院教授）：

我们广东的美术人才很多，且对全国艺术事业发展屡起领先推进作用。如李铁夫，不但是我国第一位著名油画家，他的雕塑在美国也得过金奖，可惜到现在还仍未能见到他任何雕塑作品；李金发也堪称是我国第一位留法专攻雕塑的先辈，早年曾创作有伍廷芳、邓仲元两座雕像竖立于广州，开了城市纪念碑雕塑的先河。但比起现在潘鹤的纪念碑雕塑作品，无论在数量和质量上就相差很远了。潘鹤大型的具有时代意义的雕塑，已分布和竖立在国内外三十多个城市，推进和普及了我国的城

市雕塑。其思想性、艺术性兼备和深受群众喜爱的程度也是其他从事造型艺术创作者所难以望其肩背的。这已是了不起的贡献。祝愿他继续努力，不断有更伟大的作品出现。

郭绍纲（原广州美术学院院长）：

首先我祝贺潘鹤艺术展取得成功!

我觉得艺术的生命力是无限的。成功的艺术、高质量的艺术，可以变成历史和文化的一部分。潘鹤艺术的生命力，是他艺术创作数量和质量的统一。这种统一，使他的作品格外有分量，这种分量表现在哪里呢？表现在潘鹤的艺术创造与历史的发展前进相吻合，反映我们时代的精神。他从艺近60年，这么多年来，每个历史阶段他都留下很好的作品，做到这一点很不容易。他所以能做得到这一些，我们搞艺术教育的，就不能不以他为例，对成才规律进行深入的探讨和研究。总的来说潘鹤的思想程度很深，情感世界丰富，视野开阔，这不是天生的，这有一个学习的过程。他在日记里说，他要很好的学习素描，学习色彩，走向生活，这么多年就这样坚持下来。所以研究潘鹤，不单纯是一个雕塑问题，还有他的其他艺术，他的文章、日记等很值得全面地研究。这不但能帮助我们理解和领会他的艺术，而且能够从中找到一些有规律的东西来启发后人。潘鹤的贡献不仅仅是某一方面艺术，而且还包括艺术教育，如他这么多年来还培养了不少人才，在广州美院担任多年的雕塑系主任工作，他不但自己勤于创作，而且指导和帮助别人更好地创作，以长辈、老师和朋友的身份带领全系师生探讨雕塑艺术。在他的努力和影响下，雕塑系发展壮大，成了广东省大学的重点学科、最有影响力的系。另外还要注意到，潘鹤把雕塑事业和文化发展联系起来思考，在当代雕塑特别是当代城市雕塑方面，有着开拓性的意义。他的城市雕塑，在深圳、珠海、广州和其他很多城市的作品，有的成为城市或改革开放的标志。都做得很好。刚才钱海源谈到的一些话很好，在90年代的今天，我们应该很清楚地见到，在国际政治、经济、文化发展关系中，中国有着越来越举足轻重的地位。我们的文艺应该充满信心，走我们自己的路。潘鹤说得好，社会主义是城市雕塑的最佳土壤，社会主义不是空的，我们应该强调民族艺术的时代性，强调现代艺术的民族性，摆正我们艺术的位置。有的艺术家爱作前卫艺术的探讨，我觉得我们要慎重地解释这个概念，前卫在哪里？标准是什么？如果我们致力于创造我们自己的前卫艺术的话，这是无可厚非的。但是，如果只是跟人家走、随着人家转，那么我们也终将失去前卫。我们只有在自己的土壤上、民族性的前提下强调现代性，这样才不会跟在人家屁股后面做人家的尾随者，不断地有所创造。潘鹤在雕塑方面给我们做出了很好的示范，我们研究潘鹤的艺术，对推动全省文化建设事业和发掘现代艺术的方向，都有着至为重要的指导作用。

丁纪凌（华南理工大学教授、早年留学德国的雕塑家）：

我年纪大了，依靠轮椅，行动不便，来参加这个活动很不容易。我很高兴见到潘鹤，很高兴他有现在的艺术成就。我祝这次研讨会圆满成功！祝潘鹤健康长寿！

唐大禧（广州雕塑院名誉院长，广东美协副主席）：

潘鹤作品能跟随时代走革命文艺的道路，这是他的根本思想。潘鹤的雕塑有着强大的震撼力，这表现在两个方面：一是思想性明显。有了思想性，这就很容易跟我们的时代产生共鸣。我个人认为，他是革命现实主义的一个典型，作品的感人之处是典型。他作品里的典型性很多，很容易震撼人，比如说他做《艰苦岁月》，人物的骨骼形象，嘴的形象，小孩子睁大眼睛，这很好运用了文学的典型化；《省港大罢工》也是这样，通过身体的厚度、工人的体积来表现，所以说他在运用典型方面色雕很好为革命现实主义树立了光辉的典范。除了这一些，还有他在雕塑界的领头人的作用。他震撼人的作用还体现在他的技巧，技巧极度重要，我们常看到潘老师做头像，别人做得很平淡，但潘老师却敢于进行强烈而大胆的夸张，把神态面貌处理得恰到好处。强烈夸张有一个好处就是容易震撼人，夸张太过就会显得过分，夸张不够就会趋于平淡，潘鹤能够把握住火候，这是艺术上绝高的技巧，给人很多启发。潘鹤作品的艺术形象总是很饱满，你说它瘦就瘦得出奇，壮就壮得实在。技巧

的震撼力和思想的震撼力结合得很好，值得年轻一辈深入研究和学习。做到这两点很不容易，思想性的把握不是轻易得到的，运用技术、表现体积感的技法也不是易事。这作为雕塑家的素质是一辈子努力的事，潘老师在这方面做得很全面。他的技法能调动材质本身的东西，通过体积塑造、用料把握等，把个人修养和情趣与作品联为一体。特别是潘鹤的泥塑，至今为止，我觉得掌握泥的特性，并把这一特性与形体造型相结合的方面，在罗丹之后，在我遇见的艺术家中就只有潘鹤能做到。

李仕儒（广州美术学院副教授）：

60年代我还做学生时，潘老师常说搞构图创作要选择一些富有特征的生活语言，哪怕随随便便表现出来都会比一些概念化而郑重其事的表现好得多。70年代末当时我在广西工作，他曾在一次谈话中对我讲：一个为人民服务的美术家，不拿出作品来怎样服务呢？难道靠吹、靠拍、靠整人吗？老实说，人民不需要那些蛮横无理混饭吃的人，人民确需要一些踏踏实实为他们做实事的人。80年代我回到雕塑系工作，他说的一句话我也记得较为清楚，就是“人无品格求官易，心有虚荣求学难”。我认为这些在不同时期所受到潘老师的教诲，使我受益匪浅，现在重温起来更有现实意义。纵观潘老师这几十年来的作品，大家可以得到这样的感受：他的人格高尚，他的雕塑艺术是同整个中华民族同呼吸共命运的。广东有了个潘鹤，他是属于中华民族的。

韦振中（广州美术学院雕塑系副主任）：

在聊天时，我曾问潘鹤老师，当年与他同时期从事雕塑的人，大家都似乎是遵循同样的文艺思想来从事创作，当时人家的作品看来也似乎差不多，可是为什么时过境迁后，您的作品照样有生命力，不少人的作品就显得不行了，这是为什么？潘鹤有他很通俗的解释——“走私”。就是凭着对国家民族的责任感和艺术家的个人良心为出发点而创作出为当时方针政策所认可的艺术品。与那些对当时社会号召，表面化地迎合的狭隘功利观创作出来的作品是不同的。全身心去讴歌这个时代而产生的作品，尽管作品中的事件牵涉到的政策随着时间的推移而时过境迁，但这作品绝不过时，所以他的作品的力量是永存的，《追穷寇》《大刀进行曲》更体现这一点。潘鹤海外的亲戚曾问他，解放后选择回内地定居，政治运动耗费了那么多时间，在“文革”中还受到很大冲击，后不后悔？潘鹤说：“绝不后悔。后来所经历的这一切，对构成我的艺术观和世界观有深远的影响，这是我创作道路形成的基础。”我觉得在当前的学生和青年中要更好地介绍和发扬潘老师的这种精神。

梁明诚（广州美术学院院长）：

对潘鹤的艺术，我觉得应该把它放在世界的角度去想，去分析潘老师的艺术发展和影响。因为中国现代雕塑事业，在20世纪几乎是从零点开始的。中国古代雕塑，曾经在世界上有过辉煌的一页，但晚清之后衰落到零点，除了少数的民间工艺雕塑之外，作为现代意义的雕塑，几乎没有任何底子。中国雕塑在本世纪，从最开始的第一代老先生去欧洲留学，学习人家的雕塑知识，从西方引进雕塑艺术，逐渐生根、发芽、成长、发展和提高。在潘老师从事雕塑之前，中国的雕塑事业只是一个开始的幼苗时期，这时期中国的雕塑力量很弱，知识也不到位。因为第一代留学生在外面学习到的东西，从零开始，几年的留学工夫，不可能学到人家的全部东西。所以引进来的雕塑技术应该说是很不成熟的，尤其是雕塑观念、技巧和技术等方面，是有待于进一步加深的。他们那一代最大的历史功绩是带动了一批人，他们通过教学，逐步扩大雕塑队伍。这是本世纪早期的基本情况。潘鹤老师从十几岁开始，从事雕塑50多年，是当时中国雕塑发展过程中的异军突起。潘鹤不是跟谁学，而是直接从天生的悟性，从画册，从他所能见到的雕塑中去学，他很快有了很高的才能，并在艺术上造成了影响。在当时整个中国雕塑界技法尚十分幼稚的时候，潘老师孤单单在南方从零开始去钻研和开拓。当时，连寻找石膏粉都要想方设法出高价请“收买佬”，穿街过巷喊叫收购生石膏枕头（这种枕头可防头风）去打碎炒熟变成石膏粉才能用来做雕塑。雕塑艺术刚从西方引进的时候，潘老师是一个代表人物，他不但会泥塑，还会翻石膏、打石、放大搭架，等等，这在当时是难能可贵的事实。潘老师的技法全面，艺术造诣深厚，每一件作品都精思巧塑，有它过人之

处。我和潘老师几十年的接触，发现潘老师很大的特点就是感觉敏锐，看人看事都很敏锐。对形体、对空间的把握很敏锐。搞艺术的人都有一点感觉，但像潘老师这样格外敏锐的却很少有。这反映在艺术上，别人见不到的细节他能见到；在形体、立体的感觉方面，他也是超乎一般人之上，这决定了他在表现对象方面人家很难跟他比。但是感觉敏锐还不能成为潘鹤，他的敏锐是建立在理性之上的：他的思维方式十分健康，有着十分正常的思维，绝少偏激、片面和幼稚。潘鹤的感觉性并不削弱他理性的判断力，他对艺术、对事物判断的准确度超过一般人。他不是搞政治的，但是他在这么多年经历政治坎坷风雨的时候所作的判断也十分正确，对自己把握得很好。潘老师的感性强，同时理性也很强，如果只是感性强，最多成为那种才子式的风流倜傥和凡·高式的狂怪轻傲。潘老师强化理性，跟他的感性结合在一起，保证了他的艺术道路很宽广和深刻。不会是小桥流水，不会是小家子气，不会是风花雪月，不会是小打小闹，保证潘老师的艺术始终与时代和民族结合在一起。这是一种十分可贵的品质，这保证了他超出周围的人一大截。这个世纪对我们中华民族来讲，是求生存求发展的过程，这个世纪对中华民族来讲是一个很关键的世纪。我们中华民族曾经在文化事业最富强，慢慢地衰落到差不多是最落后的地步，在这个时刻又开始奋斗图强直到今天开始追求富强。潘老师用自己的作品，充分地表现着这种世纪精神。从本世纪的大事、大革命，到最基本的普通人的生活，在他的作品里都有所反映。从他的作品里，能见到本世纪普遍的社会心理，普遍的理想，普遍的追求，或者是用现在的话说是主旋律，都反映得非常恰当，这一些很了不起。我认为有两方面原因，一是潘老师很高的精神境界，我说的境界不是一般的思想或思考，而是他的修养和才能。大艺术家最能感人之处是他的大师境界、富有人格的魅力和艺术感召力，就像贝多芬的音乐，即使不熟悉音乐的人也能够从中体会到一种或多或少的召唤。一个艺术品能真正地感人并留下回味的就是其中包含着这样的境界。在潘鹤的个人发展过程中，这一境界看得很清楚，他十几岁时，在日记里就有一种很开阔的眼界，现在一个十几岁的少年，基本上还是什么都不懂，而潘老师在当时就对社会十分关注，在兵荒马乱中对人情事态、民族形势、国家形势有很深的观察、感受和思考。他对艺术方面就更不在话下了。他十几岁时对艺术的理解程度已经很深，他很早就把自己定位在大师的档次上，直接地从世界级艺术大师身上吸收力量，一开始就把自己定得很高。他说自己只差罗丹一点，应该再努力。这跟潘老师从小追求的目标、思考艺术问题、思考人生问题十分有关。只有这样才保证他有现在的成就。与此同时，他是非常扎实地、脚踏实地地工作。他少年时已经迷入绘画和雕塑，经常通宵达旦地去做。这一点我不多说了。另外，如何提高自己，这也值得研究，在他少年日记中就有很多反映：一方面他相信自己天才，一方面他又毫不留情地骂自己，发现自己的不是。他十几岁时做的赵少昂头像、高尔基头像等，现在看来仍有较高的水平。潘老师重视社会艺术环境的作用，主张只有中国雕塑事业的总体发展了，个人的雕塑事业才可能得到长足的发展。如果不理其他，自己单独去搞艺术，或许潘老师也会成为一个好的艺术家，但这绝不是他心目中真正的艺术家。潘老师并不是把他的雕塑看成是自己的事业，他把雕塑与中国雕塑事业的发展联系起来，所以我们大家佩服他，这是潘老师贡献的一个方面。潘鹤的人格力量，刚才几位专家已经讲了很多，讲得很到位，我也是觉得一个大艺术家最终留给历史和人民的，还是他大师的人格力量。就像罗丹的作品，往往我们不知道他想表现什么，但我们仍然从作品中感受到一种感染力。这其实就是艺术家人格的力量，所谓“文如其人”等，就是这个道理。人格力量包括道德、意志和智慧三个方面，潘鹤三者都很出色。潘老师的智慧是大智慧，不是小聪明。他富有道德心，对看不惯的事情敢谈甚至敢骂。他最讨厌的是三样东西：一是不尊重艺术的官僚。潘老师说自己是好斗，他有一句口头禅“见官同级”我很欣赏，有的人做不到这一点，为了蝇头小利委曲求全。他对那些不懂艺术却指挥艺术的官僚最不能容忍，这是艺术家的可贵品格，他的作品没有一件是受命于长官意志去做的。二是对卑劣小人。潘鹤对人品不高、不光明正大的人恨之入骨，这是难得的气节。三是对不正之风侧目而视。潘鹤只要有目标，他就会有不达目标不罢休的意志力，他不服输的脾气令很多人望尘莫及。他说“不胜古人不配与古人比”，这是

潘鹤作为艺术家的内在品质。

曹国昌（广州美术学院设计分院副院长）：

潘老师给我印象最深的是他从来不说自己是权威。“文革”时有一次他和院长、副院长等关进“牛棚”，说他是“反动学术权威”，他说自己既无权当然就没有威，怎么能是权威？其实直到现在，潘老师有了这样的成就，他也从来没有把自己当成权威。他说话是侃侃而谈，平起平坐。刚才唐大禧老师谈到潘老师对事物的敏锐感觉。我回忆，去年去俄罗斯，在列宾美术学院教室的模特桌上发现有几个洞，我们看到都不以为意，但潘老师却追问，才知道那是固定模特姿势用的。他对艺术的理解实际上从十几岁起就已经是独立地思考社会、人生和艺术。其实潘老师在30多岁时已经是我们的偶像，当时我们的“理发师”是张文博同学，他为潘鹤理发时曾说过，大师的头发，五毛钱一根，五毛钱是当时的一顿饭钱，可见潘老师在很早的时候就得到了大家的崇拜。

郑作阶（澳大利亚的朋友）：

我觉得潘鹤的作品各有各的特点。《追穷寇》像是一件凝聚了一千年的东西，突然间像爆炸一样迸发出来。《贝多芬》一看就知道是他，他的两只耳朵虽然听不到窗下的吵闹和红尘中的喧嚣，却可以听到来自天外的声音，听到别人听不到的声音。《自我完善》少女和山石融合在一起，告诉人们在人格的自我修养方面，不管什么人都一律平等，大人物小人物都需要自我完善。《爱因斯坦》是爱因斯坦闭上眼睛的一瞬间，一秒，也可能是几分之一秒，但思考中那时空的无限性，却闪烁着点点智慧的光芒。潘鹤的作品，叫人越看越爱看，刚与柔，王道与霸道，野蛮与文明，都在艺术中得到洗礼。《和平少女》反对战争，反对悲惨和苦难，那是一个完美无瑕的少女，美丽得让人舍不得去碰，强调的是“舍不得”。《珠海渔女》表现了天地人的和谐，那渔女手中的夜明珠，是产生于天地之间，从大自然中拿出来，贡献于人间的宝贝。《鲁迅》叫你不敢看，就像《蒙娜丽莎》不管站在哪个角度你都觉得大师在看你，那是一种天才看白痴的神态，叫你紧张，叫你惭愧。潘鹤的作品，就像他的内心一样，有着强烈的对比。在潘鹤少年时代的日记里，他会忽而称自己是天才，忽而骂自己是白痴。小时候，他会经常想到死，到老来却说自己正年轻。他的感觉敏锐，但也有迟钝的时候，比如对钱，有时候会迟钝到好笑的地步。前些日子他搬家，他告诉我，他有很多信封从没拆过，其中有一个信封拆来一看，里面有几千块钱。坐公共汽车，从哪个门上去，他不知道，上去之后让人家找钱人家说现在不兴找钱了。他很多东西很迟钝。他充满着很多矛盾统一的强烈对比，但他并没有任何不正常。给我的感觉，他是不刻意追求的。他70年来只有两件事最执着，一是初恋，二是事业。他的创作灵感几乎来自多个领域，与人聊天、看电视，甚至其他消闲，对他的艺术创作也是一种积累。他从多种因素中吸收营养，在一瞬间迸发出来，这种对比很强烈，实在与众不同。另外有一个问题我还要请教各位专家：潘鹤的成功有很多必要条件，但只有必要条件未必就会成功，时代的旋律、少年大志、受党教育、革命熏陶，这些大家都有，但他是不是还有特别的地方呢？潘鹤的很多长处是学不到的，他的特点是不刻意追求，不专门去追求，上天会给他一些东西。他总能自由地抒发和表达自己内心的感情和感受，厚积而薄发。我觉得潘鹤正有一些其他的因素，那就是他有一个好的初恋情人和一个好的妻子，他工作于一个好的学校，他生活于一个好的社会环境和时代，这都是他成功的辅助条件。

段积余（原雕塑系支部书记）：

我和潘老师有40多年的交往。我知道实际上潘鹤每一件事都不是那么顺利，都经历了千辛万苦，就像梁明诚说的潘鹤每一件事都有个性，不服从于官僚意志。他认为省长、市长，不一定官大就艺术观点正确。记得80年代在福建塑陈嘉庚像，我一直跟着他选点，当时有位领导主张把像立在集美村的小车站前的广场，我看了一下，主张建在集美堂前。潘老师支持我的意见，当时福建的省委书记已下文件要建在车站前。最后潘老师经过很多波折才把塑像立到“回来堂”前。潘老师的艺术原则是“庙不在大，有神则灵”，所以他制作的塑像并不追求立在市中心或显耀位置。如他的作品《和亲》（王昭君像），开始时市领导提出做

《民族大团结》群像安置在火车站前，潘老师坚持要做昭君和呼王爷，并建在王昭君墓前就是民族团结，几天内开了两次市常委会才把这事定下来。潘老师对艺术的热爱和追求是执着的、发自内心的。宁愿不做，也要坚持自己的意见，他不为名利所动。二十年前曾经有一位香港富豪要求他为香港一百个有钱人塑像，每个塑像付酬五万港元，如果潘鹤是图钱图利，那么他早就发了财。但是，他觉得这对他的艺术没好处，断然拒绝了那朋友的要求和暴利诱惑。为了艺术他常常忘记自己，在日本做《和平少女》雕塑时，他左臂骨折，扎着绷带仍多次来往日本指挥工匠日夜操劳。做《珠海渔女》时，他不计较个人身份，和工人一起吃在工地、住在工棚。做《大刀进行曲》时，他患腹膜炎开刀，来不及等痊愈又投入工作……正是他的这种奋斗精神，使他的艺术作品每一件都经得住艺术和时代的考验。

林墉（中国美协理事，广东美协主席）：

我不做雕塑，但跟潘老接触多了，便很想谈几句。我认为世上总会有一些非凡的事和非凡的人不易被了解。所以我说，如果潘老师今天可以被了解，被研讨透，那么明天世上肯定会有很多个潘鹤，这就不是潘鹤了。我常常想：潘鹤的魅力在哪里？他既不漂亮，也没有时髦所谓的“男性魅力”，他这个人有意思。如果民意测验，只要一堆人中有潘鹤在那里，我们就会神经病一样自然而然地坐在他旁边去听他在说什么。其实他的很多话听起来不正经，可是其人实很正经。今天我听了大家都描述了潘鹤的英勇、伟大、崇高，各方面都可以载入史册的东西，可是他好在哪里呢？在人间炎凉、是非、黑白、苦恼、苦难，他并不比别人经历的少。他有荣誉，受过重任，也曾经被斗、被扭曲，好人坏人美人丑人他都见得多。但他始终热爱生活，过得有滋味，活了几十年，没有浪费一分一秒。我估计他睁开眼，他便敢想，敢恨，敢闹，敢爱，敢骂，敢做。他内心里保留着漫长岁月对生活的热爱，对人生的热爱。他有一种平常的心态，你跟他聊天会发现他对于一般的人情世故很清楚。他的艺术成就是两脚踏在人生的“人”的位置上，不断地要求自己，但在精神上、理念上又保持高度。他有一个很高的高度，但他的脚却踏得很低，很平凡。他可以跟一般老百姓聊很长时间，回来能跟你描绘很多很美好很过瘾的东西。他在驾驶人生时候，没有离开大地，没有离开芸芸众生。他的作品，只要你是一个正常人就能够从中感受到一种力量，一种温度，一般老百姓都能接受他的诚朴。他的与众不同之处在于他比较早熟，特别是自己早期的艺术的美学定位把握得好。很注重力，哪怕是做女人体，他也要挖空心思去弄一点力，虽然有时候并不十分成功；当他表现无穷的力时，他就会如鱼得水，他对力的这种美学定位值得我们学习。潘鹤作品富有魅力，还有一点给我印象很深的是他开辟了对雕塑的绘画性。二十年前有一天，我们去看他，正在做《大刀进行曲》，人物膝盖喷过水，像真的皮肤一样，我们问他怎么弄出来的，他告诉我们膝盖的皱纹是用麻布印上去做出来的，在视觉效果上是他绘画性的成功。他突破了材质的局限，刚处刚，柔处柔，做到这一点很不简单。我对雕塑是外行，但是我再次提醒各位理论家千万不要忘记潘鹤老师平凡的人情味的那种东西，从中我悟出了潘老师的魅力，这是人情味人味的魅力。

郑爽（中国美协常务理事，广东美协副主席）：

从人的角度来看潘鹤，我觉得他是一个很平民化性格的人。他在艺术上取得了成就，但在生活中没有架子；他经历过很多坎坷和不愉快的事情，甚至还经历过人间的各种斗争，但他从不诉苦，从不埋怨，他很达观地对待生活中的一切；他可以很随便地在广州美院门口大排档自如地边吃边谈，每次美协开会，在会议间隙，他总是很风趣地健谈。他身上有一种可贵的乐观的品格。

潘嘉俊（广东美协副主席）：

我觉得潘鹤老师如果用作品的著作权去打官司的话，那么，很多年也打不完，他的很多作品没有经过他同意就变成画，变成舞蹈，变成纪念品，变成戏剧。比如他的《珠海渔女》经常见到大量出现在啤酒瓶上；也有一些专卖礼品的商店卖他的《开荒牛》，是很多单位工会买来奖励工作积极分子、劳动模范。如果全国走一遍，可看到成百上千

《开荒牛》石雕，好像传统的门前石狮。这些都没有经过他的同意，另外今天蔡时英书记也讲了，潘鹤的《艰苦岁月》被排成歌舞巡回演出，如果从打官司的角度，这是一种侵权，但从另一个角度可以看出，潘鹤的作品很受欢迎。大家喜欢，而且流传得很广。这也给我们艺术家一个很高的启示：好作品并不是曲高和寡，很多很好的作品是人民群众能看懂的、理解的、接受的。我觉得潘鹤的艺术成就，不但来自于他的高智商，他的勤奋，他敏锐的感受力，而且因为他始终跟时代同步，他用作品记录了时代，表现着时代，成为我们时代的代表。不单他的艺术创作值得研究，我觉得他的个人经历、他的思维、他的人品修养都值得我们深入研究。

潘行健（广州美术学院副院长）：

今天的研讨会，经过一天的研讨，研讨出了一个活生生的潘鹤，上至他艺术的最高成就，下至他平时的言谈笑料，谈得非常立体。我参加过很多研讨会，从来没有像今天这样。潘鹤在大家的心目中，首先是一个活生生的人，这也许正是潘鹤在艺术和人格上都获得成功的重要原因。刚才林墉谈到潘鹤老师的雕塑作品富于绘画性，我很早就有这种感觉。我跟谭天同志讲过，这次我们广州美院学报出版潘鹤专辑，从征集到的文章看，就缺少对潘鹤雕塑的绘画性的研究，要补上。我觉得潘鹤雕塑的绘画性很值得研究，潘鹤的雕塑与绘画，二者之间有联系也有分离。潘鹤绘画功底很好，他对色彩、对调子、对造型都很敏感，这种绘画因素转化为雕塑语言。他早期的作品如《得了土地》《艰苦岁月》，不仅是造型因素，而且是情节性因素。随着艺术实践的发展，这种情节性逐渐减弱，雕塑本体的独立特征渐趋加强，直到八九十年代集中创作了一大批肖像雕塑，是全靠形象本身说话。也就是说，潘老师的雕塑与绘画在联系中又逐渐分离。当然，在肖像创作中也常常显示出绘画的手法，如《鲁迅》像、《李铁夫》像等，但情节性、故事性没有了，直到《无名烈士》已经是典型、纯粹的雕塑语言。我以为应重视潘老师创作中雕塑性与绘画性关系。在国、油、版、雕各种艺术形式中，当然都离不开对人的表现，花、鸟、虫、鱼也是对人的情感的间接表现。然而最直接表现人，最有利于直接表现人的无疑是雕塑。潘鹤选择雕塑，完全是他对人和人性有着特别的兴趣的必然结果。他对现实和历史有着特别的关注，对时代、对国家、对民族有着无限的关注。但归根到底是他对人的关注、对人的热情。这是一种人道的情怀，清楚表明“人”在潘鹤心中的分量。少年时期的自负、激情、追求真理，他的初恋都是这种“人性”的充分表现，使他成了大师仍然以一个普通人、平常人走进我们的心里。应该说是这种“人性”激活了、深刻了潘老师的艺术创作。研究潘老师的艺术必须研究他的人性，或者说，应从人性入手去研究他的艺术，从“人”的角度去研究他的艺术，这是一个十分重要的切入点。可以明确而肯定地说对潘鹤的研究必须突出一个“人”字。

黄安仁（老艺术家）：

我是潘鹤比较早的朋友，潘鹤的人品我最了解。今天听各位讨论潘鹤的艺术成就，更增加了我对他的尊重和亲切的心情。我也很想为他讲几句好话。潘鹤走过的道路，他的成长都很有特色。说潘鹤是人民艺术家，是天才的艺术家，是勤奋的艺术家，是伟大的艺术家，这都不过分，潘鹤当之无愧。艺术水平的高低是通过比较才出来的，潘鹤的艺术跟别人相比确实高出别人很多。我觉得他甚至超过徐悲鸿、黄宾虹等一代大师，超过米开朗基罗、罗丹等大师。这里说超过，并不是说贬低人家大师，也不是吹捧潘鹤，而是艺术上确实也应该一代胜过一代。对罗丹我也很佩服，刚才有人提出“广东有潘鹤”，我也很响应。因为在潘鹤的作品里有一种震撼力，有一种民族自豪感；而中国传统文化中有一种隐约的自卑感，直到现在仍存在，但潘鹤却没有这一点。他总是用作品来唤起观众的自信。潘鹤的作品有时代风味，能震撼人心，在数量、质量、技巧上都很突出，而且能经得住考验。所以说广东有潘鹤，这并不是贬低别人，而是因为当代确有影响的艺术家不多，而我们的艺术家应该自己尊重自己，分析潘鹤的思想、创作及艺术道路，确实有这样的实力。今天大家谈的话很让我高兴，因为潘鹤这点很可贵，值得我们理论工作者向国内外好好宣传，也值得中青年一辈研究和学习。不但是他的艺术技巧，而且是他的思想、人品、世界观，都值得我们研究和学

习。他的作品很多，难能可贵的是几乎每一件都是精品。

胡博（广州美术学院雕塑系教授）：

我读书时不在广州美院，但我从杭州美院一毕业就认识潘老师。1959年潘鹤在北京做《省港大罢工》，大家在一个工作组，当时同组的有几位同志对我有点小意见，生活习惯和他们不一致，但潘老师尊重我的生活习惯，站出来为我主持正义，当时我很感动。我对潘老师艺术方向最深的印象是他很有艺术激情，像400度的胶卷，我们看不清楚的东西，他看得很清楚。他在艺术方面的见解很丰富。潘老师的作品《艰苦岁月》如此成熟的作品很少见。潘老师在艺术和人品上都值得我学习。今天研讨会大家已经谈了很多了，我只是想再提一个建议：既然潘鹤的作品展经过了这么精心的筹备，又在广东取得这么好的效应，不如趁热把它搬到北京去搞一个展览，去北京展示一下广东雕塑的风貌。并且，让更多的人领略到潘鹤的艺术。

谭天（广州美术学院学报副主编）：

作为广州美术学院学报编辑，在开始的时候我有一个担心：因为今天研讨的内容将在学报全文刊载，而我们在筹备“潘鹤专辑”的时候，关于潘鹤的评论文章早已经很多很丰富了。所以我担心这个研讨会将会走过场，但是研讨会开到现在，大家谈得很具体很生动，所以我对这次研讨会纪要在学报中的分量很有信心。我作为学报的普通编辑很感谢今天到会的各位，大家讲得很多，讲得很好，我也学到很多东西。谈到潘鹤的艺术，我联想起潘鹤曾打比方说他这么多年是踩着单车走过来的，要保持身心的平衡；我又联想刚才林墉主席把潘鹤比作雄鹰，雄鹰飞上天也是要求两个翅膀的平衡。这就使我想谈一谈潘老师的平衡感，主要有三个方面。一是政治与艺术的平衡。这方面很多艺术家做得不好，有的艺术家只有政治的“红光亮”，太政治了，而有的艺术家则太幼稚，纯艺术，为艺术而艺术，不可能代表时代。潘鹤的作品，则在两方面都做得很好，在娴熟的艺术技巧之外，注意发扬政治和历史的主题。他的作品，往往体现着别人不能体现或无法体现的独有的魅力。潘鹤的艺术，对待政治的态度，既不是冷漠也不是盲从，他总是能以冷静理智的态度，恰到好处地处理两者之间的关系，把政治的主题和艺术的技巧有效地统一起来，潘老师在政治和艺术的平衡之间做得很好。二是社会与个人的平衡。有的艺术家一生逢迎社会时尚，逢迎大部分人的商业需要。而有的艺术家只讲个人情感，把自己关在门里，这两种人都成不了大艺术家。只有把二者结合起来，才能创作出真正的好作品。潘鹤的巧妙之处在于把个人情感通过社会情感自然地流露出来。潘鹤是一个感情丰富的人，他总是放眼于社会，在社会和个人之间探求一种平衡。三是信仰与道德的平衡。在这个时代必须有这个时代的信仰。我们中华民族提倡的是爱国主义。另一方面是人类几千年积累下来的美德，即对基本的真善美的认识。潘老师在这一点上的的确确地把握着平衡，他在追求社会理想、追求中华民族崛起精神的时候，同样追求对人类道德真善美的把握。另外我还很感谢潘鹤老师对我们学报的大力支持，潘老师亲自审阅我们这一期刊登的文章，一丝不苟，在这里，我再次向潘老师表示真挚的感谢！

林彬（原广州市雕塑院副院长）：

我很赞成刚才提到的对广东的好作品要大力宣传的主张，像潘老师这样的艺术应该多宣传。我做雕塑很大程度上是受了潘鹤的影响。在广东，像潘鹤这样系统地大批地反映历史的雕塑作品的艺术家不多。刚才有人提到授予潘鹤“人民艺术家”的称号，我觉得不为过，中国应该多一点这样的艺术家。潘鹤过去在教学观点上与高教部意见不同，艺术院校是以教学为主，还是以创作为主？是不是要八小时看住学生？潘老师认为教学也要创作，认为大学不能办成托儿所，我同意潘老师的看法。教师自己不出作品，怎么能教好学生呢？潘鹤有这么多好的作品，他同样也有很多有出息的学生，这一点很能说明问题。

梁明诚（广州美术学院院长）：

很感谢大家的发言。跟以往的研讨会不同的是，今天的研讨会从开始到现在都围绕艺术家本人来谈，我感到这是很生动很了不得的场

面。从大家的发言来看，潘老师在20世纪中雕塑事业方面是一个真正的代表人物，恐怕中国的雕塑家还没有几个这样全方位贡献的人。从理论到实践，从创作到教学，对潘老师的研讨，确像林墉说的，现在还不算到位，今后还要更深的研究，希望这工作我们继续进行下去。顺便说一句，过去有人想写潘鹤老师的传记，征求我的意见，我说你要把潘鹤写活，你非要了解他的青少年时代不可，要充分认识潘老师，首先要充分认识潘老师的青少年时代。现在我还是这个观点。现在对中国雕塑的研究，对雕塑家本人的东西研究得还太少，这是很大遗憾。今天研讨会对潘老师本人谈了很多，这是很好的现象。下面，我们请潘鹤老师讲话。大家欢迎。

潘鹤（中国美协常务理事、广州美院教授）：

我很激动，不知道怎么讲才好。首先我很感激宣传部、美协、美术馆、美院给了我这个机会回头看看自己，说句实在话，我从十来岁从事艺术到现在七十多岁，没有几次回过头来看自己。这几十年来，其实我也没有按照自己的计划去一步一步地走，我完全是被动的随遇而安，甚至还有走偏的时候。自己早年定下来的很多东西都没有实现，也没有时间来实现，来不及开始，完全是顺其自然见步行步。想做的事情很多，一阵子是想画油画，一阵子想写小说，一下子想画国画，一下了又想搞什么空前绝后的雕塑，但一件也没有实现，看样子很难实现了。人生是有限的，我真的很想有机会再活多一次，好让我一件一件把少年的梦想变成现实。

梁明诚（广州美术学院院长）：

我也代表今天到会者祝潘老师这只“鹤”继续高翔。

（原载《美术学报》1998年第1期）

关于潘鹤

梁明诚

雕塑在人类社会中，是以时代特色和民族特色留给历史，留给后人的。而时代特色和民族特色又要通过个人特色传达出来，因为这是艺术。

说潘鹤教授的雕塑艺术“走进时代”并不恰当。从哪里走进呢？他的雕塑艺术是在廿世纪的中国土壤上生长、壮大起来的。

廿世纪的中国历史，是一部从贫困落后的最低谷开始，经历过无数的艰难险阻、无数的奋斗牺牲、求生存、求独立、求解放，到现在的求富强的百年史。世界上任何一个民族都不能像中国这部百年史这样丰厚，这样催人泪下，这样值得心怀壮志的艺术家去记录、去歌颂。

我们找不到另一位雕塑家，在他的一生作品中，像潘鹤教授那样，对这个历史作了如此真诚而强烈、全面而深刻的表现。

廿世纪的中国雕塑，也是一部几乎从零开始的雕塑史。潘鹤教授从少年开始，凭着与生俱来的艺术资质，独立地去吸收、摸索，自主地去发展艺术才能。他没有前人从国外带回雕塑知识的同时也带回来的框框和门户之见，直截了当地把握住了雕塑艺术的真谛。因此，他的艺术个性得以充分的展开。到了他成熟之后，从《艰苦岁月》开始，他就在雕塑艺术形式的发挥上，步步领先。因为他把个人成就和整个雕塑事业的发展联系起来，所以除创作之外，还不遗余力也卓有成效地从事雕塑的舆论开拓、技术开发、理论指导、组织策划、教学育人等工作。

我们也找不到另一位雕塑家，像潘鹤教授那样，对本世纪的雕塑事业作出这样全方位的贡献。

少年潘鹤是直接从世界上伟大的文学家艺术家的伟大作品中吸收营养的。在他吸收技艺的同时，形成了他的艺术审美的核心。对真善美的崇拜，对崇高、博大的向往，对正义的拥戴，对民族、社会的责任，在他心中培养成一种高远的精神境界。欺世和媚俗与他无缘。到了青年时代以后，在社会主义制度下，精神环境和物质条件得到了保证，他如鱼得水，尽情地把从小的积蕴发挥了出来。

世界上有一类文学艺术作品的生命力最强大、最持久，如《离骚》或《荷马史诗》，如《摩西》或《思想者》，如《黄河大合唱》或《英雄交响曲》……它们都是当时当地的时代精神的写照。但在题材、主题之上，艺术家更赋予作品一种人格力量，一种宏大的精神空间，一种人类最富贵的情愫，这就是伟大艺术品的永恒魅力所在。我们可以看到，潘鹤教授的艺术理想与实践是和这个行列一致的。

潘鹤教授天生有非常敏锐的感觉，这是艺术才能中最基本也最重要的素质，他也是个至性至情的人，这从他的初恋经历可见一斑。幸或不幸的是，他还有强大的理性，他对很多问题都有哲学的、历史的思考，无论是多复杂的情况，他都能保持清醒的头脑，这就注定了他不会成为苏曼殊式的才子型艺术家。如果艺术家可以分为重型与轻型的话，他只能是前者。

接近潘鹤教授的人都会感到他身上有一股强大的“气”，一种浩然之气。直到老年，这股“气”仍没有丝毫的消减。正是这股“气”保证了他在追求中不屈不挠，排除阻力，去达到他认定的目标。

机智、幽默、好胜、霸气、平常心、百无禁忌、散落支离、记忆强、记忆差、平易近人、坐怀不乱……这些词语都可以在描述潘鹤个性时用上。但愿今后的研究者不要光从社会学的角度，还要从人学的角度来追寻、剖析。因为有血有肉的艺术是由有血有肉的艺术家创造的。

一个世纪很快就要过去。沧海横流，有多少杰出人物为世纪增辉。历史造就艺术，艺术回报历史。十三岁的潘鹤写过：“我感觉自己是个野心勃勃的人，凡我有希望做好的事，都想凌驾于世界任何人之上。”今年七十三岁的潘鹤教授大概会为自己的少年狂而微笑吧！

（原载《美术学报》1998年第1期，
作者系著名雕塑家，时任广州美术学院院长）

我人生与艺术的领路人
——贺潘鹤老师九十大寿

钱海源

人生苦短！没想到我从出生至今，已年过七旬。回望人生，对我这辈子的人生与艺术之路起引领作用的人，除了生身父母，潘老师是其中最重要的人之一。要说起来，我最早知道潘老师的名字，是1957年在故乡江西念初中的时候，那年我从《人民画报》《中国少年报》和《少年文艺》上，先后看到了潘老师的雕塑《艰苦岁月》。从那时候起，是《艰苦岁月》和潘鹤的名字使得心怀长大后当美术家梦想的我，坚定了实现梦想的信念!

1958年我考取了广州美术学院附中，成为我走上实现艺术梦想之路的起点。包括潘鹤在内，广州美院有众多在全国有影响的前辈艺术家，他们是我实现梦想的榜样和偶像。令我肃然起敬的是，自《艰苦岁月》在全国一炮打响之后，潘老师紧接着又于1959年和1960年创作了《得了土地》和《忍无可忍》（原名《省港人罢工》）两件优秀作品，为广大美术家特别是年轻艺术学子树立了很好的榜样！潘老师的人生，与20世纪中国社会由贫困落后挨打、饱受军阀战乱和外国列强侵略的最低谷，历经几代中国人的奋斗牺牲，求生存、求解放、求独立，到实现求发展、求富强、求振兴中华民族的百年梦想紧密相连与同步；潘老师的雕塑艺术，不但是20世纪百年中国历史与时代精神的写照，而且是潘老师的爱国情怀，以及他对民族与社会的责任，对艺术的人民性，对艺术追求真善美的审美理想的精神象征，他的雕塑艺术经得起社会变革的洗

礼，能承受历史与时间的检验，而不失其永恒的艺术魅力。著名雕塑家钱绍武教授说："潘鹤的雕塑作品，像史诗一般精炼和凝重，真切与深刻地讴歌了中国人民的斗争和胜利！"

1959年夏天，潘老师给梁明诚和汤小铭那届附中毕业班同学作了关于《艰苦岁月》创作的学术讲座。我就是在听了那次讲座之后对雕塑产生了兴趣爱好，此后便在课余时间学着用泥巴做小雕塑。更令我高兴的是，按教学要求，为让同学们准备升学院而更好地选择适合自己的专业，学校安排了国、油、版、雕选修课。

记得附中毕业时，我面临升学选什么专业并碰到进退两难的问题。一次，我在校园画小油画风景，刚从苏联留学回来的郭绍纲老师说我的色彩感觉好，可选进油画系；给我们上版画选修课的赵瑞椿老师则说我适合进版画系。当时做制药工的老爸已退休，他每月23.5元的退休金就是父母加我四兄弟全家六口的唯一经济来源。虽然我上附中和大学享受国家免费，还有作生活费用的甲等助学金，但是如进油画系，要买油画颜色、画笔和画布；进版画系，则要购买木刻刀和其他印版画的设备，都要花钱。在这人生之路的关卡，给我们上雕塑选修课的潘老师为我"指点迷津"，他说："我看进雕塑系是你的最佳选择！因为，其一，你对雕塑有悟性；其二，你家境贫寒，进雕塑系上课用的泥巴、石膏、雕塑转台乃至素描纸都由系里免费提供，无需花钱买。"是潘老这番充满暖意的贴心话，让我做出了进雕塑系的选择，并拉近了我与潘老师的距离。1961年我从附中毕业升入学院雕塑系之后，便有意识地在课余时间寻找机会多接触潘老师，向潘老师求教，领悟和学习潘老师富贵的人生和艺术经验。

以《艰苦岁月》《得了土地》和《忍无可忍》获得艺术上巨大成功的潘老师，在雕塑系担任每届毕业生的毕业创作教学。我们班有幸先后两次跟随潘老师带毕业班下乡，其中印象最深的，是我们班跟随潘老师带梁明诚那个班，下乡到惠阳潼湖公社去实习。潘老师到了乡下放下行装，就拿着他那微型水彩画工具，和梁明诚等同学到村边东江大堤去写生。等他画完水彩回来见我躺在仓库楼上睡觉，潘老师面带怒色地训斥道："钱海源，你怎么这样懒呀？大家都抓紧时间去写生，你却在此睡懒觉！”我苦着脸说：“我肚子痛得不行。”“呵！原来这样，错怪你了！你好好休息吧！”这是我此生唯一一次受到潘老师的批评。

潘老师为人谦虚低调，待人真诚友善，所以老师和同学们都乐意亲近他。课余时间，同学们也都乐意到他的工作室去看他做雕塑，倾听他聊艺术与人生。在雕塑系乃至整个美术学院，潘老师成为最受人尊敬的老师之一。可谁也没料到，厄运接踵而至。1964年，广州美术学院按照上级要求开展所谓“反模特教学”和“批判宗派主义”的“文艺整风”，最后作出“广州美术学院73.3%的师生烂掉了”的荒唐结论！1966年5月，潘老师因为打篮球伤脚住院。此时，以批邓拓、吴晗、廖沫沙所谓“三家村”为先导的“文化大革命”已开始。广州美院在院党委和上面派来工作组的双重领导下，也布置各系批判“三家村”式的“资产阶级反动学术权威”。令人感到不可思议的是，院党委书记一方面到医院去看望潘老师，并笑着对他说：“你没有问题，只管安心养伤吧！”另一方面却亲自出马，指令雕塑系组织师生写批判潘老师的万言长篇大字报专栏《丹顶毒鹤》。个别嫉妒潘老师艺术成就的居心叵测者，主动给学生提供批潘老师的材料，却并不在大字报上签上自己的大名！其“借刀杀人”的阴暗心灵可见一斑！

“文革”是一场是非与黑白颠倒的浩劫！也是考验一个人灵魂的残酷炼狱！但欺骗与蒙蔽总有被人识破与醒悟之时！为何像潘鹤老师这样在1949年新中国成立时放弃赴美留学机会，由香港回广州投奔新中国，创作了许多歌颂历史、讴歌时代，塑造了许多有血有肉、生动感人的作品，培养艺术人才卓有贡献，在艺术上卓有成就，深得师生爱戴，在社会上受人尊敬的好老师，却会成为被打倒的对象？！我认定这是　宗错案和冤案！我应当站出来为我所尊敬的、被冤枉的潘老师讲话！在危机四伏的1967年，当时广州街头挂满了死尸，在腥风血雨、恐怖气氛笼罩的夏季，有一天晚上我彻夜未眠，写成题为《为潘鹤翻案》的长篇大字报，贴满了广州美院办公大楼进门左侧的墙面！尹定邦学兄至今在谈到这张大字报的时候总会说：“当时真为你捏一把汗！”有意思的是，潘老师把这张大字报保留至今。我认为，潘老师能平安渡过“文革”大难，是由于在广州美院广大师生对他的保护！钱绍武先生曾几次对我

说："潘鹤的学生都对潘鹤很好！不像我个别品行不端的学生，竟然在背地里搞我的小动作，从背后捅刀子！"我对钱先生说："学生们确实都对潘老师好！这首先是因为潘老师对学生们好！在那极'左'的年代，潘老师不怕惹祸上身，公开站出来为受到不公正待遇的学生抱不平和保护学生！"

毛泽东有诗云："天若有情天亦老，人间正道是沧桑。"今年已届90岁的潘老师，毕生在人生和艺术上都坚持走人间正道。潘老师在人格上高风亮节，为人有情有义，通达大气，有担当精神，有爱心和正义感，令人对他心生敬意之情！潘老师在艺术上是个全才，他在雕塑艺术上是公认的卓有成就的大家！潘老师是20世纪中国雕塑事业杰出的代表人物之一。正如梁明诚所说：恐怕还没有几个雕塑家，能像潘老师这样，对20世纪中国能做出这样全方位的贡献。此外，潘老师也是公认的著名水彩画家。他的诗词能够抒发胸中壮志豪情，讴歌他热爱的人生，表达他对社会生活和文坛文苑中腐败丑恶的现象，持鞭挞与批判的态度。潘老师早在1984年5月9日的《人民日报》上发表了题为《民族风格的时代性与现代风格的民族性》一文，他说："我们不应保守，把复旧充当民族性，也不应忘祖，把洋化充当时代性，两者都同样会阻碍我们今天民族艺术的成长。"30年过去了，今天重读潘老师这段富有哲理的话，我认为仍然具有振聋发聩的警醒意义！

潘老师在文史哲方面通古博今，是一位拥有大智慧的真正的艺术大家！由党和政府为他在广州创建占地35亩的潘鹤雕塑艺术园，体现了全社会对艺术和艺术家的尊重，也是潘老师毕生取得卓越艺术成就的体现。在雕塑艺术园中，陈列了潘老师自1949年新中国成立后到十年"文革"结束近三十年中全社会公认的他的艺术精品，如《艰苦岁月》《得了土地》《忍无可忍》《农业文明》和《大刀进行曲》，也陈列了潘老师自改革开放以来在政治上、思想上和艺术上得到彻底解放之后最大化地充分发挥和施展自己的艺术创造才华所创作的大量作品，包括在国内外几十个城市建立起来的室内外大、中、小型作品，如《开荒牛》《珠海渔女》《和平少女》《怒吼吧！睡狮》《陈嘉庚像》《贺龙魂归故里》等，共计百余件。这里的每一件作品，均彰显着潘老作为一名老艺术家对社会责任的担当，为社会精神文化的发展进步注入了正能量。

当我在潘鹤雕塑艺术园中漫步，欣赏着潘老师耗费毕生心血和汗水创作的一件件雕塑佳作，脑海中总是闪出“精神变物质”的哲学理念。我想，艺术是艺术家生命的载体与精神的延续，这一整个雕塑艺术园中的雕塑作品，就是不足一米七高的潘老师强大的人格精神的象征！它必将影响、昭示和激励着世代后人！

（原载《文艺生活（艺术中国）》2015年第1期，
作者系著名美术评论家兼雕塑家）

历史风雷中的心灵叙曲

——潘鹤的水彩画世界

胡斌

作为我国成就卓著的雕塑艺术家，潘鹤先生的雕塑创作被视为记录了中国现当代历史的进程，他创作的不少政治性题材的雕塑作品更是深沉地体现了时代所赋予的内涵。然而，作为一个杰出的艺术家，他的才华却又是多方面的。应这次“感悟状态——潘鹤艺术月”作品展之邀，潘鹤先生拿出了他珍藏的200多幅水彩画，从中挑出100幅参展。在他这些鲜为人知的水彩画中，我们看到的是另外一个世界。虽然在水彩画创作中，照样经历了军阀混战、日军侵华、“文革”等历史时期，但艺术家卸下了雕塑这个“重工业”似的担子，更多地呈现个人心灵的一种体悟，以轻松的笔调展露生活中的点滴痕迹，成为他生活中的一部艺术日记。

100幅水彩画尺寸都比较小，大都是在上山下乡及外地旅行中完成的，多数没有写明标题和年代，现在才由作者根据画面内容和记忆标上的。从题材来看，大部分是风景画，单独的人物写生只有两幅（一幅以整体概括的笔致描绘夫人张幼兰娴静的面庞；另一幅则是临摹英国一位现代水彩画家的作品，描绘一位倦怠的工人用手托着脸部在打盹，作者大胆地将一只眼睛省略了，造成强烈的虚实变化，同时又使人物的神态更加生动。估计是英国水彩画家的这种卓越的表现手法吸引了潘鹤先生，故此他临摹了这幅作品）。由这些作品创作时间来看，潘鹤先生的水彩画创作主要集中在新中国成立前、20世纪五六十年代上山下乡期间、1979年赴欧洲考察几个时期。

一、潘鹤水彩画创作的几个时期

潘鹤的水彩画创作比雕塑创作还要早，1938年他就读于香港德明中学，开始酷爱水彩写生。《潘鹤传》[①]中还较为详细地记载了一幅水彩画的创作对于他内心的促动：表妹央求他画一幅作品参加学校的绘画比赛，他迅即调色铺纸，大笔描绘出蔚蓝的天空与大海，一艘小船驶向水天一色的远处的图景，结果大受赞扬，由此萌生长大当大艺术家的念头，甚至少年的情愫也因此展开。

1939年，他为避战火回沦陷区广东省佛山镇定居。据他自己介绍，他在佛山街上卖旧书的摊档接触到很多世界名著和艺术画册，从此爱上文艺。在动荡的局势中，以旧书的背面作画纸画了很多画，此次展出的作品中有几幅就是1943年在这种情况下画的。

1944年，潘鹤逃离沦陷区偷渡到澳门。热恋中的他在澳门郊外忘情地挥动水彩画笔，传记中形容他当时发表的水彩画“笼罩着谜一样的金色——那上面折射着由心灵而发出的爱的光芒”。在《澳门旧居》（《1945年我的家在澳门大炮台斜巷》）中我们可以看到这种充满生气的绿和红褐色的楼墙，以及感受扑面而来的热情。实际上不管当时的情感波折给他带来多大的创伤，在这一时期的水彩画创作中，潘鹤体现出热烈而明澈的气质，一些作品还表现出他在光色方面的特别关注，比如作品《主教山》以天空中旋转的火云映衬出山顶教堂的形态；《澳门大炮台》以诡谲的云层凸显炮台的威严静穆；《澳门路环》则弥散着海边云清气朗时的气氛。

1945—1949年，太平洋战争结束后，潘鹤来往于香港广州之间，结识了一批美术家和香港官员，加入以时任港督葛亮洪为名誉会长的香港艺术协会，参加过两届美展并售出三幅水彩画给英国官员。我们看到的《日军轰炸后的教堂》正是这时的作品，画中以纵横交错的笔触与色块表现出轰炸后残垣断壁的凌乱街景，也是直接描绘日军造成的灾难场面的一幅。

---

① 谭元亨著：《雕塑百年梦——潘鹤传》，华文出版社2000年8月版，第21—22页。

在潘鹤艺术活动年表①中，新中国成立后，除了1950年因为征粮、整顿农会和土改运动等政治活动频繁无暇创作外，1952—1959年和1961—1976年两段都较少创作，大部分时间花在教学和参加政治运动上，而只有利用率学生上山下乡的机会，在田间渔港画了不少的小幅水彩画。尤其是在1953—1959年这几年，他多次下乡写生，一次次为大自然的伟力所震撼，在阳江闸坡体验生活时，冒险观看12级台风登陆海陵岛，渔船躲进避风塘的壮阔场面；在海南岛华侨林场时，他又涉险深入崇山峻岭中的原始森林。②连南山区的密林、闸坡渔港的渔船、阳江海陵岛的海边岩石、海南岛椰树林中的黎族妇女的翩翩身影、侨乡耸立的碉楼、新会葵乡、客家村落都成为他画面表达的内容。画面一如既往地概括洗练，清爽宜人，渗透着对大自然和朴实生活的真挚情感，丝毫见不到政治斗争的阴霾。

在两段时间之间的空隙（即1959—1960年），潘鹤接受首都十大建筑的雕塑任务，在北京待了一段时间。除了繁重的雕塑创作工作之外，他也留下了描绘北京生活的水彩画作品。《建筑中的人民大会堂》中以雾气的留白隔开近处低矮的民房、杂树、人群与远处支架林立的建筑场面，收到虚实相生的良好效果。除了这幅直接描绘北京火热的建设场面外，其他大都表现北京的日常景观和普通生活，如大树旁熙熙攘攘的集市、雾色朦胧中迎风而走的行人、风沙中的北京街头、公园里的亭台楼阁，不少画作中都或明或暗地显示着皇城的颜色，体现出京城的气派，同时又不减生活的质朴气息。

“文革”结束后，潘鹤获得一次难得的赴欧洲考察的机会，那是1979年北京成立毛主席纪念堂广场雕塑修改筹委会领导小组，他被任命为领导成员，组织考察团赴罗马、梵蒂冈、米兰、威尼斯、佛罗伦萨、那不勒斯、庞贝遗址及巴黎等地考察。我们可以从他的作品中饱览地中海的海景、那不勒斯的海上城堡、巴黎铁塔、威尼斯的广场与水上通道等异国风情。在《巴黎铁塔》中，坚实的石阶、耸立的柱子、广阔无垠

---

① 根据广东美术馆编：《潘鹤·走进时代的艺术》，辽宁美术出版社1997年5月版中的《潘鹤艺术活动年表》。

② 谭元亨著：《雕塑百年梦——潘鹤传》，华文出版社2000年8月版，第160—162页。

的广场和散落的人群构成广阔的场景，而远处屹立的铁塔，其顶端已经深入到云气当中，愈加显示出高大挺拔。尤其给人以深刻印象的还是他笔下的威尼斯景致。圣马可广场那粗重的柱子已不只是带有深厚的历史记忆，它还焕发出了灵动的彩色辉光；威尼斯的水上通道，两边排列着十八九世纪的装有狭长拱窗的老房子，而连接两岸房子的拱桥上时现女郎的倩影，甚至有的作品只刻画出拱桥上的桥栏杆，其他都隐退在雾气迷茫中，这一切无疑凝聚着作者在那一时刻的心境。让我想到英国画家霍奇金的抽象画《威尼斯的灰水》，以荡漾浮动的黑灰、蓝、绿几个色块勾连起人们对威尼斯水域的无限联想。

正是这次欧洲考察让潘鹤深深认识到雕塑的出路在户外，从而投入到大量的城雕建设中去。雕塑工作与社会活动的繁重使他之后几乎没有再画水彩画。画面上标明1981年创作的《老树新芽》，可能是他最晚的一幅水彩画作品，画面以他少见的细致用笔，刻画出树干的纹理，翠绿的新芽点缀在枝条上，预示着寂寥的冬天过去，朝气蓬勃的春天到来。仔细揣摩画面，似乎别有一番深意在。

1956年为筹备建军30周年美术展览，他去海南岛体验生活，采访了曾任海南岛游击队司令员的冯白驹。听到冯白驹说："暴风雨之后，老树又长出芽来了，蜘蛛又结网了。"非常激动，画了一幅以冯白驹为主体的素描稿送到北京审定但被否决，"当时流行的文艺路线，一定要表现胜利，不能表现失败；一定要表现阶级性，不能表现人性；一定要表现大场面，不能表现小角落。"[①]后来他采纳黄新波的建议，又根据冯白驹的另一段关于艰难困境中老战士给小战士唱海南民歌的追述，创作了《艰苦岁月》的雕塑作品而名震全国。其后冯白驹的落难与平反，作者所经历的政治舞台上的风云变幻，让人不能不对这幅在改革开放之初绘就的看似平常的风景画作寻思良久。

二、潘鹤水彩画的特色

艺评家谭天曾评价潘鹤的雕塑作品说："如果把他的雕塑作品按主

① 引自李怀宇所作的专访《潘鹤：我是"业余雕塑家"》，类似表述在《潘鹤传》以及不少评论文章中都有涉及。

题排列可以说是一部中国近现代革命历史的缩影。当然在他自由创作的时候，他是主动地自觉地捕捉反映时代的最强音，表现推动时代变革和前进的主体人物；他在接受命题创作的时候，他则深入题材内容的主题思想，努力寻找其精神内核，尽量避免只表现题材的表面内容……”[①]与他的雕塑作品更多的是记录历史与时代的强音相比，他的水彩画创作则着重于忠实自然，表露个人心迹。在画面中，我们看到的大多数是自然风光与普通生活的情形，沙滩峰石、乡村渔港、织网捕鱼、耕田插秧、行人市集……如果是一个以水彩为主业的艺术家，在那样的年代如此创作是不太行得通的。20世纪50年代中期以来，与政治生活密切配合的画种地位攀升，而中国画中的山水、花鸟这类传统科类因为技法形式上的局限，不能最为直观地反映工农兵与革命建设生活，屡遭质疑；水彩画在当时虽然还被视为一个小画种，却也在反映祖国建设新成就、歌颂建设中的新生活方面而费尽心思。美术学院常规的风景写生也时常会被视为脱离政治与脱离现实生活的行为而备受指责。

作为雕塑家的潘鹤，遭受压力的方面主要来自于雕塑创作。即便他的作品如何合乎“在政治上的目的性”和“以反映工农生活为主流”的创作主题，他仍然不得不在1958年1月《在华南文联文艺整风千人大会上的检查》中说，自己是理论上承认政治第一文艺第二，但实际上只“专”不“红”。应该说，他在水彩写生的主题方面没有背负如雕塑创作那样的政治压力，这就是他在《检查》中说的，“自1953年后我的下乡就从表面的观察发展到更表面的写生了。一下去便找人谈、找人写。到最后竟为风景优美而写生。”在这些极力否定自己的文字中，我们反而看出作为一个艺术家，在当时如何为了追寻自己的艺术情怀而坚持野外写生；而政治斗争的压力主要是迫使他只能偷偷在火柴盒上画画，不拿出来示人，从而也避免了不少外来的命题与形式上的干扰。

潘鹤在创作上汲取的营养是多方面的，于水彩上讲，主要体现在他走入生活与大自然，自由挥洒的艺术才情。与此同时，在画风上他多少还是接受了一些英国水彩画的影响。20世纪50、60年代李剑晨编著的

① 引自谭天：《对“检查”的检查——评潘鹤〈在华南文联文艺整风千人大会上的检查〉》，载《美术学报》1998年第1期《潘鹤艺术研究专辑》。

《英国水彩画》、唐德鉴编著的《现代英国水彩画选》对中国读者了解英国名家名作起到了很大的作用。1963年大批英国水彩画来华展出，引起各画种画家以及千千万万的美术爱好者观摩学习，感悟英国水彩画300年发展史的艺术真谛，也一定程度上打破了单方面向苏联学习的格局。潘鹤作品中对光色效果的追求与英国水彩画中不少作品在光色印象方面的卓越探索是不无联系的。整个20世纪50—80年代，在中西绘画的交融中所形成的中国水彩画的模式体现在：以写生为主要表现方法，以写实的方法再现客观对象，技法上主要吸取十八九世纪欧洲水彩画的养料，同时在地位上仍然被视为即兴式的小品创作，大都局限于风景、静物的描绘。[①]潘鹤的水彩画创作当然也脱离不了时代背景所赋予的水彩画创作的角色。

另外，他的作品中又渗透着传统的、民族的意蕴。虽然他是一个有些欧化的人，但从小就受到中国传统文化的陶冶，念中学时就从林琴南弟子贺芜庵在课余进修古文及诗词，后又曾跟随黄少强学习中国画和古诗。

不过，这种渗透是潜移默化的，这使得他的水彩画尽管色泽斑斓，但丝毫也不会变得洋味十足。饶有意味的是，他还在不少水彩画上盖上鹤的肖形印，一如将之当作中国的水墨画。

末了，需要提及的是潘鹤水彩画写生与雕塑创作之间的关系。他的水彩画绝不是简单的为了雕塑创作而寻找素材。他注重的是一种对生活的感悟和理解，保持着艺术家的一种良好的状态，这种状态对于雕塑的促进是极其微妙的。他曾经自己制作绘画水彩的简易工具，坚持画水彩速写，这种对艺术的热情，对生活与自然的热爱与渴求，无疑是持续高涨的创作激情的保障。在水彩画家黄铁山看来，对大自然与生活的真切感悟也促进了潘鹤在雕塑创作上的对博大气势与力量的把握；同时在作为雕塑家对面的理解也融化到水彩速写的处理中去了，成就了他对画面整体色调的把握和对对象的整体感悟的高度概括

① 参看李剑晨、张克让、袁振藻：《中国水彩画百年回顾》和蒋振立编著的《中国水彩画图史》。

力，使得他的水彩画达到小而不小、小而有力的效果。[①]我想，正因为潘鹤先生在水彩画创作上的这种才情与丰富内涵，才有了这次专题性的研究与探索，而不是对艺术名家一种一优俱优的简单认可。以此入手，我们不仅可以洞察他艺术创作生命力背后的不少奥秘，同时也是对于他的个案性研究的一种完善。

（本文选自《大师艺术教育经典：潘鹤》上海书画出版社2012年版）

① 参看黄铁山：《潘鹤水彩速写的启示》，载《美术学报》1998年第1期。

艺海逸鹤
——潘鹤访谈

邱晨

潘鹤，1925年生于广东省广州市。致力美术事业至今64年，现为广州美术学院雕塑系终身教授，武汉大学、清华大学、汕头大学客座教授，中国美术家协会常务理事，全国城市雕塑艺委会副主任。其作品《艰苦岁月》被编入中小学美术教材及各种百年美术史著。已建立的长期性大型户外雕塑作品一百余座，分布于国内六十多个大中城市及国外城市广场，如深圳的《开荒牛》、珠海的《珠海渔女》、克拉玛依的《水来了》，以及日本长崎国际和平象征区的《和平少女》石像等。广东省政府为其建立“潘鹤雕塑艺术园”。年青时曾被国务院人事部授予“国家级中青年有突出贡献专家”称号，被全国总工会授予国家级“五一”劳动奖章。其艺术成就载入苏联国家科学院、美术院编撰出版的《世界美术史》及中国出版的《中国美术史》。近日，潘鹤先生在家中接受了笔者的采访。

邱晨：您致力于美术事业至今已经六十多年了，能简要介绍一下您是怎样走上艺术创作道路的吗?

潘鹤：我走上艺术的道路很大程度要归结于六十多年前与我表妹的那一段恋情。年少的时候，因为一个偶然的机会受到了她的赞扬和鼓励，便下定决心要做一个艺术家。然而她的家庭以及当时的整个社会对艺术家地位的歧视，终究没能成全我们的感情。于是，感情的痛苦恰恰激励了我下定决心誓把艺术家这个职业的整体地位抬高。

之后看到新中国成立的曙光，我放弃了去波士顿美术学院留学的机会，从香港回到内地继续寻求发展。因为我希望弘扬的是中国的艺术事业，希望提高的也是中国艺术和中国艺术家的地位，我相信新中国的成立将为艺术的发展提供一个全新的良好平台。我没有就读过任何正规的美术院校，也没有接受过任何正统的美术教育，但是我的人生经历给予了我创作所需要的积淀。从出生到现在我先后经历过16次战乱，但是致力于艺术的激情没有在战乱中磨灭，相反在颠沛中得到了更多的磨砺。

邱晨：没想到少年时的冲动能成为终身坚持的事业与信念。那么在您艺术创作的历程中，除了感情上的激励和波折，还有什么对您影响最大呢？

潘鹤：我这个人比较任性，解放前总看不惯当时的社会黑暗，但又无能为力，只有寻求刺激放浪形骸来麻痹自己。在这彷徨迷惘的时候得知共产党的军队已经渡过长江，挥军南下，使我望到了一线曙光。我在香港立刻放弃出国的念头，决心等待广州解放。当1949年10月广州真的解放了，我便满腔热血乘坐省港第一班火车回到广州的怀抱，四处奔波想参军解放西藏，但由于出身不怎么好，属于资产阶级那一类，结果四处碰壁，只能迫不及待地考进新成立的标榜培养革命文艺干部的华南人民文艺学院。入学不久便被派到农村发动群众斗地主分田地、清匪反霸的土改队，随后又到城市工厂反贪污反腐化反官僚主义的民主改革工作队，又到街道反偷税漏税的“五反”运动工作队。总之，这一段日子和昨天在香港的日子是180度的转变。当时有很多亲戚朋友为我惋惜，为什么放弃出国深造雕塑艺术的机会，而投身在与艺术毫无关系的政治运动中去？但我自己清楚，作为一个立志从事艺术的人，在我来说就是缺少这种生活基础和创作素材，缺少对劳动者的思想感悟，缺少自己的立场、观点、世界观和价值观。对于这段重要的人生经历，对于这段看上去与艺术无关的日子，我决不后悔。

邱晨：是历史的积淀和激情的迸发这两者，共同形成了您创作的动因，这样说对吗？

潘鹤：对，而且我认为创作激情更为重要。只有把握创作的激情来进行创作，才能真正主宰自己、主宰作品。那样的作品，才是作者自由精神的表达，才能拥有长久的生命力。直至今天，我仍忘不了那段激情岁月。

邱晨：那么面对现代社会艺术商品化的趋势，您认为掺杂了商业目的与手段的艺术，还能纯粹地表达艺术本身的理念吗？

潘鹤：艺术对于社会的方方面面来说，是有利用价值的，被利用是不可避免的，艺术家只能好自为之。就像历史上许多伟大的艺术作品，如米开朗基罗、罗丹这些伟大的艺术家的创作，很多都是为了满足政治家彰显功绩教化民众的需要，或者是出于生存的需要用于交换的目的，都无可厚非。大家都可以看到今天的人们看到那些人类艺术史上的精品和瑰宝，不会记得过去的政治家或者商人的功利目的，只有艺术家的灵魂和思想在作品中永恒。艺术家不可能拒绝所有的利用，否则就失去了一切发言的机会。艺术家应该利用这种被利用的机会，言说自己的思想，表达自己的观念。那些短期的商业行为的泡沫很快就会散去，之后，艺术为人类和历史留下的将是永恒的真理。

邱晨：那您认为在艺术商品化的过程中，当大众审美情趣和艺术家想要表达的艺术理念本身发生矛盾的时候，艺术家应该更多迎合消费者的口味，还是应该更多坚持自己的表达？

潘鹤：如果是真的艺术家的话，其实不应该用“迎合”这个词。艺术家与大众的关系，我形容为“情人”的关系，因为艺术家和大众就是通过一件件艺术品来进行感情的沟通和交流，进而达到共鸣与愉悦，正如热恋中的恋人一样。既然要沟通和交流，艺术就不能跨越大众的感官所及自说自话；既然要达到共鸣和愉悦，艺术就必须确切表达作者独特的真情实感。真正的艺术家能够在大众的审美情趣与个人的情感表达之间找到合理的契合点，这也是一个优秀的艺术家对创作灵感和表达手段驾驭能力的表现。艺术家与大众这二者之间融洽和谐的关系就是艺术本身的宗旨之一，而真正的所谓矛盾是极少数的存在，所以不存在一个刻意迎合的问题。

当然，不排除一些人为应付当前需要所做出的一些短期行为，的确有可能是为了标新立异或者哗众取宠，迎合他人的好奇心。这种偏离了艺术核心价值或者离开了时代背景的行为不应该是艺术家的所为。艺术

家不应该违背良心或者违背艺术本身去达到其他目的，因为艺术给历史留下的是永恒的东西。

邱晨：您对大众与艺术家的关系的诠释，真让人耳目一新。能介绍一下您的创作近况吗？

潘鹤：说到这个，我非常高兴的是，就在十天之内，我得知中央军委要我将50年前的作品《艰苦岁月》放大，置于军事委员会的大厅中。同一时期我还要将我五十多年前的一件作品《得了土地》放大，竖立于革命圣地西柏坡纪念馆。虽然这不是我的新作品，但是这等于告诉我这两件作品五十多年以后还能为人欣赏，不被遗忘。在这个无数艺术品、艺术家都是昙花一现、转瞬即逝的时代里，我觉得很欣慰也很高兴。至于我的作品在未来将有多长时间的生命力，是否能穿越这个时代，就需要由历史见证了。

邱晨：那么能介绍一下您最近创作的新作品吗？

潘鹤：最近除了完成了新疆的10米石雕《水来了》，以及长春的《非洲舞》和广东东莞的7米石雕《报国无门——袁崇焕》等以外，同时动手的还有武汉大学的张之洞、李四光、王世杰、周甦生铜像和石像以及司徒乔胸像，还着手为巴黎郊区创作一座《邓小平在法国》的铜像。

我习惯这样同时进行几件作品，有激情有感觉就立即打开包布去塑造，一旦发现感觉麻木了就赶快转移，避免“磨洋工”浪费时间。

邱晨：您能够简要概括一下您创作的历程以及风格吗？

潘鹤：我创作没有刻意追求某种个人固定风格，只顺其自然，无所为而为，服从当时某瞬间的冲动和情绪的疾走，顺手选择表现形式。技巧也不大讲究，全凭爱好随意表现，得到满足就收手，得不到满足就继续。但有一点值得回顾的，就是为什么在不由自主、不知不觉中，我的大部分作品却反映了我们民族百年的兴衰，我觉得这可能与我的时代背景有关。出生以来我在广州、香港之间经历过16次战乱，殖民地的小资产阶级烙印很深。对于我这样一个容易冲动的人来说，与所见、所闻、所感有关的东西，哪怕不自量力、词不达意，都要想方设法，把那萦绕心中的感受抒发出来以得到满足。回顾这60年来二百多件雕塑。如果不按创作时间先后顺序的话，可以捡出一部中华民族百年的兴衰史。

从《张之洞》引入西欧工业文化，到国力衰退时忠臣的《报国无门》，从太平天国的《洪秀全》到辛亥革命的《孙中山》，从五四运动的《女青年》到《追穷寇》，从《忍无可忍（省港罢工）》到《艰苦岁月》和《得了土地》，从虎门《烧鸦片》到《大刀进行曲》，从《无名烈士》到《怒吼》和《黄河在咆哮》，最后从特区的《开荒牛》《珠海渔女》到开发西部新疆的《水来了》和放在日本的《中国和平少女》等等，都是中华民族从受尽凌辱到坚强崛起的历程，这可能与个人的历程有很大关系，掩盖不了，亦回避不了。

（原载《美术家》2003年第10期，邱晨系广州美术学院硕士研究生）

艺术常青——潘鹤访谈

对话人：

潘　鹤（广州美术学院雕塑系终身教授）

施　丹（《学院雕望》主编助理）

高　畅（《学院雕塑》编辑）

施丹（以下简称“施”）：潘老，您好！感谢您接受采访，《学院雕塑》可以得到您的支持，实感荣幸！

首先，给您道上迟来的祝贺。祝贺您85岁大寿及艺术馆正式动工！我从新闻报道中得知，这座潘鹤艺术馆位于潘鹤雕塑艺术园中，艺术馆由您个人筹资建设。为什么会决定在已有雕塑园的基础上又建设艺术馆呢？

潘鹤（以下简称“潘”）：潘鹤雕塑艺术园主要展示户外大中型雕塑作品，而我还有很多小稿、架上雕塑、油画、水彩、国画、书法和文稿诗词等需要室内场馆收藏和展示，所以建立一座艺术馆是必需的。另外，关于为何要自筹资金建馆，主要是考虑在我力所能及的范围内减少国家的投资。其实雕塑艺术园里的所有作品都没要国家支付工本开支，是我免费提供给雕塑艺术园的，当然所有权和版权仍然是我的。更重要的是能以自己的方式和经营理念去自主建设、管理雕塑艺术馆也是一件乐事，以此奉献给社会，何乐而不为？

施：上世纪70年代末，您就提出了“雕塑的出路在室外”的观点，几十年来您一直致力于城市雕塑的建设，创作了大量作品，正因如此今天我们才有幸在潘鹤雕塑艺术园看到这么多精彩的作品。在中国，以雕塑家名字命名并展示作品的雕塑艺术园几乎没有，那么，您认为这个聚集了您几乎所有作品的艺术园，它所承担或者说发挥的社会功用是什么?

潘：关于全国是否有以国家名义为艺术家个人建立雕塑艺术园的先例，我不太清楚。自上世纪70年代末我提出“雕塑的出路在室外”后，刚巧港商霍英东先生在广东中山县投资建立中国首座外资度假酒店宾馆，当时霍英东委托广州美术学院为中山温泉宾馆的十栋别墅创作些美术作品，付给的酬劳是国画一万元一幅，油画几千元一幅，版画几百元一幅，但雕塑却只有二百元一件。当时我是广州美术学院雕塑系主任，全系老师都拒绝接受，我虽然也深感耻辱，但又深感雕塑事业面临山穷水尽的境地，过去室外只能建立一些毛泽东像，但1970年以后毛泽东禁止再竖立他的形象，“文革”后室外雕塑更面临枯萎。如果不趁改革开放的机遇，以后恐难翻身。于是我决定破釜沉舟、孤注一掷，因此我半开玩笑地向大家提出我的看法，我主张立即同意接洽。丑女就不要摆架子了，谁叫我们长得丑！当今社会大家只知道国画、油画，广场上宁可建一座假山或水池也不会想到竖立室外雕塑，室内宁可摆几件石湾公仔、陶瓷工艺品也不会放石像或铜像。你不见我们每届雕塑系的毕业生都失业吗？每年都招不到新生吗？这次机会难逢，只有我们把雕塑立出来，让人看到，让人知道，贴钱也要做！并且一定要竖立在众目睽睽之下的室外，主要目的是趁政府筹建珠海特区之际，打开雕塑走向室外的大门。于是，众志成城地，第一批室外雕塑在“文革”后国内第一批港商投资的旅游区建立起来了。随着港商大事宣传并邀请各省市宾馆及地产领导来度假村参观聚会，游客也大量地拍照留念，大家都认为宾馆园林摆放雕塑是世界潮流。不到一年，继1979年完成了《广州解放纪念像》后，在踏入20世纪80年代之初，广州市和筹建中的珠海特区都分别来人洽谈，于是星火燎原地分别完成了珠海烈士陵园浮雕墙，将乱石纵横的香炉湾改成秀美的石景山；后来又在珠海海上竖立了高10米的《珠海渔女》雕像，此外还有广州中国大酒店外墙18层高的百人鎏金线刻壁面及“深圳特区第一楼”国贸大厦室外雕塑等，以致引发了深圳市委大院要竖立雕塑的念头，但一直拖延到1982年初才通过并建立了深圳《开

荒牛》铜像。此后就一发不可收拾地引发了各地雕塑走向了室外。

我现在在潘鹤雕塑艺术园内的作品大多是改革开放后完成的分布在全国各地的作品水泥模型，后来政府说要给我建一个雕塑园。我回顾作品，才发现在这半个世纪所创作的作品中竟可将其分门别类地排列成一段中国近代发展史，由此让我儿子潘奋规划了雕塑艺术园区的设计，同时听取了梁明诚关于五个主题区的建议，利用雕塑艺术园区的中轴景观线，将其分为“求生存”“求独立”“求解放”“求富强”“求和谐”刚好能串起一条反映中国发展脉络五个阶段的历史主线。现在雕塑园不但是个艺术场所，同时也被广州海珠区政府定为爱国主义教育及廉政教育基地，每个月都有来自各地的党政人员及国际人士、华侨和老中青等社会各界来公园参观并接受历史教育。它所发挥的社会功能是多方面的，一言难尽。

施：雕塑公园的形式应该说是最贴近大众的，它使得雕塑走进大众生活，大众也可走近雕塑，很具备一种人文情怀。国外的雕塑公园很多，甚至我觉得因为它们的广场上陈列大量的雕塑，广场、街道已然成为了雕塑公园。您觉得是否可以逐渐推行这种雕塑公园的理念来成为我们进行人文精神建设的方式呢？

潘：据我所知，国外的雕塑公园与中国有所不同：第一，它们多为历史沉淀的产物，它们的作品往往是横跨数百年累积而成的；第二，在不同的历史阶段创立的雕塑往往代表了不同历史阶段的社会制度、价值观、审美观及阶级观。罗马不是一天建成的，百年前西方雕塑多为王公贵族所建，二次大战后也多为政府投入。今天西方基本停止了公共艺术的投入，改为政策扶持，规定所有公共建筑的兴建必须拿1%—5%不等的投资从事雕塑等公共艺术的投入。另外就是私人或企业、基金会作为捐建主体，所以这些公共艺术作品内容又承载着不同的价值观和审美取向。为何西方如此热衷于公共雕塑的投入？就是因为它不受时间空间和语言文字的限制。要了解一个城市的文化，首先需要懂得它的语言文字，需要到图书馆、博物馆、歌剧院去了解，就是说是需要时间，又是无形的。但雕塑却能承载以上文化，让它变得有形、直观，而且恒久不变。中国城市雕塑事业起步较晚，却大有后来居上的势头，除1949—

1976年为政治宣传而作的雕塑以外，在各地政府的高度重视下，尤其在“文化大革命”后的短短30年间，城市雕塑可说是遍地开花，大众公共艺术得到了空前的发展，作为能活到今天的艺术家来说，可以说是遇到了千载难逢的好日子。但事物总有它的两面性，所谓“乐极生悲”，“防患于未然”！在这大好形势下，如有关职能部门引导不善，水平不足，甚至带着灰色经济的功利思想去建设城市雕塑，必然会对其发展产生非常不利的反作用。因为城市雕塑一经竖立就是一种强制性的视觉艺术，好的作品自然让人舒心，但差的作品则让人厌烦、侧目，又不能随便拆除，变成了城市里的视觉污染源，甚至引起公愤，主张建雕塑的领导又觉得吃力不讨好，这一来大大打击了政府和民众对建立城市雕塑的积极性，自然为今后的发展埋下了祸根。所以雕塑公园要高质量地建，不应为赶速度赶政绩盲目去建，更不能为了拿回扣而建。另外，现在很多已建成的雕塑公园遇到的是体制上的缺陷，大手笔的投入，却没有常态的运作基金，造成大多数雕塑园没法形成预想的影响力，观众数量锐减，最后只好转型了之。我们应该本着对社会负责、对后人负责的态度，做对得起子孙后代的人。

施：您创作了《珠海渔女》《开荒牛》等著名的标志性雕塑，在您看来，标志性雕塑的意义与作用何在？

潘：关于什么是标志性雕塑，很多人，尤其是各地的领导会认为委托某人在一个重要位置里做一座大型雕塑就是标志雕塑了，它自然就成了该城市的象征。其实不然！纵观世界，除了几个可数的城市有大型雕塑作为城市标志以外，大多著名的城雕都是中型，甚至小型，往往地处不经意的角落（如比利时的《尿小孩》、丹麦的《美人鱼》），为何如此？因为城市标志的形成不会以长官意志而定的，它要经历时间的洗礼，还需天时、地利、人和才会慢慢被历史所认可，缺一不可。所以我做任何雕塑之前都不会设定它就是这座城市的标志物。城雕是人们认识一座城市所言所想的精神载体，只要了解这座城市的风土人情和历史，实实在在从心而发去创作每一件作品，历史自然会给你和你的作品一个公正的评价。

高畅（以下简称“高”）：城市雕塑是同化当地文化个性、精神气

质、审美观念的载体。您在城市标志性雕塑创作中，是如何去洞察、提炼一座城市的精神轨迹的?

潘：城市的精神和文化基本是无形的，需要人们去慢慢挖掘和品味，但城雕可以将文化变成有形，精神固化使之成为永恒，所以城市雕塑是外人了解城市或是国家文化的最直接、最形象化的手段，是其他艺术形式不可代替的载体。

施：您被称为是中国城市雕塑的开路人，您如何看待中国目前的城市雕塑状况?

潘：中国雕塑经历了风雨30年，从星星之火到今天的燎原之火，可说是历史给了我们前所未有的繁盛机遇，千年难逢。但正如我所说的凡事有两面，古语云“乐极生悲，盛极而衰”，我最担心目前社会上太多出于功利，出于腐败，出于太多所谓“运作”出来的城市雕塑，将败坏雕塑艺术的神圣，侵蚀艺术作为“真善美”道德标杆的作用，破坏艺术家与民众的信任感，将艺术引入歧途，真正的艺术家被边缘化，而招摇撞骗的所谓“运作”专家却成了城市雕塑的主流，随之而来是大量的垃圾雕塑占据城市空间。我真担心这会变成盛极而衰的事情。

高：您曾用自己的五尊雕塑来概括一生的感悟。分别是《居里夫人》《司徒乔》《睬你都傻》《自我完善》和您的自塑像《笑到最后》，能请您解读一下其中的含义么?

潘：虽然现在国家给予我很大的荣誉，在经历了80多岁的人生之后也得到了各方的肯定，可以说完全能够安享晚年了，但我对无论是过去还是今天社会上出现的不公平现象还是深恶痛绝，尤其是艺术界现在流行的浮夸世俗、崇洋媚外、以丑为美、金钱至上等歪风更是想不通。儿子说我是中国“最老的愤青”，也许是吧！我在雕塑园里选择了几组雕塑来表达我的人生，就是出于以上看法，想表达我的心情。

首先是《居里夫人》。多年前我接到一个创作任务，是反映女子囚犯生活的，后来上头不批，停了。此时刚好我有一个想法：何不把它变成一个女科学家?因为科学也有它的两面性，像居里夫人那样，她发明了镭，原是造福人类，但在其后的岁月里却演变成杀人武器，她在沉思，而在天之灵很无奈。在某种意义上也是犯了罪的人。

雕塑《司徒乔》，我改了名叫《想不通》。画家的作品都是反映民间疾苦、揭露社会黑暗、唤醒社会良知的，对社会有着深刻的积极意义，却因他生前不依附权贵的性格，以至于穷困潦倒，又得不到社会的接纳，最后英年早逝。这样伟大的艺术家如此下场，我想不通！

《睬你都傻》是我30年前“文革”结束后的第一件作品，是鲁迅的一个大型头像，原名《横眉冷对》。后来我想面对这些失去良知和人格的坏人，何须横眉冷对般动怒？根本就不屑一顾，广东话叫“睬你都傻”。这就是我的方式！

《自我完善》是我80年代中期的作品，是配合深圳市委广场《开荒牛》的一组配套作品，我通过一位女性裸露的半身从顽石中将自己雕琢出来这个形态，表现“人之初，性本善”的含义，同时无论是社会还是个人都应该自我发现，自我锻炼，不要过度依赖外力。自立更新和自我完善，这是一种建设未来的精神，是表示“睬你都傻”，“自我完善”算了！

《笑到最后》，其实是我为某位领导做的一组全身坐像。后因为某种原因我暂停了此项雕塑，我把它改成我个人的自塑像，后被梅州市收藏。我端坐石上，开怀大笑，名《笑到最后》。想通过这个自塑像表达我今生经过了85载的风风雨雨，见惯人之沉浮，物之兴衰，人情冷暖，生死离别，多少成功又多少失败，有如浮云匆匆而过，唯有我笑傲江湖，我已知足。人只要问心无愧，就应该“笑到最后”。

施：《自我完善》这件作品的创作周期很长，1982年初创，1996年重做，到2009年作为“深圳三部曲”之一立于《开荒牛》的右侧。为什么它会被拿出来反复修改，并且跨度长达近30年？可以认为这种行为是您对于“自我”的一种不断“完善”吗？

潘：事情是这样的：1982年深圳市委邀请我去为其市委大院做一件雕塑，当时他们连做什么都想好了，就是命题作文——出污泥而不染的莲花。我看了现场，是个莲花池，做莲花雕塑不是我的风格，搞不好成了民间工艺，虽说内容还算对口，但仍有不妥。

我说：虽说莲花出于污泥而不染的，有莲花必有污泥，污泥难道是外国投资商、港澳同胞？他们一听再也不敢提出这个想法了。后来官员们又提出：深圳又叫鹏城，不如做一只雄鹰展翅代表“大鹏”吧，代表深圳一飞冲天的精神！我说也不好，虽然雄鹰可以表现今天特区发展一日千里，但“雄鹰”不是深圳独有的，全国乃至世界很多城市都以“雄鹰”自居，加上将来市委周边必将高楼林立，又有市委大院的围墙包围，势必造成雄鹰被困牢笼的感觉，不吉利。后又有人说就做只狮子吧，我说：狮子造型是我国的传统艺术，但如放在共产党市委里面就变成“骑在人民头上作威作福的官僚主义或剥削阶级”了，是万万不可的。他们没办法了，就只好问我做什么好？我想我是属牛的，本想为人民做牛做马，鞠躬尽瘁，可在“文化大革命”却成了“牛鬼蛇神”，还在干校放了几年牛，对牛很了解。来到深圳看到到处是热火朝天的建设场面，推土机就像一只只“老牛”在不知疲倦地工作，我来了灵感，就做一只“牛”吧：用鲁迅的“甘为孺子牛”的精神去表现我党为人民做牛做马、鞠躬尽瘁的决心和信念；用一头走在改革开放前沿的牛，去拉动一棵盘根错节的老树根，代表了一切阻碍改革开放的旧势力、旧体制和旧思想，当然也包括发展过程中浮现的贪污腐败、官僚主义，等等。雕塑造型表现了“老牛”已在尽力去拉拔树头，可树根还是有一部分牢牢地扎根在土里，我想表现的是这些历史的垃圾和各种反动势力是不可能轻易根除的，必须要连根拔起，是要用打持久战的精神永不松懈地进行下去，这是一场永不停止的艰巨而持久的“较量”。

《开荒牛》于1983年建成，当时就立在市委大院里。后来不断有中央领导到访，看到《开荒牛》都很有同感，尤其是邓颖超大姐还特意邀请市委里各级领导到《开荒牛》前拍照，并主动以义务讲解员身份介绍她所理解的“开荒牛”精神，给予了这件作品充分的肯定，还建议将雕塑搬移到市委大门外广场上，让市民也能看到。市委立马按要求将“开荒牛”移到市委大门外广场上，并授意我再构想两个关于过去和未来的作品安放在正门的左右侧位置上。很快，左侧“过去”位置市委选择《艰苦岁月》，而右侧“未来”位置我构思的是《自我完善》。我通过一位女性裸露的半身从顽石中将自己雕琢出来这个形态，表现无论是社会还是个人都应该自我发现、自我锻炼，不要过度依赖外力。自立更新和自我完善，这是一种建设未来的精神，这就是未来！方案拿到市委，因某些领导对作品不够了解，只看到一个裸体女人就说不太合适；再看看题目叫“自我完善”更觉不解，还说我们深圳发展了十多年没有什么不完善的了，还需完善吗？确实让人啼笑皆非，就此要求我继续多构想几个方案，我拒绝了，后来这事就不了了之。尽管如此，右侧的这个“未来”雕塑还是整整空了16年个年头。就在去年（2009年）深圳派人再次找我重提此事，同意保留“自我完善”这一主题，唯独要求我将原来的女性改为男性，我同意了。历经30年的深圳市委《开荒牛》雕塑群的“过去”“现在”和“未来”三大主题终于画上句号，当然也可以说深圳特区建市30周年的一种自我完善吧！

施：您这股子投身艺术的劲儿真是太让人佩服了！对于我们这些80后来说，您的作品《艰苦岁月》是人尽皆知的，我本人对于雕塑的最初认识可以说就是源于这件作品。在做这次采访之前，我们查阅了大量您的相关资料，除了大家耳熟能详的《珠海渔女》《开荒牛》等等之外，您还创作了如此繁多的雕塑作品及绘画作品，并且在如今本应颐享天年之时竟还充满热情地进行着创作，让晚辈们除了佩服之外还感到惭愧。您从哪来的这股子劲儿？

潘：很多人问我，老潘你还自己亲手做雕塑吗？我听了会既气愤又莫名其妙：自己的作品怎么不是自己做？问这句话本身就是对我人格的侮辱！我经常说一段笑话：作品是我的孩子，怎能找别的男人代我生呢？生活见闻是我的情侣，又怎可没情侣就结婚呢？难道生孩子不需要情侣？更不需要亲力亲为吗？难怪现在雕塑已转型为马克思所说的“资本主义化”了，可我还是完全看不起现在社会上那些打着艺术家招牌、却是工厂化经营的雕塑家，他们人量以个人名义承接雕塑，却交给廉价劳动力去做，从中剥削剩余劳动价值，还撷取别人的知识产权，这合理吗？

施：最近您在获得了首届中国美术终身成就奖时说到“仍壮志未酬”，看来您对于已取得的成绩还不满足。

潘：对于这个奖，我是高兴的。高兴雕塑事业得到重视，高兴国家和人民对我作品的认可，高兴大家没有忘记我们这些老家伙。除此之外我又有点不服：“中国美术终身成就奖”是给老艺术家的一种定论，不

老是得不到的，可我觉得我还有前途，怎么这么快就给个老人奖？我还没老呀！

施：那么您对于过去所创作的作品有不满意的吗？

潘：至于作品满意度，它们都是我的儿女，没有哪个丑或美，因为所有的作品都是我要说的话，只有没说完的话，没有说得不好的话，真心话没有好坏之分！

高：在与您交谈的过程以及对您作品的解读中，让人感受到您是执着率真、桀骜不驯的性情中人，对待艺术、对待生活都那么的真诚。您是如何将生活中所感悟的真实转化为艺术创作的"灵感"的？

潘：还是要在"真"字上做文章。"真"是不变的，只是表达方式不同而已。我从艺70载，经历过大革命、军阀混战、抗日战争、英美国殖民、太平洋战争……一共走难16次，直到1949年投奔革命后才停止走难，但还是又来了文艺整风、"肃反"运动、"三反五反"、"文化大革命"等38次政治运动。在如此风云突变的岁月里，如何做到"真"则在乎你对"真善美"的普世价值观能否保持坚定的信念。有了信念就要学会"借力"，借时局的取向，借政治的需要，借市场的规律等。雕塑是一个大投入的艺术，是艺术里的"重工业"，没有社会的参与是不可能有城市雕塑建立的，是个人力量无法负荷的一种艺术形式，所以注定不可能孤芳自赏。历经半个多世纪从事雕塑创作的过程中，我都是在满足了时世需要的前提下，"走私"和"渗透"自己的思想，以良心说话，让时间下定论。人生短艺术长，那可能就是你所说的将感悟的"真实"转化为艺术的灵感吧！

高：您曾说过"人无缺不真、人无癖不深、人不疯难活"来作为交友心得，在您的一生中对您影响最大的人是谁？

潘：我想有三个人：其一，黄少强——我14岁时跟学国画六个星期后便去世的老师。他对我影响很大，艺术所谓的风格应是人格的表现，不能弄虚作假。他让我懂得艺术的真谛，身为艺术家对社会对人民应有的责任；他给我精神上的养分是终身受用的，他不是教我如何绘画，而是教我如何做人！其二，是我初恋情人——表妹。她是我最初得以走进艺术殿堂的原动力，是她的美让我有了绘画和雕塑的冲动，我用雕塑和画将她的倩影留住，我做到了。也因为她父母歧视美术要我改行才准结婚，使我更爱艺术，更促使我将艺术的社会地位推上一个又一个高峰，以此向她的家庭证明不是只有做生意才是成功，生前不如你，死后看谁高低。其三，夫人张幼兰。50年代她是我国一位杰出的女画家，从上世纪50—80年代一直活跃在中国画坛，但很少人知道她由于战乱十岁就失聪了。自强的她写得一手好文章，小小年纪就已在港澳地区的进步报刊上发表了不少文章，从此高剑父主动收她为徒，凭着她的聪慧和毅力成就了一番事业。她的思想纯洁，淡泊名利，是当今世间难得的女性，她与我历经了人间的风风雨雨，没有她不会成就今天的我。

高：您曾告诫学生后辈：作为政治家，最多只需考虑一百年后的事；但有大成就的艺术宗师，通常考虑的是一百甚至一千年后的事。请问潘老：作为一名艺术从业者思考这一千年后的事情，要站在怎样的高度与视角来面对当下时代所发生的一切？

潘：我一直认为人生短艺术长，所以我从来不大考虑什么“时尚”“当代”之类的东西，因此就要寻找和坚持人类最善良、最崇高的真善美本质，一定要真情实感。这些特质是不会随波逐流的，将其融合在所创作的作品中，让它在不同的时代都散发出艺术的真诚。我有一首对联：不随时好后，莫跪古人前。就是我长期艺术创作所坚持的原则。

施：您从事雕塑教学几十年，作为广美雕塑系的终身教授，您认为中国的雕塑教学应该培养什么样的雕塑人才？

潘：一言难尽，也只能用老生常谈“真善美”，感情要“真”，人格要“善”，形式要“美”。不要定位为“假恶丑”！

施：您的艺术箴言是什么？

潘：人生短，艺术长！

（原载《学院雕塑》第9期）

潘鹤：真善美是艺术家起码的价值底线

韩帮文

潘鹤是中国城市雕塑文化的开路人，他与刘开渠提倡“雕塑要走向室外”，并在“文革”之后撰写了《雕塑的主要出路在室外》的重磅文章。为城市建设添加文化艺术的色彩，这本是一件好事。但现在潘鹤却直言：“劳民伤财、污染城市的雕塑泛滥成灾。”他不无遗憾地说，“我们反而成为历史的罪人”。

一、上世纪70年代即提出“雕塑的主要出路在室外”

收藏周刊：您一向被认为是中国城市雕塑文化的开创者。您最早是从什么时候开始提出城市雕塑理念？

潘鹤：雕塑在全国范围内走向室外是我和刘开渠发起的，最初在广东，后来蔓延至全国各地。我很早就开始做城市雕塑，《雕塑的主要出路在室外》这篇文章是1979年发表在广州的报刊上，1981年《美术》杂志转登，当时文章一发表立刻引起中国雕塑界的重视。实际上，这是一篇总结性文章，它总结我过去多年做城市雕塑的实践与体会。“雕塑走向室外”这个观点是在我担任广美雕塑系主任时（1977年）提出的，在那个年代基本没有机会做大型的户外雕塑。我特别崇拜米开朗基罗，他做的雕塑在几百年前就在他的国家立足，我们国家那么强大，地方那么广阔，居然没有户外雕塑，太不合理了。我开始“上蹿下跳”，向省市领导做大量的说服工作，但还是没有机会。

收藏周刊：“文革”之后，您创作的第一件城市雕塑是什么？

潘鹤：到了1978年，有了一个机会。港商霍英东来广东中山投资建造温泉宾馆，需要一批艺术品作装饰宾馆，并拿出十万元请我们学校为宾馆做艺术品。国画系分到最多资金，大概有四五万元，油画系和版画系都分到万元以上，我们雕塑系只分到两千元，并且要做十件雕塑。我们都觉得不公平，有些老师干脆说不做，但我坚持要做。我还向对方提出一个条件，就是要做的话就做室外的（雕塑）。做出来之后，反响非常大。到了第四期工程时，霍英东希望我为他们宾馆的后山开一个雕塑公园，但是我这人喜欢"点火"，点起了一把火之后，就没心情做下去了，立即转移，加入了开发珠海特区和深圳特区的行列。

二、"真善美是艺术家起码的道德底线"

收藏周刊：最近几年，各地都加快了"城市雕塑"的建造节奏，很多城市的地标性广场、建筑物或公园内都竖立了形式各样的雕塑。但与此同时，人们对这些雕塑并不买账，甚至大呼"雷人"。这种"奇观"也得到了学术界的关注与批评。您如何看?

潘鹤：这点我曾经和刘开渠谈过。当时北京有一条街的雕塑做得很差，刘开渠和我商量说要不要把街道两旁那些雕塑全部拆掉，我说，还是不要拆，拆掉打击不了坏蛋，打击不了不三不四的艺术家，只是打击了官员的信心，以后不敢再做雕塑。但是坏蛋照样可以做雕塑，拆了北京他们可以去其他地方做（雕塑）。所以我对刘开渠说，我们提出城市雕塑，可能成为历史的功臣；但现在看来，劳民伤财、污染城市的雕塑泛滥成灾，我们反而成为历史的罪人。垃圾明显比精品多。

收藏周刊：您如何看城市雕塑的价值?

潘鹤：城市里竖立起雕塑作品，本应该传达真善美，提升城市的文化形象与市民的文化修养。但事实上，大大小小的城市雕塑污染了整座城市。太不像话，太气人。乱七八糟，让人受不了。仅仅从这一点看，就足以说明艺术界的堕落。

收藏周刊：能否举例说明城市雕塑乱象彰显艺术界的堕落?

潘鹤：真善美是艺术家最起码的价值底线，其中，真是首要原则。而我们看到，很多艺术家早已丧失了对"真"、对"真诚"的追求。有

人既然想做城市雕塑，不管这个题材是否打动了自己，就通过各种见不得人的途径去争取这个项目。我就知道很多黑幕。

三、“我只做能表达自己感情的，表现时代变化的雕塑”

收藏周刊：据媒体报道，您从艺70周年，也已实现了作品屹立70个大城市的梦想。您现在能否统计一下到底树立了多少件城市雕塑？您是怎么拿到那么多城市雕塑项目的？

潘鹤：已建立的长期性大型户外雕塑作品有一百余座。仅就单个项目来说，都是各地政府或社会机构来找我的，我从没有主动争取去做什么，更不会同流合污，去做让人厌恶的勾当。反倒是有人暗地里挖我的墙脚。

收藏周刊：不管是接到任何主题或题材，都会去做吗？

潘鹤：那当然不是。深圳市政府曾想要我给他们做一件雕塑，我想做“开荒牛”，坚决拒绝了他们提出的其他创作主题，愣是让市政府的广场空了十年！还有很多企业家和各种名人花重金让我做雕塑，我一概拒绝。我只做自己有感情的、想要表现大时代变化的雕塑。

收藏周刊：拿到政府及其他机构的雕塑项目，有多少创作经费？

潘鹤：这到了上世纪80年代才给费用的，之前都是义务创作的。他们来定费用，多少都可以，只要是我感兴趣、打动我的题材，我都会去做。我做雕塑，是有感而发、有话要说，而非无病呻吟，更不是违背自己的良心去做项目。

收藏周刊：您收到的最高一笔“润笔费”是多少？

潘鹤：上千万元的都有，几百万元的也有。其实，一件城市雕塑完工之后，除掉工人工资、铸铜费等支出，剩不了什么。还有很多城市的雕塑，我都是免费做的。艺术是充满感情的，是代表真善美的，怎么能成为牟利工具？人们说现在这样的状况是因为艺术推向了市场，那爱情能推向市场吗？我虽然不愿意让孩子继承我的职业，但是我儿子还是爱上了雕塑，也是雕塑家。如果他为了钱做雕塑，我会扇他耳光。

四、广州突然多了很多非常失败的雕塑

收藏周刊： 除了做体量大的城市雕塑，您有没有卖过小型的架上雕塑？

潘鹤： 我敢说没有卖过作品。问题在于现在很少艺术家真正为人民服务，都是在为人民币服务。有些官员就为了政绩而做雕塑，急功近利。有人问我一个月可不可以落成一个雕像，我当场对他说，你请广告公司画广告牌算了。雕塑不应该是这样的，简直就是离谱。艺术是神圣的，并不是沽名钓誉的工具，也不是发家致富的大道。

收藏周刊： 广州这座城市也分布了很多雕塑，您对这些作品作何评价？有多少作品是自己满意的？

潘鹤： 之前，广州竖立的很多雕塑我都参与了评估，看得出来，艺术家们还是很认真的。但不知从什么时候起，广州突然多了很多非常失败的城市雕塑，有些让人莫名其妙。这个时候，我们的主政者要考虑考虑什么才是广州的文化性格了，或者说，我们到底要向世界展示什么。如果还是稀里糊涂地搞下去，这座城市的文化形象会错漏不堪。

收藏周刊： 您最近几年还坚持做城市雕塑吗？

潘鹤： 这几年很少做大雕塑了，今年就直接没有做。90岁了，不得不服老，眼力、体力果真跟不上了。

收藏周刊： 但我看您桌子上的日程表，几乎每天都安排得满满当当。

潘鹤： 哈哈。我自己的的确确成为了一个符号，雕塑家也成了"表演艺术家"了。但有时一个人坐下来，内心真的很悲凉：我们的艺术为何出现了那么多丑陋的东西？哪有多少真正的艺术家呢？多是跳梁小丑罢了。不明白，真不明白，不知道到底哪里出了问题。

（原载2014年《新快报》，原标题为《雕塑家潘鹤批雕塑界乱象：城市雕塑垃圾比精品多》。韩帮文系《新快报·收藏周刊》记者）

第三篇

潘鹤作品

I 雕 塑

我创作没有刻意追求某种个人固定风格，只顺其自然，无所为而为，服从当时某瞬间的冲动和情绪的疾走，顺手选择表现形式。技巧也不大讲究，全凭爱好随意表现，得到满足就收手，得不到满足就继续。但有一点值得回顾的，就是为什么在不由自主、不知不觉中，我的大部分作品却反映了我们民族百年的兴衰，我觉得这可能与我的时代背景有关。

——潘鹤

圆雕

◎ 《少年潘鹤自塑像》 1945年
现立于广东省美术馆潘鹤雕塑园

◎ 《当我长大的时候》（又名《课余》） 1952年
现立于广州雕塑公园

◎ 《艰苦岁月》 1956年
原作立于中国人民革命军事博物馆

◎ 《农民父子》 1959年
原作立于中国人民革命军事博物馆

◎　《得了土地》（又名《翻身农民》）　1960年
原作立于中国国家博物馆

◎　《忍无可忍》（又名《省港大罢工》）　1960年
原作立于中国国家博物馆、广东美术馆

◎　《洪秀全》　1960年
原作立于中国人民革命军事博物馆

◎　《文艺女神》　1962年
原作立于汕头金砂公园、广东美术馆

◎ 《毛泽东》（又名《青年毛泽东》）
1965年
原作立于湖南韶山毛泽东故居

◎ 《麦贤得》半胸像
20世纪70年代中期

◎ 《追穷寇》 20世纪70年代中期
原作立于原广东“星火燎原”馆

◎ 《路》（又名《坦赞铁路歌》） 1975年
原作立于吉林长春

◎ 《大刀进行曲》 1976年
潘鹤、梁明诚合作，原作立于中国人民革命军事博物馆

◎　《睬你都傻》（又名《鲁迅像》）　1978年
原作立于广州人民公园

◎　《白求恩》　1978年
潘鹤、程允贤合作，原作立于广东美术馆

◎ 《广州解放纪念像》 1978—1980年
潘鹤、梁明诚合作，原作立于广州海珠广场

◎　《五羊下凡》　1980年

潘鹤携广州美术学院雕塑系集体创作，原作立于广州东方宾馆

◎　《珠海渔女》　1982年

潘鹤、段积余、段起来合作，原作立于珠海市郊外海边

◎ 《开荒牛——献给深圳特区》 1983年

原作立于深圳市委大门前

◎ 《和平少女》 1985年

潘鹤、王克庆、郭其祥、程允贤合作，原作立于日本长崎和平公园

◎ 《爱因斯坦》 1985年
原作立于中国石油大学（华东）校园内

◎ 《贺龙——魂归故里》 1986年
原作立于湖南张家界天子山风景区

◎ 《国际友谊泉》（又名《友谊之舞》） 1986年
潘鹤、梁明诚合作，原作立于深圳国际商贸大厦广场

◎ 《荣德生》 1986年
原作立于江苏无锡梅园

◎ 《销毁鸦片》 1986年

原作立于广东惠州丰山公园

◎ 《和亲》 1987年

潘鹤、段积余合作，原作立于内蒙古呼和浩特昭君墓

◎ 《怒吼吧，睡狮》（又名《醒狮》） 1987年
潘鹤、梁明诚、程允贤合作，原作立于北京卢沟桥中国人民抗日战争纪念馆广场

◎ 《冯白驹》 1988年
原作立于海口人民公园

◎　《李林烈士》　1988年
原作立于福建厦门集美中学

◎　《杨贵妃》　1989年
原作立于西安华清池景区

◎ 《解放与新生》 1990年
潘鹤、潘放、潘奋合作，原作立于广西北海长青公园

◎ 《重逢》 1994年
原作立于珠海淇澳岛

◎ 《三茂铁路建设纪念碑》 1991年
潘鹤、潘放、潘雷合作，原作立于茂名东站西侧（现已拆除）

◎ 《较量》 1997年
潘鹤、潘雷、潘奋合作，原作立于东莞虎门太平广场

◎ 《无名烈士》 1997年
原作立于上海龙华烈士陵园

◎ 《情满江山》 1997年
原作立于天津平津战役纪念馆

◎ 《詹天佑纪念像》 1999年
原作立于广州黄沙码头附近

◎ 《屈原》 1999年
原作立于北京中华世纪坛

◎ 《报国无门——袁崇焕》 2002年
原作立于东莞袁崇焕纪念园

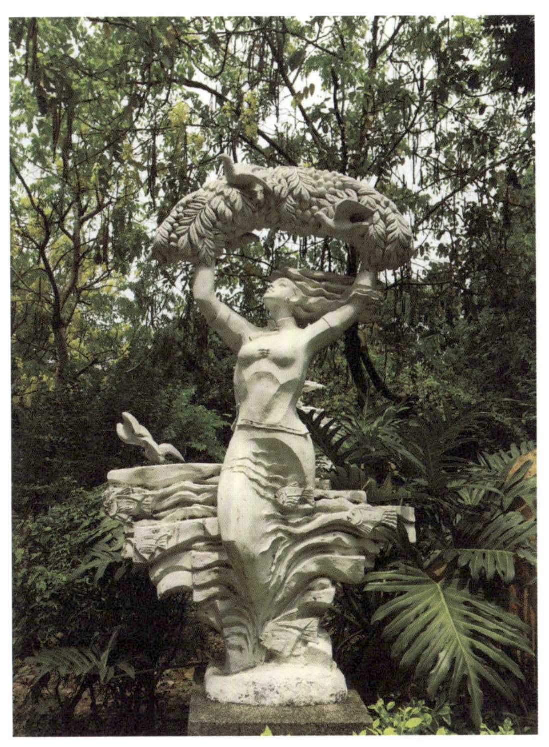

◎　《荔枝成熟时》　2001年
原作立于广州市海珠区仑头生态园

◎　《观音——走向人间》
2001年
原作立于浙江临海延恩寺

◎ 《张之洞》 2003年
原作立于广州广雅中学

◎ 《周甦生》 2003年
原作立于武汉大学校园

◎ 《克拉玛依水来了》 2003年
原作立于新疆克拉玛依世纪公园

◎ 《黄少强像》 2004年
原作立于广东佛山市里水镇黄少强墓

◎ 《舵手》 2005年
原作立于北京中坤地产集团总部

◎ 《居里夫人》 2005年
现立于广州潘鹤雕塑艺术园

◎ 《“想不通”——画家司徒乔》 2006年
原作由司徒乔纪念馆收藏

◎ 《真爱永恒》（速塑） 2006年

◎ 《非洲舞》 2006年
原作立于长春世界雕塑公园

◎ 《保卫生命》 2006年
潘鹤、梁明诚、唐大禧、黎明、俞畅、钟志源合作，原作立于广州雕塑公园

◎ 《走向刑场的杨殷》 2008年
原作立于广州英雄广场

◎ 《自我完善》（女版） 1982—2008年

原作立于广州雕塑公园、广东梅州客天下旅游产业园

◎ 《击剑》 2009年
潘鹤、潘放合作，原作立于广州食博会

◎ 《笑到最后》（潘鹤自塑像）
2009年
原作立于广东梅州客天下旅游产业园

◎ 《六祖慧能坐像》 2010年
原作立于广州光孝寺

◎ 《叶挺将军》 2010年
原作立于广东惠阳叶挺故居广场

◎ 《顺德自梳女》 2011年
原作立于深圳

◎ 《刘禹锡》 2012
潘鹤、潘放合作，原作立于广东省连州市第一中学

◎ 《文明飞跃》 2012年
潘鹤、潘奋合作，原作立于广州市国家档案馆南广场

◎ 《自我完善》（男版） 2012年
原作立于深圳莲花山公园

◎ 《故土的召唤》 2013年

潘鹤、潘奋合作，原作立于广州花城广场

◎ 《广府故事》 2013年
原作立于广州五仙观广场

◎ 《黄飞鸿》（南海十大名人像之一） 2014年
潘鹤、潘放合作，原作立于佛山市南海区

◎ 《樵夫》 2014年
潘鹤、潘放合作，原作立于广州市白云区太和镇白山村

◎ 《黄杨河之母》 2015年
潘鹤、潘奋合作，原作立于珠海市斗门区

◎ 《海珠石遗址纪念碑》 2016年
原作立于广州爱群荟景湾

◎　《冼星海》　2016年

潘鹤、潘放合作，原作立于广州市南沙区榄核镇

浮雕

◎ 八一起义纪念塔座浮雕《宣布起义》 1977年
潘鹤与广州美术学院雕塑系集体创作，原作立于南昌市八一广场

◎ 《珠海香洲烈士陵园浮雕墙》（局部） 1981年
潘鹤组织广州美术学院雕塑系集体创作

◎ 广州中国大酒店外墙鎏金壁画《歌舞庆升平，贸易通四海》 1983年
潘鹤、梁明诚、胡博、潘雷合作

◎ 《虎门战役》浮雕 1986年

原作立于广东惠州丰山公园

◎ 南越王墓红石浮雕 1987年

潘鹤、潘放、潘雷、潘奋合作，原作立广州西汉南越王博物馆

◎ 《货币通源》 1989年
潘鹤、潘放、潘雷、潘奋合作，原作立于广州国际金融大厦大厅

◎ 《乙卯洪水纪念碑》 1989年
潘鹤、潘放、潘雷、潘奋合作，原作立于广东省水文局院内

◎ 《黄河在咆哮》 1999年

原作立于北京中国人民革命军事博物馆

◎ 《佛山古韵》 1997年
原作立于佛山季华园石景宜藏书楼广场

◎ 《端州古韵》局部之《客家迁徙图》 2012年
原作立于广东肇庆星湖牌坊公园

Ⅱ　绘　画

我在雕塑之余，十年如一日，口袋里经常装着一个烟盒。我不抽烟又何故有烟盒呢？其实那是一个自制的水彩速写盒，一盒能装四五十张水彩纸，两面都用就可画到七八十幅了。出差旅途中，足迹所至，等船候车，饭前饭后，每被周围风光所吸引，随手即兴点染，兴尽即收笔，不在乎成败，意在过瘾。日积月累，已盈箱满箧。闲来回味，亦一乐也。

——潘鹤

水彩画

◎　《榕树下石板桥》　1943年

◎　《澳门松山灯塔》
1945年

◎　《教堂山下》　1945年

◎ 《澳门故居》
1945年

◎ 《孤影》 1945年

◎ 《优雅女郎》 1945年

◎ 《澳门大三巴》 1945年

◎ 《澳门主教山》 1945年

◎ 《沦陷时期的越秀区》 1946年

◎ 《葵园》 20世纪50年代

◎ 《椰林》 20世纪50年代

◎ 《插秧》 20世纪50年代

◎ 《秋收》 20世纪50年代

◎ 《挑水》 20世纪40—50年代

◎ 《小山峡》 20世纪50年代

◎ 《连南风采（之三）》 1954年

◎ 《连南风采（之十一）》 1954年

◎ 《宁静的海》 20世纪50年代

◎　《补渔网》　20世纪50年代

◎　《海丰》　20世纪50年代

◎ 《渔渡》 20世纪50年代

◎ 《海边》 20世纪50年代

◎ 《休渔季》 20世纪50年代

◎ 《水上人家》 20世纪50年代

◎ 《屋舍》 20世纪50年代

◎ 《正午》 20世纪50年代

◎　《小学》　20世纪50年代

◎　《北京白塔》　20世纪50年代后期

◎ 《俯瞰珠江》 20世纪50年代

◎ 《建设中的人民大会堂》 1958年

◎ 《北方的雪》 20世纪50年代末

◎ 《火红的晚霞》 20世纪50年代

◎ 《归帆泊岸》 20世纪60年代

◎ 《巴黎铁塔》 1979年

◎ 《威尼斯圣马可广场》 1979年

◎　《威尼斯之晨》　1980年底

◎ 《威尼斯》（之一） 1979年

◎ 《老树新芽》 1981年

油画

◎ 《海边风光》 20世纪50年代

◎ 《海边》 20世纪50年代

◎ 《白浪滔天》 20世纪50年代

◎ 《那片蓝》 20世纪50年代

◎ 《初春》 20世纪50年代

◎ 《连州小北江采风》（之一） 1954年

◎ 《张幼兰》 1954年

◎ 《海员》 20世纪50—60年代

◎ 《再回首》 20世纪50—60年代

◎ 《少女》 1978年

速写及插画

◎ 《劳动者》 20世纪40—50年代

◎ 《拉草》 20世纪40—50年代

◎ 《为了孩子，为了母亲，保卫和平，禁止战争！》
潘鹤、幼兰作，原载广东人民出版社编《巨人的声音——反对美英侵略中东诗画集》（第二集）1958年版

◎ 《夜半出勤》 20世纪50—60年代

◎ 《田间劳作》 20世纪50—60年代

书画

◎　《有感》　2010年

◎　《牛鹏腾飞》　2010年

◎　《能癫就癫过一天》　2010年

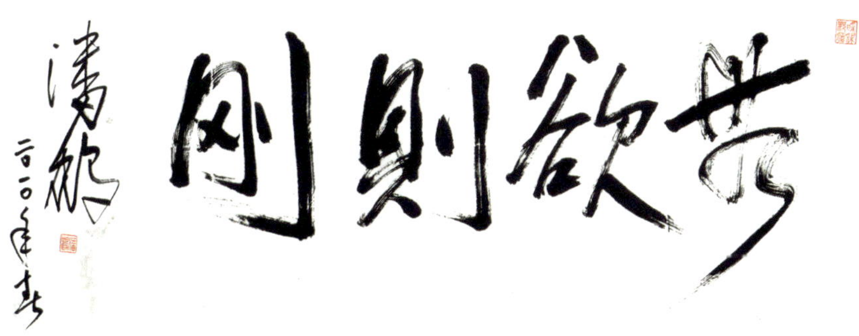

◎　《无欲则刚》　2010年

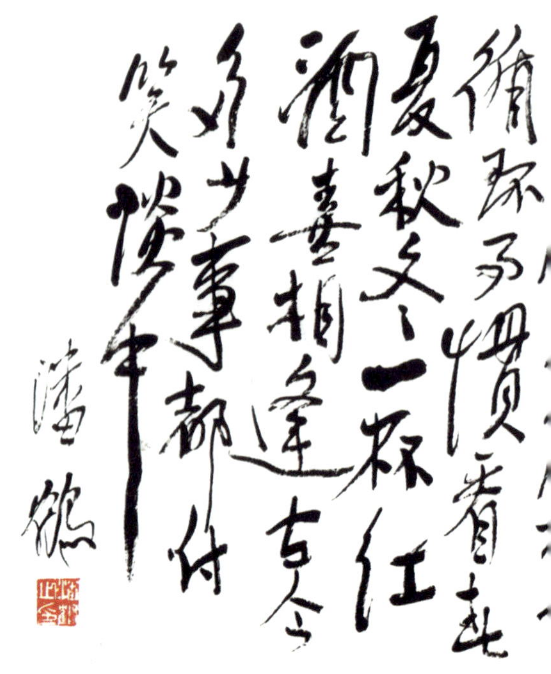

◎ 《打油诗》 2012年

◎ 《重游越秀山故地感怀》 2006年

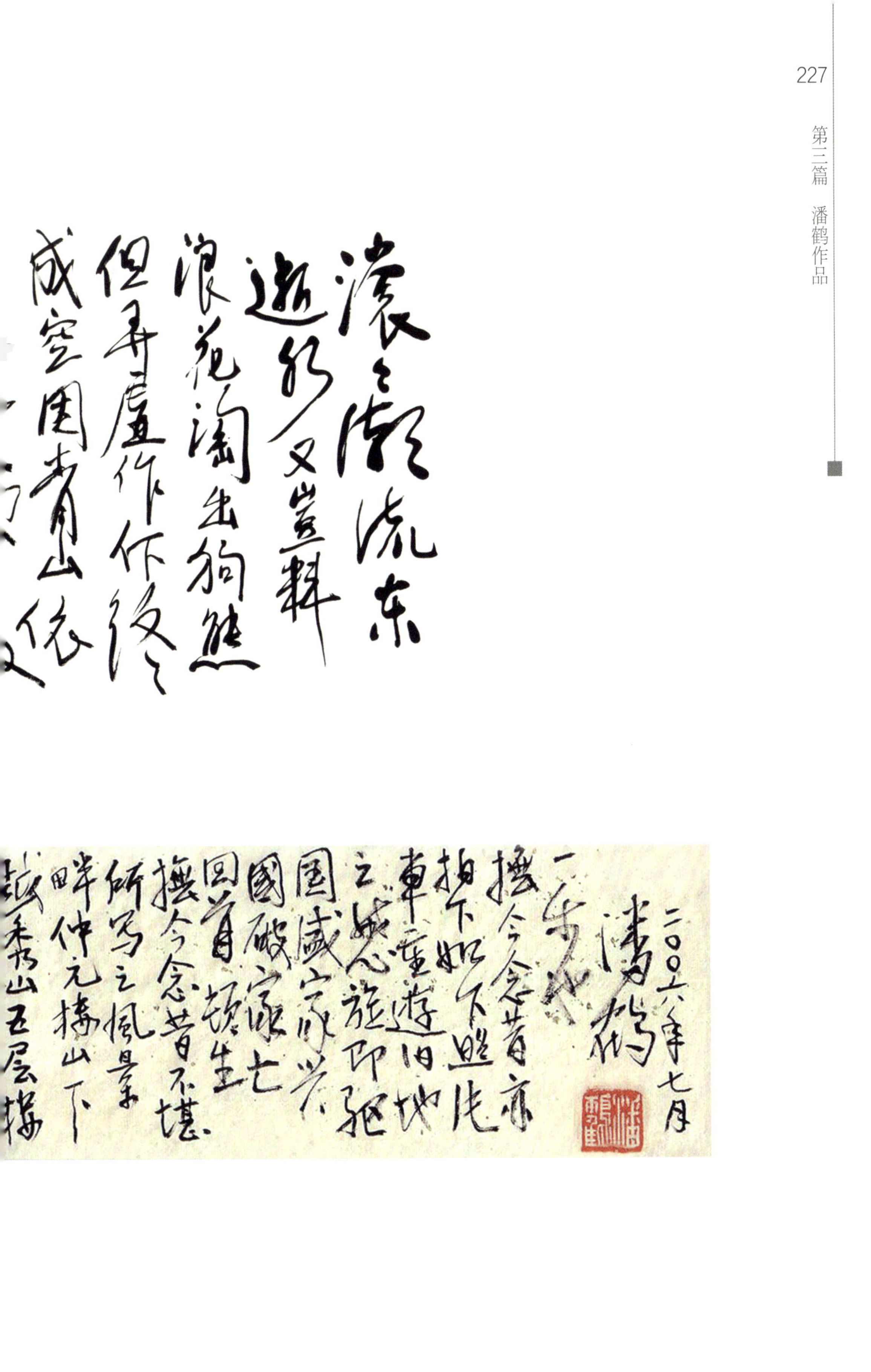

Ⅲ 文 萃

雕塑的主要出路在室外

今天，当别的艺术门类正在讨论学术问题，而且谈得兴高采烈的时候，我们雕塑界却仍在谈论出路问题，这实在有点奇怪。然而，在远古，好些兄弟艺术还未诞生的时候，雕塑早已在社会上扎下根，长得枝繁叶茂，留下无比兴旺的见证物。中国是这样，外国也一样，几乎地球每一角落都一样，最早都以雕刻留下他们生活的脚印，而且留得最长久，大量当时反映人类意识形态的东西都随物化而消失了，雕刻仍永恒地巍然屹立。但是很可惜，不知是什么原因，也不知从何时开始，雕刻这一朵花慢慢枯萎，尤其是在我国的土壤上，像秋天的落叶，一片片飘零，最后所剩无几。我渴望而且我相信终有一天，在我们肥沃的土地上，雕塑重新发出新芽，重新盛开繁花。

因为我了解雕刻艺术从它诞生第一天起，社会就是它的母体，并且随着人类的社会发展而发展。它以最耐久的材料和自己独特的表达方法，告诉人们当代或者历代人民的面貌，既为当代人建设精神文明创造气氛、陶冶性灵和移风易俗，有利于社会发展；又能给千秋万代留下各个时代人民的思想、形象及其精神素质的脚印。这种社会功能，我有信心，认为不会为健康的社会母体所排除，它绝不是社会精神力量中可有可无的多余品。

一

有人说“雕塑是不急之务”。最能证明此说谬误的是1918年列宁亲自建议及签署《纪念碑宣传法令》这件事。其结果从1918到1921年四年间，苏联雕刻家创造了纪念碑及其设计共一百八十三座，综合性浮雕几十面。人们亦从此认识了艺术在人民生活中的意义。时至今日，据零星报导统计，近六十年来在苏联各地兴建的各类型室外雕塑已超过万座了，有些竟高达百多米。在波兰国土上，据报道：从1944至1971年的27年间，各地建起的小型纪念像近五千座，大型建筑雕塑综合体亦有六十多座。此外在南斯拉夫、保加利亚、捷克斯洛伐克等国家，近三十年，几乎在每个城市和村镇都有各种题材和形式的雕塑。

最近访问过朝鲜归来的同志说，解放以来所竖立的纪念性雕塑及装饰性雕塑，比我国同时期所建立的为多，而且规模庞大，单是万寿台就有巨大的铜像百余个。平壤的千里马铜像，已成为他们国家一日千里建设的标志。

甚至瑞典这样人口不多的国家，在斯德哥尔摩竖立了一座高达一百零二米的童话雕塑。在一个被纳粹炸毁的公园废墟上，重建一座以母与子为题的雕塑公园，竖立着几十座表现母与子的和平幸福生活以及突然被纳粹破坏了和平幸福生活的形象。这种凝固了的悲剧，不受舞台空间及时间的限制，无限期地竖立在那里，使人沉思，使人回忆，意味深长。

众所周知，在纽约门口的长岛上，巍然屹立着过百米的自由神巨像，在全球的人们脑海里留下了深刻的印象，成了当年美国时代的标记。

雕塑与城市建筑本来就是一家人，有着血缘关系。各个时代、各个民族、各个地区的城市建筑风格，相应地产生了各种不同风格的雕塑艺术，既不能代替，亦不能照搬。在巴黎一个城市内就可看到各个时代的建筑及其雕塑的结合体。凡尔赛宫林荫大道的两排古典石像把宫殿衬托得极为华丽堂皇，使人想到当年皇室兴行宴会的穷奢极侈场面。它是协调的。但当你路过巴黎现代艺术馆正门，仰望那附着于建筑上的两面几百平方米大浮雕，同样感到很协调，使人连同建筑一起联想到巴黎已进入二十世纪。再到新巴黎德方斯一转，那里风格完全不一样：火柴盒式大厦结合那平台上的现代派雕塑亦很协调，显出一派现代节奏。彼此都各有千秋，欣赏者可以各适其适，好在能配套，有人喜欢新巴黎，但有人更喜欢旧巴黎。不管新与旧，它们都有好与坏之别，好的都能屹立在一角，默默地放射着艺术的光华，长效地陶冶人民性情，更杰出的可以

代表一个时代留下的文明的脚印。一个城市的成就，当然首先取决于它的经济基础，但一个城市的精神面貌，不仅是经济基础的反映，反过来又可以给经济基础以巨大的影响。凡世界闻名的城市，都是对两者重视的结果，不然就好景难长。室外雕塑是城市精神面貌的构成部分，是别种文化形式难以代替的。一个城市有无艺术品的建立，反映出它有无文化，正如一个家庭有无艺术品陈设，反映了主人的文化修养一样。往往一件广场雕塑可以反映出该城市的文化水平和文明程度，这种感觉在初到一个城市的时候是非常明显的。

二

以上的情况，是本世纪的事。但是恰恰在本世纪，我国雕塑艺术却逐渐衰落。我国古代的雕塑艺术和世界各国一样，是相当繁荣的。而西方从埃及、希腊、罗马、意大利到法兰西，各个时代的雕塑艺术都一直繁荣昌盛。只有当中世纪人民处在黑暗的神权统治下，以人为主体的雕塑艺术曾经一度衰落过，此外便是历久不衰。即使西方几千年来不断战争也不能扼杀它。因为战争带来的文化交流，填补了战争带来的破坏。罗马继承了希腊文化，把希腊的优秀铜像大量以大理石仿制，于是古希腊的雕刻艺术能保留到今天。十五世纪意大利接受了逃到本土的继承希腊文化的君士坦丁堡难民的影响，揭开了意大利文艺复兴的序幕，雕塑竟成了文艺复兴的主角。法国拿破仑东征西讨，从战败国里掠夺了大批艺术珍品，这些珍品被视为比其他财富更为珍贵的财富。因此这些雕塑艺术珍品随着战争的胜败，从这个国家流向那个国家，又从那个国家流向这个国家，新的、旧的、自己的、别人的，日积月累，一个城市里的雕塑就相当可观了。

我在罗马，每次出门，想见不到雕像是难事。一个公园里的雕像就比我国各地本世纪建起来的雕像总和还多。米兰大教堂就有一千来个等人大的石雕。罗马奥林匹克运动场更是气派非凡，环绕运动场的都是巨大的石雕和铜像，共有六十座以上，表现了强健的体魄，使人精神振奋。古罗马竞技场遗址上，第二三层走廊的每个廊柱间，都曾竖立过数百座石雕，可惜现在已毁坏了。梵蒂冈圣彼得大教堂广场上，贝尼尼设计的圆形列柱走廊的廊顶，就屹立了一百六十二座三米高的圣徒石雕。梵蒂冈宫殿就藏有一万二千件从埃及、希腊、罗马到意大利的雕塑名作，加上绘画珍品的展览路线就有七公里长。我所到过各地的著名公园，少者二三十座，多者七八十座，尤其是卢浮宫花园，从卢浮宫一直延伸到凯旋门，一个个的大小广场都有成批的石像林立。各个朝代都增添了当时的雕塑，构成了多样统一的风格。卢森堡公园亦是依赖雕塑而生辉著名，巴黎歌剧院除了以正门拥有卡尔波的“舞蹈”石雕而著名外，正门还有同等大的群像三座。剧院外围整整有三十座以上的单人铜像环绕一周。在门廊内竖立了十座八座杰出戏剧家的全身石雕，都倍于真人之大，长期以射灯照明，使我敬佩于法国戏剧界人才辈出。此外，各个休息室、楼梯旁都装饰有铜像、大理石像，使整个建筑物显得身价百倍。这些城市的每条街道、每个广场都有喷泉，喷泉上普遍以雕塑为主体。罗马著名的喷泉有诺翁娜喷泉（纳沃纳广场的四河喷泉）、三叉泉（特莱维喷泉），还有仙女喷泉等等。这些喷泉早已成为旅游胜地，吸引着来自世界各地的游客。我记得在一个滂沱大雨的晚上，我们跑到诺翁娜喷泉旁，那里早已站满打着雨伞的游客，正冒雨欣赏雕塑家贝尼尼的名作。他们来自世界各个角落，互不相识，但却有着共同的爱好，在倾盆大雨中，摄影机仍然灯光闪闪。我曾拍下这个场面，只可惜拍得不大清晰，难以制版介绍。

中国古代有“五步一楼，十步一阁”的形容。在西方这些城市亦可以说大有五步一石雕，十步一铜像的盛况。在罗马，雕像的数量并不比居民少。如果有一天，把全部雕刻搬走，我估计罗马就要顿然失色，罗马就不成其为罗马，罗马就不再是世界的旅游中心了。

三

我国古代长时期以来，室外和室内雕塑都是相当繁荣的。历史上留下的大量丰富的遗产可以证明这点。敦煌、云冈、龙门、大足、麦积山成为文化宝库，多少皇帝陵墓成为艺术的瑰宝。

还有千千万万寺、观、庙堂，数不尽的菩萨、佛像，服务性质随着事过境迁而消失，但它们却成为时代的矿石，闪烁着文化的光芒。

我国古代可以花几代人的精力去雕凿一座石窟。有些由皇帝亲自主管，自己死了，交给儿子，儿子死了交给孙子，工程可以延续几百年。因此这些为宗教服务的巨大石窟遍布中国的西北部。

我国封建统治阶级和外国的封建主一样，懂得利用雕塑这种形象化、普及化的艺术武器，为其政治需要制造强大的宗教气氛。统治者深深了解这种潜移默化的武器的威力，有时其作用是胜于文字和说教的，因此不惜工本大量兴建菩萨、三宝佛、四大金刚、五百罗汉。在广阔的祖国土地上，有哪一个大山没有庙宇？有哪一个庙宇没有菩萨？据说有些名山，其庙宇竟达过千座，其内陈设的四大金刚和五百罗汉则不可以数计了。这完全是当时统治者在精神上的一种强力统治手段，借用艺术功能以教化实则愚弄人民。

我国有几千年历史，手工业有极为发达的朝代，亦曾经有过长期稳定的经济生活。升平盛世，建筑上的雕龙画凤就风靡一时，瓦顶、门楣、屏风、檐口，甚至家具都用上雕塑以增华贵。广东潮汕地区一般民房的门口都以花纹石板作门框，以精雕细刻戏曲人物木雕作屋楣、屏风、神台，甚至家具。这些与建筑结合、与实用结合的雕塑艺术在我国是曾经有过广阔领域的。

四

但是，近百年来，偏偏在雕塑这一门艺术上，自从西方文化大量输入之后，却突然衰落。

这种状况，原因固然很多，但有一点很值得注意，就是与我国历代大型雕塑依存于封建神权有关。绝少大型雕塑能摆脱这种约束而能够诞生的。不像西方远在五百年前，在意大利就曾经历过一场反封建教会的文艺复兴运动。他们能够冲破宗教的法规束缚，借神来反映人，甚至直接反对神而歌颂自然，雕塑艺术在这场运动中立下了汗马功劳，深入人心，非宗教的雕塑艺术奠定了深厚的社会基础。因此室外雕塑纵然不为教会神权服务，亦不致找不到出路。另一方面西方远在十四世纪，在意大利一些城市，因为工商业经济的勃兴，确立了工业家、银行家、商人的统治地位。他们的见识远比旧式统治者——教会广阔得多。生活于新条件下的资产者，他们的人生观在当时是新的，他们的生活方式是新的，他们的艺术爱好也是新的，他们从古希腊文化寻求新的教养。众所周知希腊的雕塑是城市建设的主将，古希腊统治者伯里克利要雕塑家菲狄亚斯把雅典建成最美丽的城市，就是一个典型例子。因此雕塑艺术在西方能够蓬勃发展是有其渊源的。

我们的雕塑艺术完全依存于封建神权。近百年来的反封建反神权斗争，就波及依附于神庙的泥塑木雕的菩萨身上。听说我们父辈年青时就曾参与过砸烂庙宇菩萨的行动。我们传统习惯把木雕泥塑视作菩萨，把雕塑家造像视为造菩萨，即反封建就要反菩萨，于是就连雕塑视同偶像一起清除，对雕塑就敬鬼神而远之。从此雕塑艺术几乎顿然销声匿迹，只剩下几个新文化的勇士改辕易辙去接受西方雕塑的教育，雄心壮志想把西方的雕塑艺术移植到我们的国土来。本来这株源于生活的西方苗种是有生命力的，和西医及电影一样完全可以在我国的土地上茁壮成长。但是近百年来兵荒马乱，谁也没心思要在这株苗种上洒上一滴水，只有让它自生自灭。虽然也曾有过有识之士，曾呼吁拿起这个工具为我们新的时代服务，也曾零零星星建立过一些纪念性、装饰性的室外雕塑，也曾塑造过一些新人物的肖像，也曾从西方购买过一大批古希腊和古罗马大理石复制品放在公共场所，康有为曾为广东这样做过，也曾派遣过几个留学生出国学雕塑。但根本不成气候，并没有打下社会基础。

五

全国解放后，由于党和国家的重视，借鉴苏联，各地兴建了一些纪念地、纪念馆和革命历史博物馆，很自然地想到雕塑的鼓动作用。于是雕塑艺术有些苏醒迹象，进驻博物馆，形成了五十年代雕塑的唯一出路在室内的状况。但是博物馆的天地是有限的，另一方面我们雕塑系的学生却一批批地毕业，但是毕业后却派不上用场。此后美术学校的雕塑教师亦饱和了，学生却仍在一批批毕业，矛盾很大。

到六十年代，工艺扩大机构，雕塑又开始突围闯进工艺部门，形成了六十年代雕塑的出路寄望于工艺的状况。但是，室内小型雕塑的繁荣是要依存于人民的住宅条件。我国三十年来人口剧增，以广州为例，据

说每人平均居住面积不到三平方，没有摆设雕塑的空间。因此工艺小型雕塑在国内取得繁荣，实有待于人民生活大幅度好转才成。所以当时小型作品的出路是出口，因为艺术小品的发展与家庭生活条件的发展是同步的，大型艺术品的发展与公共场所的发展是同步的。尤其是立体占领空间的雕塑，它不像可以挂在墙上的绘画，更需要放置的条件。美术展览会对雕塑来说，只能起介绍作用，根本不是它的用武之地。其实三十年来参加美展的雕塑基本上全是半成品，作者无法找到经费把雕塑变成金属、木头、石头等悦目的材料，这种半成品等于拿白报纸画的国画稿去展览一样，完全失去他自身材料的美感。

另一方面有如上述，雕刻功能是慢性长效感染，配合固定环境创造气氛的，如果放在美术展览的角落里只和观众见一面便退场，真不是它的所长。创作一件雕塑要穷年累月，有时一辈子也弄不好几件，这么难产的艺术只准展览几天便作废，又要兴师动众搬回老家，还不知该放在什么地方收藏，多少作者就只好展览完后把自己的作品打碎。

总而言之，雕塑艺术单从室内小型摆设或从美展上找出路，终究不是办法。雕塑应该与城市建设、园林规划、公共场所美化、纪念地的点睛、旅游地的部署、大型宾馆的“造景”取得结合，才能相得益彰，才能发挥它的所长。

目前随着旅游业的发展，有些有识之士已在城建工作上开始注意到这种武器，并开始认识到它潜在的功能。不久前，我在一个旅游地选好一个山岗，利用山上的巨石稍事加工，仿上帝的手迹雕成各种动物象形，组成了一个几万平方米庞大的“象形石景”山，就取得了良好的效果。

我国是一个有悠久文化的国家，社会主义社会又是具备有利发展雕塑艺术的社会，我们是一个重视文化艺术的民族，我国有着可歌可泣的壮丽史绩和众多的杰出人物，需要以雕塑纪念过去并砥砺来者。在历史的长河里，我们这一代不能空白，要留下光辉的痕迹，持这种见解的有识之士将越来越多。五十年代雕塑艺术的出路曾寄希望于室内架上，六十年代则寄希望于工艺陈设，八十年代理应寄希望于广场室外！

（原载《美术》1981年第2期）

社会主义国家是城市雕塑的最佳土壤

我一直认为社会主义国家理应是城市雕塑的最佳土壤，比任何奴隶制、封建主义、资本主义国家更为适合发展城市雕塑，哪怕过去或现在这些国家在城市雕塑上，亦曾有过极度繁荣的时代，如我国汉唐时代，古埃及和西方的希腊、罗马时代。更不管意大利文艺复兴及西欧十七世纪各国宫廷雕塑如何繁荣，十八世纪资产阶级启蒙运动以来的雕塑如何兴旺，以及当今世界资本主义各国的城市雕塑如何千姿百态。但按国家政治经济体制的性质来说，社会主义国家的体制比任何时代、任何其他体制的国家更适合发展城市雕塑。

解放前夕我也曾天真地想象过，不久的将来，社会主义祖国的大地上，一定会树起数以千万计的雕塑像。虽然时至今日这理想远未实现，但我仍深信不疑，社会主义的新中国，城市雕塑终有一天会以空前未有的巨大规模出现在地球上。

一

建国三十多年了，本来在雕塑事业上理应出现一派欣欣向荣的景象，但实际上并不如此。我想，这与我国历史和传统有着深远而特殊的关系。我国大型雕塑曾有过兴旺的时期，但可惜只局限于宗教的圣地与帝王的陵墓，后来宗教衰落也就促成雕塑的衰落，使雕塑在文化上的功能始终没有机会得到展现。

雕塑本来是一种艺术，但在封建的王朝里，艺术不是以其自身社会功能来评定其贡献价值，而是收名定价于君主。而君主则以个人的偏见或偏爱来决定发展对象，以君主意志来规定士大夫艺人的身份等级及

其艺术倾向。这种封建时代养成的分类定级的方法，至今好像还是有一定影响。于是过去一向被排除在士大夫文化之外的雕塑，总也得不到重视。本来士大夫所排斥的有些往往可以转化成无产阶级文化的，正如马克思说“随着经济基础的变更，全部庞大的上层建筑也或慢或快地发生变革”，可是这种变革似乎太慢了一点，我认为这正是城市雕塑迟迟上不去的一个重要原因。

有人说，雕塑迟迟上不去只是因为经济困难。当然这也不无道理。一个时期中，政治路线及政策的不稳定，经济上不去，对城市雕塑人们连想也不敢想，这是事实，但这一事实不完全是雕塑萧条的全部原因。一部电影的经费就可以竖立很多雕像了，一座假石山的经费就等于一座雕像的造价。其实阻力是来自缺乏认识。

（一）正如刘开渠同志说过的，“是因为人们对雕塑艺术的职能不甚理解，或者不够重视”。国家文化水平上不去，我们本身对雕塑又缺乏宣传介绍，致使雕塑的潜在功能不易为人们体会到。国家经济水平上不去，从眼前功利出发视雕塑为亏本生意的亦不乏其人。认为大型雕塑既非属文，亦非属武，又非工非农，饥不可食，寒不可衣，风雨不可居住。既要花钱，又收不回门票；既不属任何个人收藏的玩物，亦不属哪个单位急需的建设。想管的没有钱，有钱的又不管，就这样挂起不管了。

（二）城市雕塑的建立，是要靠执政者扶持的。其实自古到今都是如此，千里马仍需有伯乐。没有执政者伯里克利的热心，就不会有菲狄亚斯的帕特农；没有教皇尤里乌斯二世的支持，就不会有米开朗基罗的一系列名作；没有武则天的脂粉钱，就产生不了龙门奉先寺石窟；没有列宁倡议的《纪念碑宣传法令》，就不会加速在短短六十年内竖立了超过万座的城市雕塑。要发展是要靠政府扶持，个人的力量是有限的，因为城市雕塑要占用国家土地，要比绘画更花财力及人力，如果没有执政的热心者支持，任何伟大的作品都只能胎死腹中诞生不出来。

（三）有人说：“雕塑在中国没有群众基础，是不急之务。”诚然，城市雕塑不属于任何个体群众所独占，只有靠着公共场所才能显露自身的力量，是需要建立后才能成为群众性艺术。人们生活在一个城市里，一生连见也未见过雕塑，从何培养出欣赏雕塑的念头呢？正如今天公认有群众基础的电影艺术，当年不是靠扶持宣传和引导了半个世纪才站起来的吗？任何事物总要靠一批热心者支持开一个头，才能有机会显示其生命力。虽然列宁亦曾称颂纪念碑艺术是一项“真正新的、伟大的共产主义艺术”，但是如果一种新生的艺术没有舆论的反复宣传推荐，各级政府的热心扶持，哪怕其本身富于群众性，也一样不能成为群众性艺术。

今天，中央和国务院的领导同志批准了美协关于在全国重点城市建立雕塑的建议，并且决定每年拨经费。我充分估计这是一个历史里程碑性的立法文件。这个文件可以加快克服上述各种阻力，而又加速城市雕塑的诞生与成长。我们期望已久的日子果真看到了一个开头，万事开头难，开了头就好办。

二

为什么我认为社会主义国家是城市雕塑的最佳土壤呢？

（一）社会主义事业，是以社会性、群众性为特征的。个人“宫殿”不会再有，但群众性的“宫殿”肯定会大规模诞生。势所必然兴建大量公共场所，如各种公园，各式绿化地带，大小体育中心、文化中心，城市中海、陆、空交通要道，如车站、地铁、桥梁、码头和广场，加上水库、旅游宾馆、建筑群平台等等。这些公共场所不仅只是要求容纳群众就算，而且必须要求美化，要求有文化熏陶，不仅是环境美，而且要在环境美中体现人民的灵魂美，才能体现社会主义精神文明。能达到这目的的装饰物，既要起美化作用，又要有意义；既要和建筑园林协调，又要经得起日晒雨淋；既要能远观，又要能近赏。能具备这些特点的艺术，雕塑与壁画是合适的。因为雕塑造型的空间立体性、材料的永久性、对社会的长效感染性，使其作用、功能与公共场所产生不可分割的整体关系。雕塑从来就爱跑向十字街头。因此，社会主义公共场所的兴起必然也带来大型雕塑的兴旺。

（二）我们的制度是公有制，公有制在民主与集中方面，在计划经济与统一意志方面，都远比私有制强：一切建设都从人民群众利益出发；一切建设能够全国一盘棋，有计划有步骤地进行；一切建设实施都

能把权力、人力、财力集中使用。私有制建设只能按个人需要出发，只有在自己有限的土地上为自己建造。而雕像往往是城市的花朵，甚或是城市的眼睛，更可能是一个城市、一个民族的文化象征，公有制的国家有权自由地选择在合适的城市和最合适的广场为国家为民族为人民的利益竖立最有代表性的雕像。虽然资本主义国家早已实行把雕塑纳入城建规划，但因为权力和财力、人力分散，其规模就会受到局限。

（三）高尔基说过："我们这个时代的英雄比起各时代、各民族的英雄来，都要崇高而伟大，我们的现实本身就是有纪念性的，它早应以大幅的画布，广泛地用形象来加以提炼。"我们社会主义国家，对于那些为人民作出贡献和牺牲的英雄人物，及其激动人心的英雄业绩，都比任何私有制国家有更深的怀念。人们希望能让他们的事业和形象与世长存，万古流芳，而要使这种纪念能具有形象性、永恒性、普及性、群众鼓动性的形式，雕塑艺术是非常合适的。过去在雕塑史上充满了帝王将相、神佛鬼怪、才子佳人，西方近代美术界为了摆脱艺术内容的日暮途穷，只有出走投奔，可惜却迷失在艺术形式的荒原里，连人类赖以交流思想感情的艺术使命也一同摆脱了。但是，社会主义的社会变革又揭开另一种新一代的形象：新的世界观，新的时代思潮，新一代的思想感情、生活态度、社会意识以及生活本身又提供了雕塑家广阔驰骋的天地。我们的艺术家得天独厚，处在这个新开拓的土地上，用以沟通人类思想感情的工具——艺术，又有作为了。尤其纪念性的广场雕塑，更是开心钥匙。远在1918年，列宁就发现了雕塑对这个新时代的作用，因此他在经济极度困难的时期，就建议并签署了《纪念碑宣传法令》，第一批就拟出了六十六座纪念碑名单，以命令形式颁布付诸实现。纪念性雕塑是通俗易懂的，不为语言文字限制；是有群众性的，不为空间场地限制；是有永恒性的，不为时间限制。它能把英雄形象与英雄业绩留在人间永世长存。

（四）每一个民族都应有自己各个时代的文化。中国的封建主义社会有封建主义的美术，中国的半封建半殖民地社会，亦有有其特征的美术。我们年轻的社会主义社会慢慢亦应建立自己的美术，这样才有别于过去宗教文化及士大夫文化，才有别于过去适应私有制发展的文化及商业文化。社会主义时代不会让我们长期沿用旧文化，更不会很久才树立我们自己的文化。而城市雕塑正因为过去在一个很长的历史阶段不受重视而一无所有，坏事正好化为好事，正好让我们无牵无挂在一匹白布上剪裁，加上本身又具备上述适应时代要求的特点，在建立社会主义文化的战线上，正好充当一名敢死的马前卒而不怕牺牲。

社会制度性质已决定了艺术前进的轨道。现在大治开始，城建百废待兴，时机成熟，正好投身。经过一代代的奋勇探索，我相信或迟或早终有一天，伟大的中国城市雕塑真正是以其空前的巨大规模及崭新的面目出现在地球上。

（原载《美术》1982年第12期）

民族风格的时代性与现代风格的民族性

——城市雕塑创作漫谈

城市雕塑正在全国范围内振兴，雕塑的出路越来越广，但雕塑的创作道路该怎样走下去才适合我们这个国家和这个时代，却是一个不可回避的课题。如果走得对，人民就会需要它；如果走得不对，人民也会唾弃它。好的城雕是一个国家文明的标志，不好的城雕却会丢失国家体面。好与不好的标准，除了技术水平之外，内容固然是决定因素，但形式与风格也不能等闲视之。我们是二十世纪八十年代的中国人，艺术也应具有二十世纪八十年代风格。因此在艺术上就要探索民族性和时代性的问题。

城市雕塑是城市的组成部分，社会性很强。雕塑一旦竖立，就离开母体为社会所有，不管母亲愿意不愿意，这个婴儿都是标志了这个城市、这个时代的精神文明甚至物质文明的面貌，也标志着当代人民的审美观念。因此城市雕塑理应首先是为本民族为当代人服务，然后经过社会检验及历史检验，其优秀的代表作才有可能为后代和全人类服务。艺术的欣赏者与创造者必须要达成默契，其价值才能体现，一厢情愿只是自作多情而已。作为创造者的艺术家和欣赏者的群众都生活在同一个民族空间及同一时代的时间里，他们的思想意识、审美习惯不能不受当时同一种社会条件的制约，这就是欣赏与创造达成默契的基础。因此，合乎国情的民族性就成为艺术赖以生存的基本条件。但遗憾的是，我们一提起作品的民族性就只能想到模仿过去民族的艺术形式。应该看到当今世界上所有民族都在不断发展，其艺术的民族性也在不断发展中，可能有些不平衡，也不能否认。当今地球上信息畅通，各自的民族都处于社会变革中，各个民族的特征都在瞬息演变。我国近百年的演变尤其迅速，从一个数千年的封建王朝发展成为今天的社会主义社会，人们的思想感情、生活方式、审美趣味，随着当代的社会节奏也发生了变化。因此，不能把过去的民族性全盘认为可成为今天的民族性，从而不承认有今天的民族风格。民族传统像一条愈流愈宽的长河，是奔流在一定的地域内的长河，它的水有来自源泉也有来自各方。“大海不择细流”，才会使河流永不枯竭。

要使我们的民族传统的长河越流越宽，汹涌澎湃永远不息，只能靠一代代人的开源，靠一代代的艺术家植根于当代人民中，尤其在现代生活的启示下不断创新补充。

我们不应保守，把复旧充当民族性；也不应忘祖，把洋化充当时代性。两者都同样会阻碍我们今天民族艺术的成长。

我们的城市雕塑所需要的就是民族风格的时代性或现代风格的民族性，这就不能不涉及到艺术的时代性了。因为它不应是与民族性分割开来的两件事，必须是融为一体的事。现在有一种错觉，一提起时代风格就只能想起西方那些现代艺术，只注意向西方现代艺术看齐，不考虑国情，不想植根于自己的土壤上，只想坐享其成把鲜花插在瓶中。明天鲜花凋残了，还抱怨曲高和寡。其实各国艺术几千年都和它们整个民族同步前进，离不开它们自身的土壤。我们也一样，我国的艺术也和我们整个民族同步前进，很自然逐渐形成中国时代特色的艺术，哪怕非常幼稚，或不成熟，但已不是姓“古”，也不是姓“洋”，而是姓“中”的富有时代色彩的艺术了。可贵之处在于这个艺术是植根于我们民族正在变革的现代社会生活的土壤中，具有民族的时空因素，亦步亦趋与社会发展同步。哪怕是初生的婴儿，但委实是艺术家在这个革命时代怀胎受孕而诞生的。希望我们的婴儿以自己的血液健康地长大成人，并不需要另换一人。

富有时代精神和时代风格的民族艺术的成长，不是一朝一夕的事。行百里半九十，再发展臻于完善就非要付出很大的代价不可。坐享其成只接受遗产，或只对别人巧取豪夺，都是不实际的。只有投入中国的现代生活中，一点一滴地积累，一步一步地探索，搞出一批批作品，反复

比较，才能知己知彼，以自己为基础吸收中外古今艺术之长，弃中外古今艺术之短。一代一代不懈地努力，自然会在艺术上形成现代的民族的风格。

（原载《人民日报》1984年5月9日）

雕塑进入新时期

我曾经反复谈过这样一个观点——社会主义国家是城市雕塑的最佳土壤。古罗马时期和文艺复兴时期的艺术巨匠曾留给后代无数令人惊叹的雕塑艺术珍品，当今资本主义国家的城市雕塑也呈现出令人眼花缭乱的繁盛面貌，但是，社会制度的性质决定了艺术前进的轨道，社会主义中国有更为充分的理由和更加适宜的条件去迎接比以往任何时代更辉煌的雕塑艺术的春天。春回大地了，雕塑艺术将有大发展，过去时机未到，今天该是时机成熟了，但是，被束缚的时间过长，习惯了，松绑了也可能不敢动弹。雕塑便是这样，有些人主观上仍是那么自卑，仍是那么没有自信，仍是囿于今人不如古人、我们不如洋人的习见。

我曾经站在米开朗基罗充满了巨人力量的作品前，感到战栗，自惭形秽；我也曾驻足在贝尼尼和罗丹遗留下来的艺术瑰宝面前，一次又一次地赞叹雕塑艺术永久的魅力。雕塑有巨大作用，甚至可以有无与伦比的作用。成功的城市雕塑，是时代的印记，是文明的标志，是城市上空的光环。时间的脚步已跨越了不同的朝代，皇权的尊严可以荡然无存，宗教的权威可以泯灭，产业主的财富可以消失，用石头和青铜写成的人类文明史却仍放射着艺术的光华。但是，崇拜前辈大师的天才造诣，并不意味着后来的艺术家只能永远匍匐在他们的脚下。艺术的长流永远不会停滞，那是一代代艺术家接力赛式不懈开拓的结果。我们曾到国外实地考察了大量雕塑作品，成千上万的作品中，出类拔萃者到底只是少数，百代能有几人呢？凡是到过国外去的同行归来都有同感，都不约而同对中国雕塑和油画的前途充满了信心，不再相信什么“油画和雕塑出不了国”“油画、雕塑在国内没有群众基础”这类奇谈怪论。过去之所

以打不开局面，原因是很多的，主要的是习惯势力很大，自信心不足，致使这些作品“养在深阁人未识”。我相信随着我们国家的进一步繁荣富强，随着物质经济基础的不断巩固发展，随着我们国际文化交流的日益增加，闪烁着时代精神光芒的中国雕塑一定会深受国内外群众的喜爱，一定会立足于世界艺术之林而无逊色。雕塑艺术的振兴和发展，是时代的要求，只不过以前找不到催生的产婆，以致如此难产而已。现代人类社会的文明，雕塑是其中不可或缺的部分。社会需要雕塑，现代化的中国城市呼唤着雕塑艺术，这一点通过几年的了解和实践，我们是越来越明确了，关键是要排除阻力，争取各方的支持。阻力往往是来自认识，有时宁可暂时放下雕塑刀，花一点精力先去排除那些因为对雕塑缺乏了解而产生的阻力。

广东以前虽拥有一支受过专业教育的几十人的雕塑创作队伍，但主要从事教学、社会文化、民间工艺等工作。三中全会后，春满大地，经济好转，城建复苏，有些领导同志注意到爱国主义教育、精神文明建设等问题。他们都想办点有益于人民的事，乐于拓荒，恢复了创业精神的优良传统。1978年市委决定重建广州解放纪念石像，人们对城市雕塑又恢复了认识，我们正为这局面而欣喜。但是如果要实现雕塑走出户外的理想，仅仅着眼大型纪念像还是不实际的，还必须弄一些中小型雕塑广泛放置于一些有影响的地方才好。但过去很少这样做，公园大工厂都习惯堆假山，宾馆都习惯中国画《迎客松》，雕塑还未被认识。但我们认为，要千方百计借一足之地迈出第一步，把做小品的项目改为户外大的园林雕塑。比如我们在承担中山县温泉宾馆的雕塑时，并不追加预算，这样我们就有了第一批户外雕塑，它们很自然的成为宾馆游览观光的焦点和拍照留念最好的场合，便打开了局面。现在这个宾馆已增加了一批园林雕塑订货。旅游业与雕塑结下缘分，每建宾馆，首先想到要搞雕塑。我们已相继在珠海、深圳、广州、番禺、韶关、湛江、汕头、惠州、佛山、海口等城市竖立了一百件以上的室外雕塑，建在海上、山岗上、悬崖上、广场上、喷泉中、建筑上、园庭上、草地上。材料多样，有的大至一千四百平方米，亦有小至喷泉中的动物雕塑，各适其适，不拘一格。

珠海市1979年搞“无烟工厂”——旅游业，请我们去当“美容师”。还有一座山头，乱石纵横，广州美术学院雕塑系的教师轮流去指导石工，在顽石上加工为22座石雕，纯粹以巧干取胜，只雇请了两个石工，花了很少的钱。现在珠海独有特色的石景山，已吸引了源源不绝的游客，声名鹊起。外商选择了该地投资建宾馆、商场、游乐中心，接二连三盖起很多宾馆，昔日无人烟的野岭，已是灯红酒绿的繁华地区了。

从此，珠海市党政领导热爱雕塑，深深认识雕塑的社会作用，经常召开会议和雕塑家共同研讨规划，此后相继建成了海上九米的花岗石雕《珠海渔女》等。市委还同意在烈士陵园的山岗上辟山成壁，创作了一幅长四十六米的《珠海史传》浮雕。还有《西游记》石雕，等等。如果把雕塑喻为千里马的话，地方领导就应该是伯乐，胸怀远志有见识的领导很重要。以我们的工作去争取社会的支持，也是很重要的。深圳市委领导多次召开会议和雕塑家一起研讨城建规划，把雕塑纳入城建规划之中。1982年市委制定特区二十年的雕塑规划及第一期项目，成立了由市长领导的城雕领导小组，各种事前工作已就绪，现正密切注意配合整个城建进度发展雕塑。

共青团广州市委作出决定，组织全市青少年开展热爱羊城、美化羊城、兴建城市雕塑的活动，这办法也是可行的。

至于大型工厂搞好美化环境，每年有一笔经费，雕塑家应该上门去宣传。历史已进入一个新的时期，只要全国雕塑家上下一致，更以百倍的干劲去工作，一定会迎接来美好的明天。

（原载《美术》1984年第7期）

对上海浦东开发区雕塑方面的建议

——在上海城市雕塑国际研讨会上的讲话

上海地域大，公共艺术设施应有重点，与其分散不如集中，建议集中先建立一个点和一个面以后才分期分批完成。“点”可设在未来国际村浦东中央公园一带，规模应在百米以上的标志性雕塑。

今天地球缩小了，国际往来频繁得很，人们好像走在一条商业大街上，一个商店没有独特的门面，很难引人注意，很难显示自己的存在。一个城市经济基础上去了，人的素质提高了，但没有特征，仍是欠缺什么似的，因此城市硬件形象扮演着重要的角色，这样巨型雕塑可能会帮到一臂之力。

一个城市要树立一个属于自己的独一无二的形象，能够在若干年后都难以取代的形象，单用纯粹功能性建筑可能不够。世界历史上有不少先例，要树立一些标志性的公共艺术，就能起到意想不到的社会效应，大如巴黎铁塔、美国自由神，小如丹麦美人鱼、新加坡狮头鱼，都给世界游客留下难忘的印象，甚至在历史上留下不可抹掉的印记。

但是树立什么形象，又是一个值得思考的事。

形象要永恒吗？抑或要新鲜时髦？但新鲜与永恒往往又是对立的，新鲜不一定永恒，永恒不一定新鲜。人类可能由于事情太多，新陈代谢太快，生活节奏远比过去快，于是一切审美观都转向好奇、特别、新鲜，甚至连感情生活习惯也在演变，所以才出现了什么“但求曾经拥有，不在乎天长地久”这一类价值观。所以形象的永恒又要有新思考及突破，老一套的形象难以生存。

我曾在广州思考过一个问题：广州地理环境靠近海岸线上，珠江的河虾不能生存于海洋上，太平洋的海虾更不能生存于珠江流域，不知什么时候，繁衍出大量非海虾亦非河虾的虾，土名叫基围虾，它适应性很强，海水涨时它适应咸水，河水满时它又适应淡水。它不是一朝一夕形成的，几经潮涨潮落才能形成这独一无二的珠江三角洲个性。我想沿海地带的公共艺术可以借鉴。

以下谈谈有关建立开放式雕塑公园的建议。

从经济观点来看，我想一个城市居民，最重要是经济基础好，又能安居乐业，至于艺术确是饥不可食、寒不能穿的无形物体，不能对一个城市经济起到直接作用，但可以帮忙的，就是改造投资环境，有几个例。

一、广东珠海市，刚成立特区时只是一个小小的渔村，人口稀疏，三四层高的建筑全无，荒凉得很。要制造好一个投资环境，引导投资，我选了一个从澳门到渔村途中的海面上，竖立了一个海上雕塑，叫《珠海渔女》，高十米，不算火。但不久就在这荒凉之地的周围吸引了国内外客户到这里投资建房，两三年后，这一片都繁盛起来，新兴成一个小城市了。因此，我提出的“先立雕塑后有城市”的可能性被证实了。

二、去年我们在广州市内有了一个广州雕塑公园，一年建成后附近的新建楼房房价涨了一倍。有时，公共艺术确实可以改善环境，提高档次，增加物业的经济价值。我曾思考过这个问题，为什么雕塑会起到这个作用呢，是偶然抑或是必然？我想一个城市美化、绿化固然重要，但仅仅美化而无文化，仍是不成的。

好像一个人一样，只美化而无文化，日久很难有共同语言，文化是会反映到人的气质上、风度上，潜移默化，而形成内在的美。而雕塑又是文化软件中的硬件，无形中的有形，可以直接透露一个城市的文化水平，反映出这个城市的思想境界及档次，创造气氛。因为公共艺术是最易接近群众，随时随地默默地放射出它的气质和风采。

所以我建议选择一个群众多去的地方，比如东方明珠附近或滨江大道一带开拓一个类似雕塑公园的广场绿地，广泛征集国内外的公共艺术品，风格多样不拘一格，不必太计较对环境的装饰作用。它本身应体现多姿多彩的艺术文化，有相对独立性，显示上海那种大海不择细流的胸怀，博采众长，是文化的荟萃，不是点缀。关于雕塑与环境关系我有

一个看法，比如城市环境是现代的，并不一定雕塑也要现代；建筑群是抽象的，亦并不一定雕塑也要抽象；相反建筑群是古典的，雕塑亦不一定要古典。因为万物都好像我们的太极图那样循环不息，起点到终点永远无极地循环靠近。我曾思考过一个问题，为什么清末民初的艺术风格不如汉唐的艺术风格那么接近现代？似乎愈原始愈接近现代，为什么同性的统一不如异性的对立统一更富魅力？为什么蒸咸鱼不加酱油反要加糖？这说明了对立的统一更富魅力。

作为艺术来说，是无法被任何人制定的必然规范所限制，它是基于人类生活形态的演变，逐步形成的一种公共性事业，受着社会的约制，因此从来公共艺术的定位，都永远因时、因地、因人而变迁。什么叫中国特色，什么叫现代特色，都不可能一成不变从古到今。它不是一个形式技术性问题，而是一个观念演变的课题，有什么存在就决定什么意识，当然意识的演变反过来改变了存在，这都取决于此时此地大众的自觉及接受能力。以上只是我个人思考的问题而已。

（原载《美术学报》1998年第1期）

略谈艺术的民族性与国际化

我是中国的雕塑家，十分荣幸有机会和来自世界近一百多个国家的艺术家一起，共同探讨雕塑在全球文化发展的情况和各个民族对雕塑未来发展的看法。

过去漫长的几个世纪，我们雕塑界彼此很少往来。今天能在这里欢聚一堂，这意味着新的二十一世纪开始，全世界的雕塑界都有愿望走向平等发展的大道。终于迎来全球艺术水涨船高的未来，能够共同辉煌的新时代到来了。

我想来想去，仍是谈谈民族性与国际化这个话题。因为难得和这么多民族的艺术家一起，又难得交换意见同在一天。

我从事艺术以来，一直遇到两个比较大的现实难题，可能这两个难题古代不一定有，外界亦不一定有，只有成长在二十世纪中国的艺术家才有这种机会。尤其户外大型雕塑，整天放在公共场所受社会检验，整天受各色人种及各阶层人士检验，社会性很强，作品风格受时代和民族的时空限制很大，艺术家与社会要达到默契，不像过去艺术家那样能远离尘世。在这种限制下，艺术怎样保存生命力生存下去是一个雕塑未来发展的大事，等于佛教面临出世入世两个方面的争论一样。因为中国文化历史悠久，传统的影响深远，但近百年，随着战争，突然门户大开，引进了西方各式各样的文化，“继往”与“开来”两个方向碰撞得很厉害，于是就冒出了民族性与国际性的问题了。在碰撞中是碰出光辉的火花呢？亦是碰得遍体鳞伤？则言之过早，且看下回分解了。

记得几年前，我和在座的约翰·扬先生谈过类似的事，我举了一个例子，我们面向社会，从事艺术好像在繁荣的马路上骑自行车一样，一

不小心便被抛出车外。只能把持自行车的方向盘，该左就左、该右就右才能向前跑。左右方向盘就是两边把手。一边是政治，另一边是艺术；一边是共性，另一边是个性；一边是未来，另一边是今天。能保持平衡才能前进。不然的话，如果只向一边转，虽然貌似前进，其实老是团团转。想保存民族性，则往往会走回头路复古把古老落后当民族性；如果想追求时代性的话，则又往往失去了自己民族当代的时代面目，变成喧哗一时的时髦造秀。两者都架空了现实社会，一样不食人间烟火。

我们这一代人因为过去国穷志短，在艺术上所谓“与世界接轨”，往往不由自主是以军事强国或经济强国所灌输的价值观作为时代风格的最高标准，不是顺其自然服从天时、地利、人和的一种艺术表现手段；更不是标志特定的民族和特定时代精神面貌的表现。作为艺术家和欣赏者其实都生活于同一民族空间和同一时代的时空里，我们的思想意识、审美习惯不可能不受当时同一种社会所影响，因此符合国情的民族性就成为艺术赖以生存的基本条件。但民族文化不是一成不变，不可避免每个历史阶段都会与时俱进，都受外来影响而向前推进。

好像一条河流，为什么有些愈流愈宽，而有些又愈流愈窄呢？古人说过一句话：“大海不择细流。”如果拒绝合流，哪怕源远流长的大江肯定都会有一日干枯。问题是些什么样的细流融入，因为每个民族的文化都有正邪两个方面，都有生命力盛与衰两个档次，问题是吸纳哪个方面则要见仁见智了。在输出文化方面，每个国家都有不同目的：有的把健康的文化输出，以期水涨船高共同繁荣；相反，有的却故意把垃圾输出，把他国作为垃圾场，以期达到水落石出，他们可以独霸全球。因此，时代风格不能不随时随地注意民族性，民族风格亦不能不随时注意时代性。话说回来，民族性与国际化是对立亦是统一。用得不好，是全球艺术衰落的开始；用得好，是全球艺术走向光辉未来的开始。

（原载《共铸辉煌：2003中国长春国际雕塑大会主题论坛论文集》）

《艰苦岁月》创作余得

在共产党领导下的中国革命史，是一部旷古未有的充满革命浪漫色彩的壮丽史诗，可歌可泣的事迹说不尽，画不完，恨不得把岁月拉慢一些，让我们尽情地歌颂她；恨不得把自己各方面的修养提高得快一些，让我们更真实更生动地表现她。

几年来，党给了我不少创作机会，使我如愿以偿地投身到历史画的创作里。现在结合《艰苦岁月》的创作经过来说一些体会。

一

创作一件作品很难明确地说出它的酝酿过程。从创作的直接起因来说，有时是因为从理性上认识到某一主题值得表现，然后才开始寻求具体的题材；有时却为生活中某一现象所激动，然后才开始研究如何突出主题。但不论起因是怎样，创作的出发点总是离不开自己有些情感要吐露或有些意见要表白。

1956年，我应约画一幅关于琼崖斗争的油画，开始接触海南游击队的历史。在这过程中，唤起了我自童年以来一直萦回在脑中的红军的形象（也许是来自过去对长征的一点风闻，也许是来自童年时候从《苏联见闻录》里得来一点对社会主义社会的憧憬），形成了一种对红军精神的概念：充满信念和意志力、坚毅不屈的性格。这是长期以来为我所敬仰的，和我一个时期在创作上非常热爱的基本主题思想之一。但在解放前，我只能根据自己小资产阶级的思想意识，以小资产阶级的思想感情为描写对象，不脱表现个人奋斗和为个人而奋斗的“有志者事竟成”“安贫乐道”之类。解放后，现实生活里大量涌现为共产主义而奋斗的

英雄人物，在自己的周围就有不少带有这种性格的革命者；在土改中，在农村、工厂工作中，我就接触到不少这种艰苦奋斗不怕困难、锲而不舍而又满怀革命理想的干部。现实生活提高了我的认识：革命者的能够坚毅不屈，是为了全人类的幸福未来；教给我辨别革命的乐观主义和非革命的乐观主义之分，也教给我革命者安贫乐道与非革命者的安贫乐道的不同。我想按这一个新的领悟来表现我们的革命者。同时，我觉得把表现革命者的信念、意志力作为历史画创作的追求目的和“魂”，使它既能体现历史的真实，而且突破止于历史事实记录的范围，而予人民以精神的鼓舞。

我们广东人把六神无主、答非所问的人叫作失魂，又把一些终日无聊的人叫作无主孤魂。人的行动必须有思想感情来指挥，人的思想感情也必须通过躯体的行动来表现。在创作上也一样，存在作者心中虚无缥缈的思想感情及抽象的主题思想，也同样需要寻找一个恰当的题材来体现。当时我虽然找到了创作主题，但来来去去在我脑里所出现的具体形象只是一些横眉怒目、所谓“坚毅不屈”的形象。后来我知道并不是这种形象特别感动了我，而是由于我没有别的形象能代替它，就只能从概念出发来代替对生活的观察。没有丰富的生活基础和没有对事物的正确的认识和理解，就不能在生活中发现具体题材，作者的意图仍如无主之孤魂，无处落实。

我学习毛主席著作时，在《论联合政府》里读到一段话，给我印象很深。他在谈到国民党反动派叛卖大革命，屠杀共产党人和中国人民时说：“但是，中国共产党和中国人民并没有被吓倒，被征服，被杀绝。他们从地下爬起来，揩干净身上的血迹，掩埋好同伴的尸首，他们又继续战斗了。”我看后，脑里突然一亮。同时，我又看了一些有关广州公社的史料，感到广州起义虽然失败了，大部分革命者虽然牺牲了，但烈士的鲜血没有白流，一个人倒下去，更多的人站起来，经过志士前仆后继的革命斗争，才有了今天。我就根据这一闪而过的印象，创作了雕塑《前仆后继》，以一个战士从另一负重伤的同志手中接过红旗来象征前仆与后继。过了一个时期，我感到这样表现不怎么耐人寻味，领导同志和同志们亦对我提了一些很有启发性的意见。我感到雕塑应该有雕塑的语言，主题的鲜明性应该与题材的复杂性和形象的具体性结合的重要意义。当时我的创作方法则不是用消化渗透的结合，而是用直接外加的办法，就是从书本里找到了正确的主题后就简单地配上动作。

经过这一着，我对历史的本质认识比以前大为明亮了，对主题的认识随之也深化了一步；但从依据历史题材进行创作的角度来要求，还需要不断的探索。创作历史画，不仅把历史学家对于历史所做的结论说出来就算，还该进一步把结论化在具体的历史事件及历史人物的相互关系中，从历史的本质出发，表现某个一定的现象，让观众从这一现象的描写中（或综合性形象的描写中）去认识历史，自己去下结论，即把作者的观点通过形象打入观众的脏腑中，再在那里开花结果。

我又重新开始寻求这附“魂”之“体”。

三

有些人坐井观天不知天地之大，我在开始搜集历史素材的时候，也是不知历史的丰富多彩，在没有直接的生活经验的条件下，又满足于只注意历史的片断，认为片断就能代表全面。如果在观察时不是全面，那么表现出来的东西也不可能是全面的。而作为艺术作品，虽然是描写历史片断却应该是概括全面的。

接受了表现海南游击队的创作任务时，我只简略地翻翻海南岛革命根据地的历史，只着眼在海南岛游击队的事迹上，没有好好和整个中国革命历史形势联系起来研究，匆匆忙忙根据记载列出海南游击队的一些历史环节的清单，像游击队建立时召开大会、誓师抗日大会、黎族劳动人民参队、撤退母瑞山、海南解放等等，并很快就选上了海南解放胜利会师这一环节，认为其他的都不能全面典型地反映海南游击队的面貌。这里，我错把描写的对象代替了反映的对象，把事件外部联系的典型性代替了事件内部联系的典型性，因而把其他的环节都视为局部事件而摒诸脑后。可幸到了老根据地后接触了更多的记载材料，访问了当日的游击队员，听了更多的生动传说。三十年历史太丰富太生动了，我往往为一些事迹而激动得热泪盈眶，回头来看看自己的草图却平淡苍白。这时我体会选题不宜太主观急躁，不应对历史只看了一眼就急于动手，多看

几眼，可以帮助自己更全面洞察事件的内部联系，才便于在具体、局部事件的描写中得到概括的基础。

在收集了大量材料后又出现一种新情况，就是跑进材料堆里却跑不出来，为这些生动具体的材料迷住了，脑里尽是些游击队打日本鬼子打得如何巧妙，被包围时如何艰苦如何饥寒交迫等等，把原先鲜明的“表现不怕困难的革命乐观主义精神”的主题也忘掉了，钻到一些具体的事件上去。这时我记起画论中说的画画要“入法出法”的道理，用于对待材料也是一样。不仅要用最大的努力搜集材料，而且要用最大的勇气推开材料，就是说要跑过去细看，也要跳出来全看。这样才能抓着鲜明突出的一点，才能使局部服从整体，题材的复杂性才能与主题的鲜明性统一结合。经过一段研究后，构思开始落实在海南游击队退守母瑞山一段。在这场战斗中，我们牺牲很重，被困后仅存25人（一说23人），食的是野果野菜，穿的是树叶树皮，过着原始人的生活，坚持了一年。这一段最激动我了，但要表现它，我是有顾虑的：怕我所描写的对象不是游击队的主面，怕别人指责我为什么看不到胜利的一面，而偏看到失败的一面。后来得到领导的鼓舞与支持，我才有信心在这方面探索表现的途径。从《星星之火，可以燎原》这篇文章中得了很大的力量：革命的低潮是吓不倒真正的革命者的。毛主席教导我们“看事情必须看它的实质，而把它的现象只看作入门的向导，一进了门就要抓住它的实质，这才是可靠的科学的分析方法。”描写低潮只要不停止在反映低潮就不是歪曲历史了。而且我认为看成败不是单看处境上，而是看人的精神实质；看一件作品所反映的是否正确，亦不是完全决定在描写的取材上，而更主要的是决定在所反映的主题上。有时虽然同样描写一件事，但由于作者所抱的主题思想不同，则两件作品所吐露的思想感情就各异了。当然无可否认，不是什么题材都可以反映重大主题；但题材与主题又是有不可分割的联系，因为作品不单是告诉人有这么一回事就算，而更主要的是要给人以精神意识上的影响。

当时我访问了25人中仅存的冯白驹将军，并请他一一介绍了其他各人的性格特征。这样一来我脑中不单有这么一回事，而且有这么一些人了，不单知道这25个坚强不屈的人的共性，而且也知道这25人各自不同的个性。有了这些，我脑筋就活了，不再在那些历史事件细节的真与假上兜圈子，而是以人的性格为中心去安排他们可能发生、或应该发生的事，而不管历史上有无这些细节（事实上亦无案可查）。最初我还较老实地根据实况在油画中描写25个人在森林里，又突出描写领导人在一夜风雨后的春晨，在战士饥寒交迫疲累得熟睡的背景下，独个儿对着树上长出的嫩芽及重织旧网的蜘蛛若有所悟的情景。我自以为很有诗意，能烘托出当时转向生机的思想变化。其实是把革命者的始终一贯的坚强性表现成一种偶然性，而且忽略了在这样革命受挫折的情势下整个的革命人民的精神面貌。于是我的构思又转向另一面。根据材料，了解当时25人中有一位领导同志很喜欢讲故事、爱说笑，我想，在那种环境里仍谈笑自若实不简单。这位人物的性格提供了我构思的线索，这样慢慢由讲故事虚构成吹箫，二十多人变成两个人，由油画改成雕塑，完成了《艰苦岁月》。

四

有时我听别人讲话只三言两语便道出真理，很易入脑；同样看到别人的创作能用简洁的艺术语言，传达出深刻鲜明的思想，我也感到很钦羡。其实艺术语言比生活语言更应该简洁，因为艺术的描写只能从一点来反映全面，而生活的全面却是从无数点组合而成，生活的本质特征不会安排得妥妥善善只集中表现在某一个别的事件中，而是同时分散表现在多种事件中；而事件又是一件扣一件，如仅抽出一件来如实描写，很难包罗本质，万一所描写的事件又是不能全面反映本质的话，则会把作品变成某一事件细节的插图了。因此对雕塑来说，更需要提炼，作更为突出的表现，更集中，更为典型，才能唤起观众注意，易使群众识别本质。海南游击队被困母瑞山，就史实来说，25位同志骨瘦如柴、身无寸布、挂树叶披树皮，初时我画的一幅略图中就是这样描写这一群人在饥寒交迫下听故事，但可惜表现在画里却像神农在谈采药。后来我体会不能这样死扣历史细节的真实，当然也不应该违背历史本质的真实，只要在不超过历史容许的条件下，是可以根据人物性格进行虚构，重新组织安排的。于是我把人物从25人缩减到五六人，直至两人，把人物穿上

红军衣服，把较有形象特点的吹箫情节代替了像无声电影般的讲故事的动作，因为吹箫较能把牧童出身的小鬼的思想活动引向更宽的范围。及后又感到这样处理，油画比不上雕塑那么强烈，用雕塑可以更鲜明地突出主体，不为背景冲淡，于是又在雕塑构图上推敲了一个时期。根据雕塑的特点也曾尝试让他们穿得完整一些，人物较为饱满一些，使体积感的完整性强一些，但这样一来，就把苦与乐的对立面及环境气氛调子都一齐冲淡了，变成另一种与主题不适应的抒情典雅的情调，因而感染力顿失。我们广东人做菜很讲究各式味道，煎、炒、焖、炸各种做法都是适应各种清、浓、爽、滑的口味，他们把每一种做法都突出追求一种味道，因此我也学习把自己未来作品的基本“味道”划定一个范围，如在内容方面是苦中见乐，在形式感方面是柔中见刚，以此来作为探索方向。但由于时间与修养水平的限制，我结果没有做到进一步的探求。

至于形象方面的刻画，我除了以海南岛人的地方特点为依据外，着重加强老少之间饱经风霜与青春可爱的对比，苦与乐、灵与肉的对比。当年母瑞山的25位同志，都是二三十岁上下的青年，我适当拉长了年龄的距离，并以一位区委书记的形象为根据，塑造老战士身经百战的苍鹰般雄劲的形体，表现他对艰苦甘之如饴的革命精神，使他对小鬼具有极大的影响力量。至于小鬼，我初时只强调他肉体疲累一面，后来在《星星之火，可以燎原》中读到描写革命高潮就快要到来时说的话：“……它是立于高山之巅远看东方已见光芒四射喷薄欲出的一轮朝日……”不知怎的，在眼前展示了一幅壮丽图景，于是把这种情绪灌注到小鬼身上，加强他对未来幸福的憧憬，希望也能感染观众共有向往理想的未来的感情。

（原载《美术》1961年第2期）

和平雕像的创作

和平，是全世界人民的共同心愿。我们能有机会用雕塑艺术为世界和平，为中日友好做一点工作，深感光荣和责任重大。

1984年4月，我们为创作和平雕像曾去日本长崎市和平公园考察。这个公园是长崎市建立的“世界和平象征区”。四十年前，这里是美国投到日本的第二颗原子弹的爆炸中心，受害者达十几万人。今日这里芳草如茵，游人云集，各国送来的和平雕像伫立于绿树丛中，到处充满着友谊与和平的气氛。

和平雕像的创作，通过多次反复推敲，我们先后设计了四十多种草稿。在否定、肯定、逐步发展的过程中，逐渐明确了这样一个创作思路：正义、人心向背是一种巨大的力量，只有人们憧憬未来，追求光明，热爱真善美，才能自觉地珍惜和平，维护和平。沿着这条思路，完成了这座雕像的构思。我们决定雕刻一个美丽、善良、抚爱着和平鸽的当代中国少女。她是美的化身，是我们心目中的“和平女神”。我们希望她能用艺术的力量，引起人们的共鸣，使人们珍惜她，维护她。这就是我们的创作意图。

在创作过程中，胡耀邦同志亲笔为雕像题写了“和平”两个大字，并审定了用赵朴初的诗句：“百折千回心不退”作迎首章。这些画龙点睛之笔，使雕像的和平主题更加鲜明，意义更为深远。

少女轻展双臂的姿态，引起了不少人的兴趣。我们经过反复考虑设计的这个动作，为的是刻画这位当代中国少女优雅自然、娴静安详、白璧无瑕、玉洁冰清的精神气质。最近，赵朴初看到和平雕像的照片时说：少女舒展双臂的姿态，佛家叫作“施无畏手印”。施，就是给予。

“无畏方能施无畏”，她自己一派和平，无所畏惧，她也把这种无畏给予了每一个人。我们吟咏着赵朴初的诗句：“……百折千回心不退，无畏方能施无畏，伏虎降龙是大雄，保卫和平此为最。”深感他从另一个角度为和平雕像作了很好的注释。

和平雕像经过初稿创作、泥塑放大、石刻等阶段，终于完成了。我们的“和平女神”在日本受到人们的欢迎，人们将她誉为“长驻长崎的和平使者”。我们希望她永远为世界和平，为中日两国人民世世代代友好下去作出贡献。

（潘鹤与王克庆、郭其祥、程允贤合写，
原载《人民日报》1985年7月19日）

漫谈水彩速写

《美术丛刊》选了我几幅水彩速写，并要我写几句话，我不知能说些什么。虽然不能说我不是画水彩，但到底我是属于雕塑专业的人了，在雕塑之余要我挥几笔是可以的，但要我谈谈经验、见解，我却实在谈不出道道来，因此只能写几句关于刊登在这里的几幅水彩写生的经过，作为文章。

我从小就爱画水彩，一贪图方便，二爱它明快清新，三喜欢它记录感受快。解放前，时时郑重其事，拿着一开四甚至一开二的水彩纸到十字街头、贫民窟画街景，画得不少。解放后，觉得这样做有点引人注目，不大方便，于是从一开四改为一开八，最后索性改为一开十六。画这种小水彩不知不觉已二三十年了，日积月累，不知不觉废画亦盈箱满箧了。今年初上海人民美术出版社选了二十幅试印成册，朋友们才知道我也画水彩。有人问为什么不画大幅却画小幅，很感奇怪，在我来说，主要只想到自己携带方便，没想到别人喜欢不喜欢，更没有考虑适不适合展览。方便在于能把纸、笔、色、调色盒、水盂统统都可以放在衣服的口袋里。在出差、旅行、下乡的全过程里可以工具不离袋。瞬息万变的景色随时能遇到，遇到可以立刻乘兴去点染，乘感觉仍新鲜、情绪未消失之前就可以把景色所给了自己的感受迅速捕捉下来，这种机会常常是能遇而不易找的。画这些小品，只不过用来寄托一些情绪，当时遣兴，日后留下一些美好的回忆而已，别无他求。

这里刊登的，其中有两幅是在渔港画的。《归帆泊岸》一画，当时我在晚饭后散步在海边，金色的夕阳很吸引我，岸边刚有一群渔民围着朝出晚归的渔船分配家用鱼，很有些生活气息。这时刻的阳光变化最快，光影每分钟在移动，我只能用非常迅速的笔触，手也不停地把它捕捉下来。当然把多余的人物省略了以适应构图。

另一幅亦是在渔港画的。当时我正赶回住地吃晚饭，经过村口，炊烟四起，诗意撩人。如果吃完饭来画已迟了，可能兴趣已减，只有伸手取出“随身武器”一挥而就。

这里还有两幅是在意大利画的，当时我随中国雕塑家考察团到法国、意大利等九个城市考察美术。在威尼斯时住在靠圣马可广场附近小街里的旅馆，一出门走几步就是水乡小桥，每次吃完早餐我们外出活动时都经过这些小桥，不论阳光灿烂或是雾霭弥留，总是景色迷人，但因为来去匆匆，根本无法独个儿停下来画画。但每次我心里都默记着那些情调的特点规律。有一天起得早，赶在早餐前跑到门口的小桥边，胸有成竹，趁着早餐前极短的时间把风光记下，就是这幅《威尼斯之晨》。

另一幅是在意大利南部大城市那不勒斯画的。一天傍晚，大家沿地中海的岸边马路走，迎面出现了伸出海面的巨大古城堡，景色既壮丽又充满神秘色彩，不画很可惜。于是顾不了掉队，边行边勾下这幅画稿。第二天，在旅馆凭窗眺望，借助出现在远景中的古城堡的色彩感觉，重温昨夜夕阳景色，在铅笔稿上添上了颜色。

还有一幅是在北京画的。一天到天安门广场，人民大会堂正在兴建，旧的四合院小房子仍未拆除，巨大的人民大会堂还未建成，来往运输建筑材料的汽车在小胡同里弄得尘土飞扬，煞是有味道。顺手挥来，想不到竟成了难得的历史记录。因这种破旧立新过程的形象是很短暂的，给我幸运地碰上了。

我画水彩毫无定法，见到什么才想到要怎样去表现，见路行步随遇而定，因此失败的废品是很多的。有时表现不出当时景色给我的感受，好像魂附不上体一样；有时虽然能表达了一点心中意境，但又嫌用笔用水用色的技巧拙劣而宣告失败。水彩这门材料很难掌握，我个人不大喜欢涂抹太多的水彩，怕失去水分淋漓明快的特点。但一挥而就往往容易陷于松散浮浅，失去分量，淡而无味。我每画一画经常处在这二者之间徘徊选择，直到适可而止，但可惜一直找不到自以为适可的作品。今后仍未知该怎样去探索，让明天去决定吧。

（原载《美术丛刊》1980年第12期）

从二十年前看摩尔的到来

亨利·摩尔已不是第一次来中国了。二十年前，在摩尔基金会的协助下，香港便举办过他的展览。在那之前，香港已经有一两件摩尔的原作了。内地的艺术家对他亦不陌生，二十年前的那次展览规模大，场面隆重，展品多在二至五米之间，全部通过轮船运入维多利亚港，后由直升飞机吊上岸，再沿九龙广场摆放。由于展品较大，展览基本上是一次露天展出。

当时，刚刚改革开放的内地组织了以我、刘开渠、钱绍武、程允贤、王克庆、曹春生等人为代表的考察团。在展览过程中的座谈会上，外国记者问我们：内地组团参加这次展览，是不是中国继改革开放引进西方经济之后，在艺术上打算引进摩尔到中国去呢？这涉及当时我们国家的国情，是一个文化交流中很敏感的问题，回答不好，我们便没法向国家交待。当时，我是用广东特产——基围虾来解释这个难题的。我们知道，虾有河虾、海虾两种，分别在淡水与海水中养殖才可成活，而基围虾则是特殊的，它是一种既可以在淡水又可在海水中养殖的“两栖虾”。它的两栖性不是生而具有的，而是经过潮涨时用海水养，潮落时用淡水养，无数次的潮起潮落才形成了这一新品种。它牵涉着历史原因、品种问题、地理环境、水与虾的互动性等好多方面。文化的交流也是这么来的。一种文化今天适应这个民族地区，不一定适应那个，但这不等于说永远不适应。历史是不断发展的，文化的交流也需要一个适应性。它包括一个民族的国情、国家的接受能力、艺术家本身的能力、老百姓的适应能力，不能硬搬，否则肯定会死亡。引进摩尔，我想首先我们应当做到的便是一个适应性问题。

同时，我们应当看到，文化的交流不等于“拿来主义”，这不是买东西，任何文化都需要生长的土壤：政治、经济、文化、民情一系列的东西。要引进文化，包括摩尔，首先得改良我们的土壤，这样引进的文化才可以生根。当然土壤的改良不是一天两天的事，是一件需要花长时间完成的工作。今天，摩尔的到来，我们只有从他的生活的“土壤”入手，诞生时代、生活环境、家庭背景的各方面，这样我们才会更全面、更深刻地认识他、理解他。

摩尔感动我的是他前所未有的形式和返回自然的朴实。形式的东西是不能重复的，艺术上的重复是毫无意义的；返回自然是要真诚的，这是艺术最具有生命力的东西。

我想，从这些方面来看摩尔的到来，宣传摩尔、学习摩尔才是比较理想的、圆满的，误导群众是不可以的，这便不符合艺术真、善、美的原则了。

（潘鹤口述，毛炳军、刘虹、董娜采访，刘虹、董娜采写。原载《认识摩尔：中国人看亨利·摩尔及其艺术》一书）

《珠海渔女》《开荒牛》在争议中诞生

在宾馆里摆设大件雕塑，以前是从来都没有过的

“文化大革命”中，我被当成“牛鬼蛇神”关进了“牛栏”，“文革”结束后，才被放出来。中央军事博物馆得知我平反的消息后，问我能不能为他们做一个鲁迅像，我说我很乐意接受这个任务，因为可以通过鲁迅的“横眉冷对”寄托自己的情怀。这个雕塑的名字就是《睬你都傻》（另一个名字为《横眉冷对》），雕塑中，我通过鲁迅高昂的头、蔑视的眼神，表达了对“文革”中一切丑恶、反人性东西的强烈不满。

改革开放之初，雕塑艺术家的地位是很低的，那时候全国流行的工艺品是石湾陶瓷、木雕、象牙雕，没有人会把雕塑作为艺术来看待。这一次，霍英东找了我们学校的一些国画家、油画家、版画家、雕塑家，说他想用10万元把中山温泉宾馆用文化包装起来，看看我们艺术家能不能拿出几件作品。当时，这些钱是按作品类型来分配的，那时候国画最好，几万元一张，油画1万多元一张，版画1000多元一张，雕塑一件却只有200元。当时我们雕塑系的全体老师很愤怒，为什么一张国画能卖好几万元，而雕塑才卖200块钱，200块钱连材料费都不够，决不能接受。

我却决定做，而且决定这次不能做小，一定要做大；不能放室内，一定要放室外。系里有些老师就很不理解，说：“做大的成本更高，怎么能这样答应别人呢？别人不重视我们，我们为什么还要‘低头低脑’地去接受这任务？”当时我只好自嘲道：“我们样子丑呀，既然是‘丑女人’就不要闹意见，不要摆架子，谁叫我们搞雕塑的没地位啊！”

在宾馆里摆设大件雕塑，以前是从来都没有过的，并且这个雕塑还

摆在园庭之中。很多以前没见过宾馆里有雕塑的旅游者，都在雕塑前拍照。这立即引起宾馆管理者的重视，于是又造了第二期、第三期。因为中山温泉宾馆是中国第一家外商投资的宾馆，全国多家宾馆的经理、老板都来参观。这些宾馆的经理和老板回去以后就争先仿效，在他们自己的宾馆开始立雕塑，赶时髦。雕塑一时在国内风行起来。

香炉湾的山由以前的“千疮百孔”变成了现在的风景山

1979年左右，国家要在珠海成立特区。当时吴健民是珠海的一把手。有一次，他找到我们美术学院，邀请关山月、胡一川和我等七八个人座谈。吴健民说：“珠海现在要成为特区了，希望大师们能为我们做点事情。”关山月就说：“好，你们将来建宾馆我给你们画张国画、风景画。”当时每位艺术家都是讲这样的话，都讲“将来”。我不能不表态，不过我没有讲“将来”。我提了几点建议：第一，香炉湾的石头很漂亮，现在有很多农民在那里采石头盖房子，搞得山上一片狼藉，这有碍特区的形象，应该马上禁止农民再采石头。第二，不要让农民在靠近海的地方随意盖房子。珠海特区和深圳特区不一样，珠海能看到海，深圳看不到海，如果随意在海边建房子，就把海给挡住了，珠海应该有自己的特色。当时会议还没结束，吴健民马上就叫秘书去办，不到半个小时就接到报告说已经禁止了。

由于滥采滥伐，香炉湾的山上已变得斑斑驳驳，非常不好看。我发现山上的石头有些像狮子，有些像老虎，有些像大象，有些像熊猫，就突发奇想：要是能把这些石头美化一下岂不是更好？吴健民非常赞同我的观点。征得吴健民的同意后，我们就花两千元请一个工人，天天在山上作业，整整做了两年，香炉湾的山上以前的“千疮百孔”变成了现在的风景山。后来有很多外国人来参观，喜欢在山前拍照片、拍录像、拍纪录片，他们说不要去桂林了，这里的风景比桂林都美。后来连香港电视台也来拍摄。所以慢慢地大家都叫这个地方为石景山，而鲜有人叫它香炉湾了。

应该说，在这件事情上还是有反对的声音的，城建部门说我们是破坏自然风景。后来在吴健民的影响下，慢慢地大家也接受了。

他们说："好好的一个地方建一个不三不四的女人在这里做什么？不能放这里，要放上山。"当时争吵得很厉害

之后，吴健民问我可不可以在珠海再搞个标志性的雕塑，于是就有了《珠海渔女》的创作。

当时，《珠海渔女》那地方一片荒凉，基本上没有人去。吴健民召集常委会开会，在会上我提出了自己的设想，珠海可以"先有雕塑后有城市，先有雕塑后有传说"。我给他们讲了一个故事："珠海要建设特区，开天辟地很吵闹，海龙王就叫女儿上去看看到底发生了什么事，女儿上去以后就不回来了，原来是爱上珠海的小伙子了。"他们说哪有这样的故事，珠海从来都没有这样的故事。我说："故事不是天掉下来的，传说都是人讲出来的，唐宋元明清的古人能讲传说，为什么共产党不能讲呢？今天的故事变成明天的传说。"吴健民依然支持我。

但是后面的事情也很复杂，很多常委都颇有意见。他们说："好好的一个地方建一个不三不四的女人在这里做什么？不能放这里，要放上山。"当时争吵得很厉害，因为他们本来是想请园林局的建筑师在海上石头上建一个亭子的，所以当我提出做雕塑，他们就很反感，说一定要放到山上去。我说搬上山更不合适，会变成偷渡犯纪念碑。因为那时有很多人偷渡，但是老婆没有跟着去，天天就在山上盼夫归。如果把雕塑摆上山，一百年后就会成了偷渡时代的纪念碑，更不合适。这样一说，他们就不敢吭声了。

说实话，当时很多干部的文化水平都不是很高，有的压根就不知艺术是什么。我记得有一次，吴健民约我在台上两人扮演一场"相声"，他故意问我："你出过国没有？去过哪里？见到外面有什么东西？"我就说我去过罗马，罗马之所以成为罗马，那是因为它有很多雕塑，人们提起罗马马上都会相起雕塑。即使罗马人都走光了，罗马仍然还是罗马，但是没有了雕塑，罗马还能说是罗马吗？所以说雕塑已经成为罗马这个城市的象征。希腊、埃及也是一样，没有了狮身人面像、金字塔，就不是埃及了。我们就是这样，用演戏的办法去开导好几百位科级干部。

后来，随着改革开放的不断深入，群众的文化素质不断提高，来《珠海渔女》这个地方参观的人就越来越多。不到五六年的时间，当年一片荒芜的《珠海渔女》这个地方，现在已经发展起来了。经过《珠海渔女》的这条路被命名为“情侣路”，现在情侣路已由当初短短的几十米发展到几千米，又发展到几十公里的直通澳门的情侣路了，珠海也从一个破破烂烂的小渔港变成了一个浪漫的城市。

所以说，在刚开始改革开放的时候，做很多事情都要历经波折，能理解的人也不多，但是也不能用行政强迫的手段让他们接受。1980年《珠海渔女》的创作受到了那么大的阻力，后来深圳的名片《开荒牛》的创作同样也有一段很曲折的经历。

他们提出的在市政府大院放“大鹏”“莲花”“狮子”的想法都被我“枪毙”掉了

说起《开荒牛》的创作，这里面还有一段曲折的经历。深圳特区成立的时候，全市都没有高楼大厦，都是二三层的矮房子。深圳建设的第一栋高楼是国贸大厦。国贸大厦正在建的时候，那个老板就让我去做一个雕塑，我就在国贸大厦前做了一个喷水池，旁边有各个人种的人民在一起跳舞、欢唱，一片欢乐祥和的景象。

国贸大厦前的雕塑在深圳引起了很大的轰动，市政府的人找到我说，可不可以为市政府做一个大鹏，寓意深圳特区将要腾飞。我说放在什么地方，他们说就放市政府大院，我当即表示不同意，我说：“现在深圳没有多少房子，基本上都是二三层楼，将来发展起来高楼大厦林立，这样大鹏就像放在笼子里，飞不起来的。”又过了一年，梁湘市长找到我说，深圳市已经把莲花定为市花，他们想在市政府大院做一个莲花的雕塑。我仔细一想，更不对头：莲花是出淤泥而不染的，如果你把莲花放进政府大院，那就说明你自比莲花，那淤泥又是什么呢？本地人？香港投资者？外来人员？参加建设的各民主党派？经这么一说，他们觉得我说的有道理，就没有坚持做莲花了。过了一段时间，梁湘市长又找到我说，大鹏、莲花都不能做，那就做两只狮子放在市政府门口吧，因为中南海和广州市政府都有狮子，看起来非常气派。我说不行，中南海的狮子是历史遗留下来的文物，现在在新的地方就不要摆狮子了，因为狮子面相凶恶，摆官架子，拒群众、百姓于千里之外，不符合特区精神。就这样，他们提出的在市政府大院放“大鹏”“莲花”“狮子”的想法都被我“枪毙”掉了。

我（梁湘）们这代人当过“孺子牛”，做过“牛鬼蛇神”，现在又为国家开荒，就做“开荒牛”吧！

过了一年，梁湘又问我：“市政府广场究竟建什么雕塑好呢？”我问他是什么时候参加革命的，他说是解放前后。我说当时是不是想“俯首甘为孺子牛”，后来阴差阳错又当过“牛鬼蛇神”？他笑着说是。我说现在国家百废待兴，那就让我们这些做惯“牛马”的来开荒吧。他说：“你这话有意思，我们这代人当过“孺子牛”，做过‘牛鬼蛇神’，现在又为国家开荒，就做‘开荒牛’吧！”梁湘就叫我先不要回广州，他去和常委们讨论，看是不是在市政府做个“开荒牛”的雕塑更合适。可是过了几天都没消息。很多常委都很不理解，都认为特区要腾飞，为什么不做冲天的大鹏，而偏要做埋头埋脑的牛？梁湘就一边劝我不要走，一边做常委们的思想工作。我待在招待所里百无聊赖，就开始构思《开荒牛》的创作。

当时整个深圳的建设热火朝天，成千上万台推土机昼夜不停地作业，把那些残破的平房推倒，重新规划，重新建设。我就联想到把旧社会推倒，建设新社会。过去在我们只是把一些封建主义的有形的东西砸烂、推倒，但是封建落后意识、保守意识的根还在我们的心中，现在我们要把残留下来的根也要拔掉，只有彻底解放我们的思想才能改革开放。

后来，经过耐心说服，那些以前反对的人都最终同意了。后来我对梁湘说，我们还是做“孺子牛”吧，我们现在是“开荒牛”，开荒完以后我们还要继续做牛。

当时是把这《开荒牛》放在市政府大院广场中间。我说：“等深圳繁荣起来以后不要忘记成就的来之不易，我再送你们一个《艰苦岁月》。”后来很多市民要求进大院看《开荒牛》，要拍照片，但是政府

大院不是随随便便进出的地方，于是市民就有很大意见。于是，过了几年以后，市政府就把雕塑搬到政府大院外面去了。同时，我又免费重新做了一个雕塑《艰苦岁月》，放在《开荒牛》的右边，意思是等深圳繁荣发展之后，千万不要忘记过去，要记住这段艰难的岁月。左边摆一个什么呢？我觉得深圳特区要不断发展，就应该发愤图强、不断追求创新，所以我准备做一个《自我完善》的雕塑放在《开荒牛》的左边，梁湘十分赞成我的观点，他说：“‘开荒牛’拔掉穷根后，不能骄傲自满，不能‘绑手绑脚’，还需解放思想，不断过关，有新的追求。”但是，由于种种原因，《自我完善》这个雕塑一直都没有做成。不过，现在有这个机会了，深圳市政府已经同意做这个雕塑，现在我还在构思《自我完善》这个雕塑。

（潘鹤口述，关彩霞、焦林涛采写，原载《广东改革开放先行者口述实录》一书。收入本书时略有改写）

青少年日记选摘

1940年1月30日

我对于绘画非常有兴趣，尤其是以水彩画为甚。若绘画程度达到能创作时，不但能尽情地欣赏，还能和文字一样表现广博。由画意表达出自己的心情，能发挥美的鉴赏力，觉得胸怀格外的豪放。

1941年4月27日

我一谈到伟大艺术家的生涯便有难以言喻的激昂与兴奋。一代才子，不是疯狂，便是潦倒，纵情奔放，发其灵感，全其伟迹，昂昂男子，岂能与波上下，随驴马之迹？我自才华磊落，世人诋谬，咒其荒唐，亦何乐而不为呢？自然造我，自有我之存在，沉迷奸险社会者，岂有权干涉自然之真子？艺人伟大之心灵，诚挚之热情，坦白之肝胆，出尘之思想，赫赫的个性，无怪难容俗众，亦无怪为之癫，浑浑噩噩浪漫豪情了此一世，留下奇迹归回天国，不是很好吗？

男儿自有千秋业，何必生平志大魁。

“无端狂笑，无端哭，纵有欢肠冷似冰”。曼殊是怎样了解艺人苦闷之心啊！

1941年6月29日

艺术！我立志要冒艰困，犯大难，在所不惜。我知道我为艺术而生活，为我志愿，为人类，我甘愿为艺术而牺牲。我虽知道贫穷、苦恼打击着我，终有这样的一日，文学家的贫苦，画家的受俗人的轻蔑，我甘愿。艺人的一切苦衷我亦很了解，我的虚荣心渐于平复了，为艺术大众

而生于人世啊！感化冥顽不化的中国老古董，我本着一往无前的豪气，我宁愿为艺术而夭折，而不愿虚度一生。

1942年3月10日

雕塑呢还是绘画呢？我徘徊于两者之间，有时拿了画笔想绘画，但塑像欲又顿然勃起，便抛开画笔，弄弄粘土，我的塑像技能有点使人不敢相信，自己也不敢相信呢。

1944年5月22日

我的雕塑一日稳健一日了，表现力一日高超一日了！这两个月来作品已经焕然一新，跳过一条阔而深的鸿沟。我一步步的找中国的雕刻家比赛，一步步又找乌东、卡尔波做我的竞技人。好像我行在一条马路上，心中立誓要赶上一个又一个行在前面的游客。我有这样的雄心，我要在小小年纪便赶上他们。

1947年6月21日

艺术是人生作风之表现，我以为一件作品之高低，简直无法定下一个标准。到底怎样才是一件好作品呢？我想应该以怎样才是一个好人来做参考比较恰当。巧言巧语并非一定是好人，等于巧妙的技术形式亦并非一定是好作品；江湖术士失之于俗，老老实实却陷于迂腐；风流倜傥又失于浮，脱俗孤高又无补于事。总之，思想志趣为人格之本，气量魄力为无形之质，至于技巧形式仅区区小事也。近人评论多以有否个性作为作品之准则，实为肤浅之论。凡人皆有个性，贪婪卑鄙者、凶残暴戾者，难道都可评为君子好人乎？未免荒唐了。

成功作品与成功人士同样非有超卓本质不可，其他皆可学。人格与品格是很难学的，是情、智、阅历、意志的综合流露，唯有热爱人生、洞察人生，运用机智驾驭人生，才能舒展抱负。此犹未足，更应涵养伟大之精神，去改造另一个世界，不以独善其身而自足。做人既知如此，为何艺术评价不如此呢？艺术数千年都患近视，愈走愈窄，斤斤计较于咬文嚼字，沾沾自喜于片面局部，忘乎所以，为什么不退一步想一想呢？

1947年6月22日

艺术不应逃避现实，亦不应捏造现实！真为真、善、美之首，应把社会所加诸自己的感觉，无论悲的喜的都寄于艺术还诸社会。只要问心无愧，大公无私地表达，就够了。

1948年10月2日

艺术有三条路，就是尽量发挥人的眼、脑、心。眼的作品可使人欣赏到无限的美，脑的作品可使人沉思默想，心的作品却可令人荡气回肠。我不能强调指明哪一条路最好，他们各有超然的地位，我也不可能强硬划分他们的界限，他们互相渗透联系，正如五色中不能强硬划分哪一样才是正式的红、黄、蓝、绿、紫。但有一条是很清楚的，就是艺术最重要的是人格的表现。

1949年12月18日

我回到了新生的祖国，太令我兴奋了。我望到了国家的前途，我也望到了艺术的前途。我除了兴奋之外，还有什么可说呢？从前米开朗基罗为帝王发挥了最伟大的天才，完成了历史上无以匹敌的雕刻，现在，我期望能为群众发挥的我的才能，完成我此生唯一的宿愿！我愿争取将此生的精力为新时代留下千百万件的作品。

欧游夜谈（之一）

打开西窗瞧瞧

对西方没有接触三十年了。有些老一辈的美术家在年轻时，曾走过一段西方艺术道路，二十年代，三十年代，四十年代，他们不仅崇拜过达·芬奇、拉斐尔、米开朗基罗，有些还曾醉倒在近代的塞尚、马蒂斯、毕加索，甚至康定斯基的膝下。有些流派的影响，由于在我们的土壤上生不下根，早已枯萎，逐渐为人们所遗忘。但是，年轻一代怎么样呢？他们对西方的感性认识，可以说一点也没有，对西方的艺术更是感到高深莫测，因少见就未免多怪。前一个时期，有些人曾经把西方艺术想象得非常可怕；近一个时期，又有些人把它们想象得非常可爱。这都是想象。现在西方艺术究竟怎么样？还是打开西窗看看吧。

“巴黎只有一个艺术家——就是我”

我们到巴黎之前，就听说巴黎有五万美术家，到了巴黎，证实并非虚传。据权威人士说，已在政府登记的美术家就有三万多。

全巴黎有八百个画廊，还有十多个大型美术博物馆，这个数字确实惊人。如果我们要一个也不错过地去参观的话，每天看一个，就需要两年时间；如果一天看十个的话，也要八十天的时间。西方的艺术，我们不得不承认是极度繁荣了。

但是很奇怪，当我们登门拜访一位曾经是巴黎美术学院院士的奥疏夫老雕塑家时，他第一句话便是：“巴黎只有一个雕塑家——就是我。”奥疏夫先生已八十高龄了，他是德士彪的学生，他的工作室很残旧，摆满头像雕塑，我们挤进去几乎转身不得，比前些日子所访问的雕塑的工作室，真有天壤之别。在罗马，我们所访问的著名雕塑家曼苏的陈列室，就有几千平方米。人还健在，就自己为自己盖博物馆了。但是这个奥疏夫先生为什么如此呢？他是一个很乐观的艺术家，他崇拜着他的老师，他坚持他老师那种写实传统的艺术道路。但是，就因为这条道路与当代西方艺术所走的道路没有任何共同的语言，国家博物馆没有他作品立足的地方。巴黎只是现代艺术的天堂，他坚持自己的艺术信仰，怎么能不被逐出这个乐园！

如果他承认，于今天走运的雕塑家都是雕塑家的话，他自己就不可能是雕塑家了。因此，他只相信自己是唯一的雕塑家。

“工厂”抑或是“工作室”？

我们对雕塑的认识，都还保持着传统的观念：有圆雕，有浮雕；有架上雕塑，有室外雕塑；有石雕，有木雕，有铜铸。不管什么雕塑都离不开在架上先用泥巴塑造，然后组织人力铸铜或打石。但是，现代西方雕塑的传统观念已被打破了，现代派的雕塑很难看出是圆雕或浮雕，也很难看出是架上雕塑抑或是室外雕塑，更难以传统的材料来划分雕塑种类。

一天，我们约好去拜访一位雕塑家的工作室，我们所见到的是：没有泥巴，没有石膏，没有工作转台，也没有雕塑骨架。我们一踏入屋前的花园，所触目的都是不锈钢管、不锈钢板，大大小小，曲曲直直，偶尔还夹杂一辆破汽车、破摩托车，纵横交错，堆积如山。当主人领我们进入工作室时，我感受到一种工业的气氛：几个头戴深黄色钢盔、身穿鲜黄色工作服的助手非常刺眼，他们一会儿搬动不锈钢管，一会儿搬动氧气瓶；工作室内，庞大的机器一座接一座，有冲床、刨床、铣床、镗床、磨床、钻床……抬头望去是吊车、铁链，风焊的橡皮管像蛇一样在地上蜿蜒；用的材料全是成吨成吨的不锈钢管，工具都是用电才能开动的笨重机器，雕塑家的工作技术就是焊接。他的全部作品是一些不锈钢管的抽象组合。他正在进行好几件广场雕塑的制作，记得其中一件是纪念第二次世界大战某一战役的纪念碑，把一百几十条长短不一的不锈钢管倾斜焊接在基座上，以表示战争。

抽象派雕塑在欧洲各地广场都有，群众是否能一如既往像对传统

雕塑一样地热爱它，一时难下结论。但作者似乎亦不在乎群众热爱不热爱，反正政府与舆论界都支持这一流派。

据了解，因为国家有明文规定，凡是公共大型建筑——广场、公园、车站、桥梁、剧院、运动场以及建筑群——都法定在总建筑费内抽出百分之一给雕塑去美化城市。这一规定在法国已执行一百年了，在意大利亦执行一百年，并且规定百分之二。

因此，城市得到法令的保护，不愁没有艺术品出现；雕塑家得到法令的保护，不愁没有工作，除非是像奥疏夫那样走不同道路的雕塑家。

过去奴隶社会、封建社会都充分利用艺术的潜移默化的威力作为统治者一种统治手段，到此我才知道资本主义的统治者也不会放弃这个武器，他们也要采取措施把他们这一代资本主义文化保护下来。

美术学院巡礼

有一天，我们到巴黎美术学院参观。童年时代梦寐以求的幸福，就是能到这间世界著名的美术学院学习，因为它是艺术的骄傲。十七世纪著名建筑师丢蓬设计的建筑物，三百年来，变化很少，它的艺术教育呢，大概跟我童年从书本上所知的一样吧。当我们在主人陪同下，踏进雕塑课室，惊讶地发现，巴黎美术学院变了。虽然学院仍是一如既往是西方著名的美术学府，一样吸引着世界各个角落的艺术青年不远千里来到这里深造，据介绍，现在有四十多个国家的留学生。但是吸引力已不是学院严格的写实基本功训练，取而代之是各施各法的现代艺术的探索。

学院采用教授工作室制。我们参观了素描课室、泥塑课室、石雕课室、金工课室。我们来到雕塑创作课室时，教授介绍说："这节课是以雕塑去歌颂大自然。"课室大约有二三百平方米，没有看到我们惯用的转盘工作台之类设备，只见十多个学生各据一方，非常认真、非常严肃地构思他们的作业。他们大多蓄有大胡子，我也无从分辨学生的年龄是二十岁或是四十岁，总的印象是一群留着大胡子的学者在研究着什么。

首先映入眼帘的，是靠门口的一位大胡子，他站在一张大餐枱前面，枱上摆着许多秧苗，我一时不明白育秧与雕塑有什么关系。后来，又发现他的工作范围内，还挂满了大大小小的鸟窝，有挂的，有吊的，有放在树丫上的。他正在用干掉的秧苗一条条非常考究地粘结着一个新鸟窝，这时教授以非常欣赏的口吻说：“多有诗意啊，这是春天！”

第二位是女学生，她正用我们筛面粉的筛子在筛什么。走近去，才发现她正在把泥粉的小颗粒筛落在她已预制好的木板上。板上插上成千过百的小木签，有点像我们医院的棉花签，签上敷上了泥浆，当小泥粒筛下后便粘结在木签上，成了一大群有点像满是寄生牡蛎的水桩。教授问我们：“你们到过威尼斯，你们看看，像威尼斯风景吗？威尼斯岸边是布满这种木桩的。”

第三位学生正在小心翼翼地在掌心上用粘土捏着一只很小很小的马，而放在他旁边的小木板上早已排满了大约有一百几十只同样的马了。教授介绍说：“这是草原，多辽阔啊。”

最后，我们来到一位留着一大把胡子一大把头发的学生跟前，他正咬着烟斗全神贯注地望着窗口，不期然我们的视线也跟着注意窗口了。窗口上挂着一幅像破麻袋一样的东西，起初颇怀疑是否是用来调节窗外光线的破布，后来细看下去，原来是在一块窗纱上糊上泥浆，作者正在欣赏。教授介绍说：“这是土地，反映土地的本质，这是新现实主义。”

参观完创作课课室出来，心里有些茫然。因为我刚才所见的与我们所走的文艺道路相去太远，我只能不置一词，点点头而已。

六万元一只大拇指

出了创作课课室后，我们被引进巴黎著名雕塑教授凯撒的工作室。他很活跃，个子不高，大约有六十多岁左右。他很健谈，他首先说：“我不知道自己是否教授，我不相信艺术可以传授，我认为无所谓前卫艺术。有前卫思想者不要到我这里学，我只可传授热情及观察力，学生只有通过自己的实践去找到自己的道路，真正的艺术家必须有思想感情。雕塑的观念，从菲狄亚斯到毕加索从来未有改变过。我们现在要改变一种观念：不是放在桌子上才是雕塑，有机的结合都是雕塑。可以是艺术家，不一定称雕塑家。现在有些不是雕塑家，但可能是别的什么艺术家。”到此，我省悟前几天访问老雕塑家奥疏夫说的“巴黎只有一个雕塑家——就是我”这句话的背景。

后来，我们在文化部主管国家收藏方面的负责人的陪同下，参观了近代艺术博物馆国家收购的作品储存室，看到他的一件作品，用一米半以上的高度体积塑造了一只大拇指。主人告诉我们，这个博物馆每年有一百多万法郎专门选购当代作品，已经有一百年历史，今年的收购费是一百二十万法郎。巴黎有几个同级的类似机构，各省市亦有类似机构，这样可以保护大批艺术家的创作活动及保存大批当代作品，这是政府通过一道提案法定的，到今几经政局变动，但这项规定并未改变。每件收购价从一两万法郎到几百万法郎不等，这件大拇指付给作者六万法郎。

华侨画家又告诉我们说：全世界有六百家拥有巨款的类似收购机构，去年日本一个机构在意大利用七十万美金买去一件当代作品。

我们在意大利卡拉拉石雕工场的主人也告诉我们，他们承接世界各地的石雕工程。有一件只有三十厘米长的抽象派石膏模型，稿费是五千万里拉（折合人民币十万元），把石膏稿打成三米长的石雕，连工包料的造价只能收一千万里拉。

这些情况使我了解到艺术的价值取决于市场价值，市场价值实际取决于那六百家收购机构，这些机构在艺术方向上所起的作用是多么巨大啊！明显的，船舵基本是他们把的，船上人的自由只能在船上而已。

（原载《画廊》1980年第2期）

欧游夜谈（之二）

历史是用石头写的

世界上成千上万的游客去罗马、威尼斯、佛罗伦萨，我认为不会是为了去逛超级市场，因为这些地方在任何国家都一样。简单的说，我相信是为了去看从古到今的建筑、雕塑、绘画。

我记得一个滂沱大雨的晚上，我们跑到罗马诺翁娜喷泉（指纳沃纳广场上的四河喷泉）旁，那里早已站满打着雨伞的游客，正在冒雨欣赏意大利雕塑家贝尼尼的一件杰作。他们来自世界各个角落，互不相识，但都有着共同的爱好，在倾盆大雨中摄影机仍然灯光闪闪。

一天，我们特意为了看雕塑家米开朗基罗的《摩西像》，专程跑到一个小小的文珂里教堂，这里其实只有这件雕塑。虽说这是个教堂，但有了摩西像，却已经不能再像教堂了，因为到这里来的人不是宗教瞻拜和祈祷，却是像我们一样成群结队的艺术观光者。

至于其他雕塑和绘画更集中的博物馆，观众挤拥程度就更不在话下。如梵蒂冈博物馆，以其一千四百间宫殿、七公里长展览路线为基础的陈列室，有一万两千件雕塑、数不胜数的绘画和珍宝，吸引着来自世界的观光者。在这么大的地方，每时每刻人们都挨肩擦背，挤得水泄不通。哪怕罗马有两千多教堂和博物馆，佛罗伦萨有六十多所宫殿和四十多个博物馆，威尼斯有数不尽的观光去处，但人们仍是那么不约而同，跑到拥有著名雕塑和绘画的博物馆里，这真是众望所归。

在这几个城市里，在旅馆、在餐室、在路上碰面的，都是世界不同发音的旅客，都是挂着相机、拿着地图、东张西望的观光者。出售纪念品的商店鳞次栉比，那些案头上大大小小的大卫像、摩西像、哀悼基督

像，哪怕把原作歪曲仿制得不成体统，也百年如一日售之不尽。

这些城市都是用建筑、雕塑、绘画写下了他们光辉灿烂的历史，千百年来吸引世界各地游客流连忘返。从这些伟大的作品中，我们看到整个人类的智慧，我们为此感到自豪。

如果罗马的雕像跑光，罗马就不成其为“罗马”

我用这句话来估计罗马及其他几个艺术名城，并非过火。在我国游览一个城市，想找寻一座雕像是难事，但在这些名城，你出门不想碰到雕像却是难上加难的事。千百年来各朝各代留下的名作，一望而知这是一个有文化的城市。人是会死的，但人的面貌、人的思想却交给了雕塑一代代留传下来，这些城市是靠拥有人类各代文明的财富而著称。有时我想象，如果这些雕像忽然复活，人数真的不比今天居民少；又如果这些雕像忽然全部跑光，我估计这些城市就要顿然失色，罗马不再是旅游中心，佛罗伦萨就失去“文艺复兴摇篮”的痕迹。

这些城市，没有一个广场是没有雕像的，有些广场和公园不是一座雕像，而是近百座雕像，他们以雕像把古往今来民族的名人，或者对人类有过贡献的人物垂之后世以励来者，或者以雕塑给城市的特征画龙点睛，正像有些人所说是一个城市的宝石别针。近代更流行广场装饰雕塑，每块草地、每个喷泉、每个路口的拐弯处，甚至不少私人花园的草地上，大都建有富有特征的装饰雕塑。卡拉拉是地中海岸边的一个小城，是一个避暑胜地，我沿海岸坐车疾驰而过，起码有半小时的路程都是连绵不绝的小游泳场，有些泳场的草坪上亦放置有新颖的小型雕塑。巴黎新区都是新型建筑，我在路上每走几分钟就遇到巨型的抽象派雕塑。在罗马本世纪建的奥林匹克运动场，更是气派非凡：环绕运动场的都是巨大的石雕和铜像，共有六十座以上，这些强健的体魄、勇敢机智的风度使人精神振奋。浮雕艺术在这些城市也广泛运用，如近代艺术馆及原殖民地博物馆的正门大墙，就用非常饱满的石头浮雕填满几百平方米的墙壁，使这些建筑的特征谁也不能代替，毫不类同。此外举凡巴黎的卢森堡公园、卢浮宫花园、凡尔赛宫花园，还有数不尽的公园都有大量石雕铜像，少者二三十座，多者一间竟安放七八十座，在那里千百年矗立着，默默放射着艺术光华，长效地对人们潜移默化。广场雕塑在大大小小的广场上随处可见，而罗马的三叉泉（特莱维喷泉）、仙女喷泉（纳沃纳广场的四河喷泉）、诺翁娜喷泉、祖国祭坛，佛罗伦萨的贵族广场（领主广场）等等，都是以雕塑作为广场的主体的世界著名广场；以雕塑家命名的米开朗基罗广场更是雄踞于佛罗伦萨的山冈上。室内建筑更广泛使用雕塑，单是米兰大教堂就有一千来个石雕，如果它们忽然复活，教堂可热闹了。巴黎歌剧院内外的雕塑加起来也准有三四十座，尤以正门卡尔波的《舞蹈》石雕而著名；在门廊内，则竖立着一排著名戏剧家的石像，使人敬佩法国戏剧界人才辈出。巴黎有一个叫拉雪兹公墓，围墙外就是那件一个裸体女神敞开双臂护卫着巴黎公社社员的著名浮雕；公墓内几乎绝大部分坟墓都有雕塑，不是石雕便是铜像。西方大的场地固然少不了雕塑，连狭小得如周总理曾住过的那间小旅馆，在门前的墙壁上也安放一小块周总理浮雕。挤拥的佛罗伦萨古桥中间，在熙熙攘攘的人群中，还让出一小块地方矗立作者的纪念铜像；在横街窄巷里，诗人但丁曾住过的一幢房子的门前也放置一个诗人的半身铜像。在这些城市漫步，使人精神为之高尚，古语说“近朱者赤，近墨者黑”确有道理。这些城市，处处都留下古往今来优秀人物的脚印，每走一步，都使人沉浸在人类智慧的自豪感里，使人们荡涤尘俗，深受文化的感染。

我匆匆在这几个城市跑马观花，欣赏到三四万件雕塑原作。这固然要感谢我们的艺术家为后世留下了他们呕心沥血的才华结晶，也要感谢艺术保护者为后世做了一点好事，哪怕是有意或无意。这些作品有些是建立在国家繁荣富强的年代，也有些是建立在国家艰苦创业的年代，统治者利用艺术为他们服务，而艺术亦利用此条件为后世留下了丰富的文明财富。

一个最小和两个最大

在天主教徒眼中，梵蒂冈是天主教的圣地。据说圣徒彼得当年是倒挂十字架钉死在这里，还有许多教徒在那里被浇油当作火把燃烧。但在我的眼中梵蒂冈是西方艺术的圣地，因为米开朗基罗的全面智慧的火花永生在这里。

梵蒂冈是一个国家，我虽没有护照，但买了一条入场票便可进入国境了。这是世界上最小最小的国家，但它却拥有世界上最大的教堂（能容纳八万人）和最大的宫殿（一千四百间室）。这个世界上最大教堂的大圆顶的设计者并不是哪一位专业的天才建筑家，却是我们敬爱的雕塑家米开朗基罗的业余杰作（因为他只承认自己是雕塑家）；教堂前著名的列柱广场的设计者同样亦不是哪一位专业建筑家，却是我们尊敬的雕塑家贝尼尼在1663年设计建成的。广场是以六百多条列柱分四排环廊呈圆形围绕，廊顶竖立一百六十二个三米高的圣徒石像；列柱环廊中时时掩映走过古色古香的四轮大马车，马车向着通向宫殿的门廊走过，门口站着四个活像中世纪骑士的岗哨。置身其中，几以为我自己从二十世纪的超级市场迷失，回到一个中世纪的王国里。

圣彼得大教堂是十五世纪中期由建筑家布拉曼特设计重新兴建，中经雕塑家米开朗基罗和画家拉斐尔等人参加，在十七世纪初才基本完成。当时这两位大师同时应征设计大圆顶，最后选中米开朗基罗的设计方案。教堂高一百四十一米，站在教堂内向上仰望圆顶穹窿像望天空一样渺茫。当你坐上电梯直上天台，走进大圆顶石结构内的夹缝里，沿着圆顶内部坡度的几百步石级拾级而登时，不能不惊佩设计者对于石结构的巧妙运用；又当你抵达一百四十一米大圆顶的穹窿顶端低头俯首望正在大厅中做弥撒的人群像蚂蚁一样小的时候，你会感受到一次一生中从未有过的视觉享受，因为世界上再也难找到这么高的大厅让你飞上俯望；又当你回到平地，推开教堂的门，突然看到远的出奇的祭坛、小的出奇的人群，你几以为自己走进大人国的宫殿。我以前进过广州“石室”天主教堂，满以为够庞大了，但是圣彼得教堂可以把十间、八间“石室”塞进去而绰绰有余，正像一堆竹签装进口盅内一样。难怪什么都爱奇大无比的埃及人也要惊奇，因为它只不过比金字塔低五米，我们广州三十二层大厦比它也要矮一截，到此我不能不为雕塑家中有米开朗基罗这样的建筑才能而自豪。难怪大教堂圆顶的入口处，不是竖立哪一位教皇的像，而是竖立一尊作者米开朗基罗的铜像，以示尊重艺术家的劳动，我想这亦是一个反封建意识的文艺复兴的行动。我联想起在罗马参观米开朗基罗的《摩西像》时，我挤在一群各色人种的观众中，虽然由于言语不通，听不懂大家议论什么，但总听得懂彼起此落用不同的发音呼唤着“米开朗基罗”的名字。我虽听懂了这一句，却使我产生千万句的感想：因为我国过去亦有过优秀的雕塑，但谁也不清楚是谁创造的，只知道是哪一朝皇帝建造；我国因为数千年的封建统治，“万般皆下品，唯有做官高”的恶习流行（“唯有读书高”这一句其实只为读书能做官），于是把科学家、艺术家尤其是建筑家、雕塑家这一类必须花费大量专业时间而没空做到官的人看成工匠，不准签上名，因而形成了中国各行各业的社会地位的畸形状态，这是对文明的无知。

惊人的才能

米开朗基罗的才能是多方面的，除上述的建筑外，表现在壁画上也非常惊人。大教堂旁边有一个西斯廷小礼拜堂，像大芋头旁带一个小芋头一样。教堂不大，但因为米开朗基罗的壁画而著名。米开朗基罗以雕塑著称，据说当时有人妒忌他的才能，企图出他的洋相，怂恿教皇将小礼拜堂的壁画交给他，以为他不会画壁画。但是壁画难不倒他，他用了四年时间在屋顶上画了《旧约·创世纪》的拱顶壁画，又用了八年时间画了祭坛上的《最后审判》的大壁画，他不仅没有出丑，而且创造了世界上壁画的奇迹。关于这些壁画的传说很多，据说当时主管这工作的教皇司礼官对他摆官架子，米开朗基罗在气愤下把他的像作为坏人画到地狱里，让上帝最后审判。又据说，《最后审判》一画当时的两百个人物全是裸体（梵蒂冈博物馆有其原稿），这与教会的禁欲主义是格格不入的，教皇甚为不满，他授命另一个画家把画中的人物身上添画一些布条，结果这个可怜的画家就被后人封上“画裤画家”的不雅之号。又据说，教皇的后代仍不满意这幅，曾决定要把这幅画全部毁掉，可幸由于美术学院的画家们极力谏阻，才免于难。现在每时每刻来观光的游客都会谈论着这些传说，这就是历史的裁判。人们以为米开朗基罗产生西斯廷壁画是因为有教皇的保护，其实这些传说正好证明伟大的天才生前一样是“本地姜不辣”。这正好让人愤慨地知道，历史从来就没有过艺术的保护者去真正爱护过伟大的天才，只有使用过天才，或者总是待他死

了才做出关心的行动。但是真正的艺术家他也从来不在乎这些恩赐，他懂得如何利用受人利用的机会去为人类留下不朽的脚印。

米开朗基罗的雕刻多在佛罗伦萨，圣彼得大教堂只拥有他二十四岁时亲手雕的《哀悼基督》，有人评论它“使死亡美丽，使悲痛崇高”一点不假，二十四岁的米开朗基罗在基本功方面对待石头已经像对待泥土一样自由，对待人体结构、衣纹规律及一切造型能力已经达到无懈可击。在佛罗伦萨圣洛伦佐教堂，美第奇家族墓的地下室墙壁上的速写，更能看出他的造型能力的惊人。这个地下室是最近发现的，现仍未开放，我们有幸通过意大利文化部特许优先参观，地下室只有十多平方米，墙上都画满素描人体，经专家考证，这是米开朗基罗的手笔。根据历史记载，米开朗基罗的历史有几个月无法查清，据记载是战乱失踪，现在考证这些速写可能就是失踪那一段时间画的。他当时是一个防城指挥官之一，当佛罗伦萨战败沦陷时，他躲避追捕，在墓底的地下室隐藏了几个月，不敢露面。在这种处境下，作为一个画家，他禁捺不住画画的欲念，在墙上白手画了十多个一米大一点的素描人体，动作激烈而复杂，结构非常准确生动。在墙上画线条，任何涂改都会留下痕迹，我曾仔细审察，没有发现曾涂改过的笔迹，可相信一笔就准确。有这样熟练的造型能力，难怪在创作上他可以自由翱翔了。

他是一个历史上的巨人，多才多艺学识渊博，我们在他面前真像一个白痴，什么也不能算懂。

米开朗基罗和达·芬奇一样长寿，艺术生命长达六七十年。但是只有二十年艺术生命的拉斐尔也一样不愧为巨人，他三十七岁就与世长辞，但在人世留下的精神遗产就已够得上几个世纪的享受。

在梵蒂冈有间赎罪券签证厅，因为拉斐尔在这里画了四幅壁画便成了梵蒂冈宫殿精华所在。拉斐尔生前是一个幸运儿，勋章与订件像雨般授予给他，他不仅是多产画家，而且又被任命为圣彼得大教堂的建筑师、罗马古迹文物的考察员、政团的领袖、学派的首领。他的生命这么短，工作却这么多，留下的作品又这么好，以我们的效率来比较，是难以理解的。以我们的从读书到就业的程式计算，假如十七岁中学毕业，二十二岁才能结业一门专长，到二十七岁才能学完第二专业，以拉斐尔的寿命计算，那么只剩下十年工作时间就要告别人间，十年时间应该再以二来除才能从事两种专业。他还是一个社会活动家，社会的活动和宫廷的应酬占去大量时间，那么他实际只有三四年从事绘画的时间了。这不能不使我们感到惊奇：他怎能产生这么多不朽的作品呢？他是怎样学习，怎样工作的呢？对我们来说是一个谜！意大利文艺复兴时期的大师们个个都是这样博学多才，如果世界上不存在超人，那么他们的学习方法与工作方法就值得我们认真借鉴。我相信我们中华民族的脑袋是和他们一样的，但是我们要取得他们同等成就，就非要比他们天才三倍，因为我们的时间和精力浪费得太多了！

（原载《画廊》第3期，岭南美术出版社1981年版）

欧游夜谈（之三）

为时过早

在西方，我们看了过万件现代主义的雕塑与绘画，其中包括在巴黎小宫殿展出的毕加索八百件原作，在意大利米兰展出的拥有三十个陈列室的“世界抽象派源流美展”，这些展览对我们都是适逢盛会，对当地人亦是千载难逢的。在巴黎，我们参观了蓬皮杜文化艺术中心所收藏的现代主义过千件各流派的代表作，又难得地进入巴黎现代艺术馆地下储藏库，浏览了政府所收购而未展出的现代各家各派的作品。我们还参观了几个现代派个人美展，以及一些现代派的画廊和个人画室，在巴黎、罗马、米兰、威尼斯、佛罗伦萨、那不勒斯、卡拉拉等著名美术学院参观了师生们的作品。这上万件作品可以说已经囊括了现代主义的各家各派了。

但是要我在执笔的匆忙间，谈出对西欧现代主义美术的看法，恐怕仍为时过早。因为这里牵涉到他们民族的文化历史、时代背景、社会状况以及人们的思想感情、审美观念的变迁，还有艺术家创作方法的不断演变等等，这一系列具体而复杂的问题，不是我一下子可以研究清楚的。

但是，我可以朴实地以我自己这个民族、这个社会、这个时代，尤其是在这个历史阶段所形成的个人感觉系统来披露一下纯属个人的感觉。

时过境迁，并未烟消云散

在国内不时听到有人贬低为人生而艺术的艺术不是艺术，认为这种艺术不能登大雅之堂，据说它时过境迁便要化为乌有；还有人认为凡有点政治倾向的作品都不是艺术品，打打杀杀的形象更谈不上艺术性了。但是，这回到西方去，却出乎意外：这些“打打杀杀”的雕塑和油画占满了西方著名的美术馆、博物馆、宫殿、神庙、教堂和广场。早在古希腊，两千多年前就有不少瓶画画着武士出征，典雅的帕特农神庙就有描写众神与巨人战斗的浮雕；梵蒂冈博物馆留下罗马帝国大量记录战功的石雕铜铸；意大利各个城市的广场、宫殿、教堂能留下来的不朽杰作，其题材不是记录宗教战争及基督生平事迹，便是希腊神话中人神之战；巴黎凯旋门上的《马赛进行曲》虽是时过境迁，石雕依然安在；巴黎墓地围墙外的巴黎公社的浮雕，几经沧桑，那敞开双臂护卫着巴黎公社社员的半裸自由神仍在那里护卫着自由。拿破仑墓和巴黎先贤祠的雕塑和壁画更是刀对刀、枪对枪。不管你跑到哪一个公园，那些牵着战马举着剑的雕塑，虽然几经改朝换代，人民一样爱护它，统治者一样包涵它。只要它是真正的艺术品，是有益于人民和有益于社会，不管作者是否自以为是艺术，它一样成为不朽的艺术品！这个“是”与“否”，是别人评定和历史评定的，不是自己人为树立的。历史的长河和艺术的长河淘尽多少昙花一现的作品！路遥知马力，留下的才是真正的人类精神文明的财富。

要实现第五个现代化吗?

我们作为美术考察的任务到西方去，关心中国的人，尤其是关心祖国命运的华人，他们有时会问：中国在工业、农业、国防、科技等方面要实现现代化，是否文艺也要实现现代化？在这方面，他们表示愿意为中国美术实现现代化效劳。这种关心是可以理解的，这种友好值得尊重。但是，文艺的先进标准是否与四化的标准一样？中国的文艺是否和工、农、国防、科技一样落后？科技落后果真会影响艺术落后吗？无疑科技的发展会改变社会物质面貌，也改变人们的精神面貌，包括人们的思想感情及审美观。虽有影响，但毕竟是两回事。我在西欧漫步街头，或者访问家庭，在现代工业美术方面都感觉到人们审美观的变化，审美的标准都能脱离自然的模拟进入抽象的鉴赏。这种解放，应该承认是二十世纪的美术成就。他们从建筑、室内布置、农具、日用品款式、服

装、工业用品款式、包装装潢等，都使人呼吸到一股清新舒服的时代气息，和国内那种局限于自然模拟陈旧得令人窒息的工艺设计相去很远。

但是，当我接触到一些现代主义的雕塑与绘画时，这种感觉便消失了，不知什么原因，牵动不起像现代工业美术所给予我那种感觉。我想，是不是西方艺术家们的感觉系统与我们不一样，抑或是工艺的美学标准与雕塑、绘画的美学标准不一样？！现在，我只能带着一个个简单的问题去浏览现代派的雕塑与绘画，期望弄出一个稍为清晰的头绪来。

找不到共同的规律

现代流派之多，几乎一人一个派，他们崇尚个性、主观、创新，卑视共性、客观、重复，因此在艺术形式上很少重复别人的方法。要达到不重复，单从表现手法上是有限的，只有连使用的材料也要有发明创造才成。创造了一种使用材料，创造了一种表现方法，就好像发明了一件东西，可以垄断，别人再模仿就不值钱了。在这种压力下，表现方法、使用材料真是日新月异，层出不穷，但要我在他们的表现样式上寻找共同认可的追求却始终找不到。

比方说，是不是现代美术不再追求真实生活感，亦不追求社会责任感，只集中追求点与线、色与面的抽象美感，像上述工业美术一样强调装饰性？不是。他们有大量作品并不追求美感，他们把肮脏的女人卫生带、破袜子、霉烂发臭的破布贴满画布，一点也不美。把这类作品放在一堆，只能让观众去选丑，不能去选美。似乎他们表示一种见解：“生活本身这么美，美术何必去重复它？”或者说：“生活丑陋的东西这么多，美术何必去粉饰它？”

又比方，是否现代美术的特征“是反具象的抽象，抽象派的出现是二十世纪雕塑绘画史上最伟大的发展，今后就是抽象代替具象的新纪元了？”这也说不过去。其实抽象派的寿命还未到半个世纪，在六十年代就诞生了另一个宠儿——摄影写实主义，其后又有形形色色与抽象派背道而驰的追求具象的流派。最生动不过的，莫如在巴黎。刚在我们到达前一个月，从伦敦来了两位雕塑家，评论界都认为这是走在时代最前面的雕塑家，当他们举行个展的第一天就轰动巴黎艺坛，报纸、刊物、电视、广播都给予突出报导。他的作品风格是怎样的呢？展览是这样进行的：作者邀请艺术界名流和舆论界权威参观他的预展，当观众抵达时只见作者一丝不挂裸体相迎，并在身上签上作者的大名，告诉观众："我就是雕塑"。当然，我不知道这一派是否只此一家，但我在米兰却亲眼看见一个场面：一天在威尼斯美术馆门廊天井广场上，三四十人围观一对动也不动拥抱长吻的情侣，其动态像罗丹的《吻》，从我发现时开始看表，足有二十分钟以上才结束，然后从怀里取出小录音机挥手向大家告别。据说这不是普通的谈爱，是一种艺术实践。如果这确是雕塑展览（恕我无法识别），这就是最具象不过的作品了。

抽象派另有一种理论认为摄影机诞生了，具象的美术就应让位，而绘画的特别功能应该表现的是元素式的抽象，正像音乐里的音符一样。但是在抽象派统治的艺坛里，我却看到不少具象模仿自然界的雕塑，模仿工业机器的雕塑，模仿现代电子光效应的雕塑，甚至直截了当把缝纫机、电话机、摩托车、油桶、木箱等等分别堆在展场一角，如果疏忽了标题，将以为是展馆正在布置，未及清场。因此，探索抽象的世界，并不是当今西方美术界共同的追求。

又比方，说现代主义追求简练，是由现代社会工作纷繁，生活紧张，样样都趋向简单化所致，在我们参观世界抽象派源流展览及蓬皮杜文化艺术中心的过程中就得出相反的结论。展览馆前几个室的作品是比较简练的，富于装饰性，有的只雕一个似是而非的屁股或胴体，有的雕一个圆球阴阳开合，有的雕一个石锁可以拆卸配装，有的甚至简练成一条铁线。至于绘画，我们曾看见在一间陈列室里只放三幅大画，一幅全白，一幅全黑，一幅半黑半白，看不出有什么影像，可相信是三幅"什么也没有"的最简练的画了。再一室一室看下去，画面渐渐又有东西了，而且画面东西多到离奇古怪，甚至有的把一个四五平方米的废品店连同建筑物如实搬进华丽的展厅，里里外外挂满堆满了厨房的破烂，如旧水桶、旧扫把、旧炊具、垃圾箱、破鞋、破洋娃娃等数不尽的废品，加上五光十色的小灯泡，真是洋洋大观。这绝不是以简练为美的追求，而是以繁杂为特色的大作。如此这般，我自以为现代美术的风格日趋简练的想法，又宣告破灭了。

又比方，说现代派的生杀予夺是形式决定内容，不是内容决定形式，这也不见得。最时髦的前卫艺术家，他们也否定形式决定内容的说法，他们认为现代科学技术的演变，决定了艺术家去寻求新的艺术形式。为了要把现代社会的感受准确地表现出来，他们自以为已找到了能表现现代内容的新形式，虽然就画论画，我是无法从他们的形式里体会到什么时代的内容来。事实上，我在意大利看过一些画面上只有一点一线的画，表面看来是追求形式，但看来又不像讲究形式，似乎更主要的是想表示一种对人生的看法的一种符号，如太极图之类。

也有说现代美术只是自我表现就够了，不必考虑适应社会，但他们又经常强调适应环境、空间效果等等，其实也是为了适应社会需要。

也有说现代美术要与现代生活统一步伐，但不少作品却明显是模仿非洲原始艺术或东方古典艺术的。

还有的说现代美术完全是独立的艺术，是完全摆脱文学、哲理、政治而独立的艺术，但我发现现代派的绘画与雕塑往往要靠理论家用文字介绍后才懂一点。纵然现代派作品能摆脱文学与政治，但我认为另一方面他们又多少受到魔术、灯光布景、玩具、机器的影响，尤其是把艺术变成一种宗教而出现，这与他们所反对的与文学的类同，岂不是有过之而无不及！

总之，我在考察过程中，诚心想找出他们共同追求的方向或共同认可的“英尺”或“米”，但总是徒劳。他们是“各自为政”的，不像我们都统一在真、善、美的原则下，去寻求通向人类心灵的途径。

艺术价值吗?

我认为，人类为什么产生雕塑与绘画，是因为人类内心世界需要通过这种形式去表达；社会为什么需要雕塑与绘画，是因为它丰富了人类的精神生活及有助于社会发展。如果艺术离开了表达人类的思想感情，只剩下一个形式躯壳，我可以接受它的存在，但不一定称它为雕塑与绘画，因为我很难接受如下的挑战：雕塑家要亲自脱光衣服才能自我完成雕塑。尽管他们号召要结束人们已经知道了的绘画和雕塑，号召起来创造艺术新观念，但我认为在这样的新观念的自体中，就已孕育了瓦解自己消灭自己的细菌。事实上，现代主义各家各派的理论，就莫衷一是，互相冲突与抵消，无法归纳出一条基本原则来。也许现代绘画雕塑的新原则就是“无原则”。不少艺术家明天自己要搞什么派也不知道，只是知道不满现实去寻求出路，但并未真正找到出路。作品放到群众中去检验，更是不能为广大群众所接受，艺术家与群众间的关系是冷漠的。我在访问期间常询问周围的观众对现代派美术的看法，普遍都反映不太懂欣赏。最近意大利卡拉拉市举行了一次国际石刻比赛，从报名的一百位各国雕刻家中推选了三十人参加比赛，经过市民投票，揭晓第一、二名都是有思想性的现实主义石刻。派往意大利进修的广州美术学院雕塑系教师梁明诚所刻的一米女头像获得第二名，其他现代派作品却票数不多。这种民意测验正好说明有思想性的现实主义作品在西方也一样有群众基础，相反的，流行的现代派就算在西方也没有深厚的群众基础。

但在西方，不少人认为衡量一个艺术家是否有成就，主要看他的作品卖得多少价钱来判断。反过来，认为中国不用这种度量衡是不可理解的事，甚至有人误解我们的作品没有价值，把我国的国内低稿酬误作艺术价值。他们的作品像产品一样多靠商人经销，这种商人自成一行业，叫画商。商店叫画廊，每个画廊都拥有一批作者，像过去的民间剧团一样，有班主，有花旦小生，亦有跑龙套的。画商手上拥有名家就像班主拥有名旦一样。画商可以按自身的利益付出惊人的高价与作者签订合约收购一定期限内的作品，甚至可以向未成名的作者签合约，然后用各种方法把其吹捧成名。这种类似赌博的事就要靠画商的眼光及胆色了，当然也靠画商的财力才能囤积居奇，善价而沽。一件当代的油画或雕塑可以高至千百万美元售于各个国家的政府或私人赞助的美术馆，这类经费雄厚的收藏机构据说全世界有六百家，每年可支付亿万美元收购费。其实作品的真正主人是经济的垄断阶级，美术馆是他们的助手，画商是经销者，画廊是经销店，画家是生产者，作品是产品。产品能否畅销，看它是否独一无二的名牌，看它是否新型新款，最重要的还要看经销者的能量。“钱可使得鬼推磨”，同样亦能把自命最清高的艺术家弄得服服帖帖。既然艺术品的价格不是一般群众个人能支付得起，这就决定它们无需如电影、工艺品那样，需要注意争取群众，它的“票房价值”取决

于巨富阶层，只要满足够资格收藏的政治及经济巨头的心理或需要，就可以获得高额的名利地位。所以这一层艺术家通常不大在乎群众欣赏不欣赏，也不必有什么艺术标准，愈有固定标准其价值就愈受局限，没有标准倒易于日新月异，甚至争奇斗怪。

由此看，西方惊人价值的作品并不取决于本身的好坏，形成惊人价值的客观因素——名气是主要的，推荐机会是主要的，巨富者的心理或需要是主要的，艺术价值倒是次要的。因此我认为一件艺术品单纯以它能卖多少钱来定它的艺术价值是很不准确的，因为巨富者一天的收入就能高达百万，花一天的收入来收购一件作品等于我们以几块钱一天的工资来买一件东西一样，用不着认真。这个价格并不反映他们的喜爱程序，更不反映欣赏者的人数。其实垄断阶级对于艺术的爱好，与其说是满足其精神食粮的需要，毋宁说是为了满足其无休止的占有欲。他们对社会财富无止境的占有欲望伸手到艺术园地里来，他们不惜重金收购各类型流的处女作，哪怕是白画布一幅，抑或是黑画布一幅，以此来树立自己的文化，来显示自己能领导艺术方向的威力。

知己知彼

以上情况，我认为出于西方的垄断阶级社会是顺乎自然的事。世界这么大，不同时空自然会产生不同的艺术，我们不生活在其中，亦没有必要否认其存在的条件。我们可以承认他们能生存在他们自身的“天时、地利、人和”的时代里，但是要我们承认这种艺术能生存在我国的土壤和气候里却是很不科学的。我们更不应该认为我们自己的艺术像科技一样落后于西方。西方有西方的条件，有西方的问题，我们有我们的条件，亦有我们的问题，各人按自己的条件去解决自己的文艺问题是最科学的。

我觉得，西方现代艺术勇于创新、不断追求新的表现力的强烈进取精神，他们在材料与手法上的探索勇气，是值得我们学习的。我们长期以来形式呆滞，手法雷同，新的突破太少。虽然我们的艺术方向无疑的比西方现代流派健康，但总感到缺乏强烈的跳跃的独创精神。相当一个时期，我们无意于国际艺术交流，互不了解，甚至产生误解，彼此对对方的艺术道路只停留在简单的认识上。艺术贵在植根于人民，贵在推动人类历史向前发展，真、善、美是我们艺术道路的准则，现实主义与西方现实主义可以根据不同民族、不同时代、不同历史的要求，根据天时、地利、人和去走自己的路。我们要吸收以往落后与盲目的教训，不要再把复中国之旧视为民族性，亦不要盲从外国之新视为中国的时代性。世界之大，不可能也不应该只定于一尊，只有加强国际往来，共同鉴尝人类创造的文化，才能知己知彼，取长补短，中国将会以惊人的艺术水平出现于世界艺坛上。

（原载《画廊》第4期，岭南美术出版社1982年版）

意大利文艺复兴的巨匠米开朗基罗

我们从罗马启程，去访问佛罗伦萨，这是意大利文艺复兴的摇篮，这是艺术大师米开朗基罗的故乡。我们一进入意大利，在罗马飞机场兑换意大利的钞票时，就发现在一千里拉的钞票面上，印着一个非常像米开朗基罗的肖像。按我们的传统习惯，这是不可能的，因为他不是皇帝，不是国家元首，只是文艺复兴时期一个雕刻家、画家、建筑家而已。那么，难道意大利哪一朝国家元首竟会如此和他容貌相同呢?

过了几天，一次偶然的机会，我拾到一枚旧邮票，票面印着的又是这幅肖像。这时我不用问，已确信无疑，它是我崇敬的艺术大师米开朗基罗。

我们到世界天主教最大的教堂圣彼得大教堂去参观，在大教堂宏伟的圆顶的入口处，竖立着一个铜像，竟然不是教皇，却原来又是米开朗基罗。因为这个建筑的圆顶是他设计的。在作品面前如此竖立作者的铜像，在我的经历里全然是新奇的。

又一次在佛罗伦萨参观圣十字架教堂。这里埋葬有意大利历史上最有贡献的著名人物，包括皇帝、将军、教皇、学者等共二百个墓碑：有些把石棺异常堂皇地镶嵌在大理石墙壁上，有些把骨灰埋在人们跪着做弥撒的教堂的地面下，用五彩缤纷的大理石留下各种墓碑的标志；但是最堂皇的墓碑不是帝王将相，却是米开朗基罗、但丁、伽利略、多那泰罗。而米开朗基罗的石棺就放在进门第一位，占空间最大，用彩色大理石雕凿出高达四五米的帷幕镶嵌在墙壁上，石棺上放一米高的雕像，两旁及中央停立着象征雕塑、绘画、建筑三个石雕女神，正在哀悼人间失去这个天才。如果把这个墓地分等级的话，他长眠的地方是头等舱，其他不少帝王将相长眠的，只是普通舱而已。我想，后人这么隆重纪念一个“普普通通的人”，其本身就反映了反封建的文艺复兴运动的实质，如果站在封建统治的立场是绝不容许这样做的。

雕刻家米开朗基罗

我们的汽车在十排车路的高速公路疾驰，当佛罗伦萨市在望的时候，已经夜幕低垂，华灯初放了。夜入佛罗伦萨别有风味，因为这个城市曾有过万紫千红的岁月，处处都留下古往今来优秀人物的脚印。那每幢房子，每个广场，每条街道，我虽然初次见到，但都似曾相识，因为很早以前我的灵魂就似乎曾来过。而今踩过意大利的泥土，饮过佛罗伦萨的河水，怎能不谈谈米开朗基罗呢？但要谈的话，世界知识界对他早已熟透，谈来也是多余了，还是多谈些对他作品实地考察的具体感受吧。

《大卫》

《大卫像》是米开朗基罗二十九岁时成名之作。大卫本是一个少年，但他却表现成一个巨人，他并不忠实表现大卫的客观真实，正因为这一点，就成全了他的艺术气质，开创了他一生的艺术格调。当时意大利正面临民族存亡的时候，凡是有正义感的艺术家，他们都不会无动于衷，他更不会单纯表现一个神话中的少年大卫。作者借题发挥要表现的是一个能够统一和强大自己国家的民族英雄，表现一个悲愤时势抵御外侮的自由独立的佛罗伦萨的市民，以此来表达意大利人民的共同意愿。

米开朗基罗的《大卫像》在佛罗伦萨一共有三个。《大卫》原作本来是竖立在贵族广场上的，后来意大利政府把原作搬到学院画廊的圆厅中央加以保护，然后另以大理石仿一座竖立原地以此代替。铸铜的《大卫》像则放在城外山岗上，命名为米开朗基罗广场。广场辽阔，风景秀丽，可俯瞰全城，庞大的圣玛利亚教堂、乔托塔和佛契奥宫，都一一在目。《大卫像》兀立于广场中央，可以说是全市的最高点，基座的四个角，安放着《昼》《夜》《暮》《晨》四个铜像，组成了一座米开朗基罗本人生前未曾想过的纪念碑。现在这个广场已成为旅游胜地，每天都热闹非凡，充满了节日气氛。

《昼》《暮》《夜》《晨》

《昼》《暮》《夜》《晨》石雕原作都放在美第奇礼拜堂内的朱理亚诺和罗伦索的石棺上，一边是《夜》与《昼》，一边是《晨》与《暮》。《昼》与《暮》是男裸体，《晨》与《夜》是女裸体，不管男的或是女的都像巨人一样躺着，与其说是哀悼死者，不如说巨人在痛苦、绝望、愤怒、沉睡，它们寄托着作者对现实的态度。据说作者有一首诗，是为《夜》这雕像而作的："睡眠是甜蜜的，成为顽石更是幸福，只要世上还有罪恶与耻辱的时候，不见不闻，无知无觉，于我是最大的欢乐，不要惊醒我，啊！讲得轻些吧。"1529年西班牙王曾带领着被他征服的罗马教皇联合进攻佛罗伦萨，米开朗基罗曾直接参加保卫佛罗伦萨共和国的战斗，并被任命为该城的防城卫戍总督，领导人民反抗侵略者。次年城被攻陷后，教皇强迫他继续承担建筑装饰美第奇家族的坟墓工程，才能免罪。这组像就是在亡国的悲痛、失望、屈辱的情绪下完成的，因而这组像反映了被蹂躏的意大利像沉睡的巨人，巨人每块肌肉都反映了失望、忧郁、痛苦和愤怒。

新发现的墙上素描

这次我们参观很走运，有不少不开放的地方都得以参观。就在罗伦索石棺左侧五六米远的地方，最近发现了一个古地下室，面积约有十来个平方米，成狭长形，有水井一口。经过特殊清理，发现墙上画满了素描人体。经专家考证，这是米开朗基罗的手笔。根据历史记载，米开朗基罗的历史有几个月无法查清，只能算战乱失踪，现在从新发现的地下室的手笔里，可以把这段历史查清了。当佛罗伦萨战败沦陷，他为躲避追捕，就在这个地下室隐藏了几个月，不敢露面，反正那里有一口能维持生命的水井，在这种处境下，作为一个画家，他是抑制不住动笔的欲念的。于是在墙上画了十多个一米大一点的人体速写，动作激烈而复杂，结构非常准确生动，和他一向的风格一样，人体内充满了生命的怒火。最难能可贵的地方，就是这些画更能看出他作画的程序以及速度，因为在白垩的墙上画线条，任何涂改都会留下痕迹。我曾仔细审察，没有发现涂改过的笔迹，可相信是一笔而就的，估计亦不可能面对模特儿速写。这样惊人熟练的造型能力，难怪他在创作中任意翱翔了。

《哀悼基督》

米开朗基罗早年到晚年所创作的以“哀悼基督”为题的石雕，我一共看过四座，一座在梵蒂冈教堂，一座在佛罗伦萨圣玛利亚教堂，一座在该城的学院画廊和米兰的古堡。古堡那一件《哀悼基督》是他死前四天、八十九岁仍在执刀斧凿的一件未完成的作品，可能因为中途改变主意而又未及完成的缘故，石雕上竟多了一只手。我觉得这件作品的气魄，与他精力旺盛的年代的作品相对之下大为失色。又回顾他二十四岁时亲手雕的第一件《哀悼基督》那种温文尔雅潇洒脱落的风格，颇能看到他一生所走过道路的前前后后。梵蒂冈圣彼得大教堂至今仍放着他二十四岁时为该教堂雕刻的《哀悼基督》。这件作品尽管出自米开朗基罗之手，但这件早期作品，他所固有的那种紧张、痛苦压抑的基调，并不明显，相反的，表现得非常沉静优美，甚至留下希腊文雅的影子。题材虽是哀悼，但看不到悲痛，基督似乎躺在圣母膝上睡去，圣母则温文典雅，像在沉思。有人评论它“使死亡美丽，使悲痛崇高”，一点不假，整座雕像完美无疵，丰富繁复的衣纹烘托着单纯光洁的肉体，既多样又统一，得到一种非常动人的效果。当时只有二十四岁的米开朗基罗，在基本功方面，对待石头已像对待泥土一样自由，对待人体结构、衣纹规律及一切造型能力已经达到无懈可击的程度。此后他在美术史上开拓了无比豪壮的米开朗基罗英雄风格的时代，这个渊源既来自《大卫》，亦未尝不是来自这件早期作品，哪怕并不明显，但亦可找到痕迹。

《摩西》

今日罗马处处为游客服务。出售纪念品的商店，遍布全市，市中心这类商店更是鳞次栉比，各色各样著名雕塑的仿制小品尤为多，其中也有米开朗基罗的《摩西像》，但可惜仿的水平简直有辱大师。我们打听安放《摩西像》原作的文珂里教堂的地址，原来只是一个小小的教堂，教堂里也就只有这组雕像、一个祭坛和一个纪念品小卖部。可见教堂

不在大，有大师的杰作，教堂也就有名了。到这里来的人，不全是宗教瞻仰和祈祷者，更多的是像我们一样成群结队的虔诚的艺术观光者。在《摩西》像前，我的血液也与之沸腾起来，这个象征智慧和权力的古代英雄虽然是坐着，却充满了运动与意志，有一股内在的力量储而不发，这是静与动、内在与外在最完美的结合。难怪每时每刻络绎不绝的游客，愿意不远千里而来，寻找到这角落，去单独见一见这件作品。

又是画家

梵蒂冈是一个国家，我们虽然没有护照，但买了一张两千里拉的入场票便可进入国境了。这是世界上最小最小的国家，但它却拥有世界上最大最大的教堂（能容纳八万人）和最大最大的博物馆（一千四百间大厅）。如果爱好新奇，可坐上四轮大马车，从国境线上的票房坐到宫殿的门口，用不了几十秒钟。如果你想节约一些，可花三百里拉坐上专程客车，通过穿着中世纪骑士服装的岗哨守卫的门廊，直达宫殿门口。

梵蒂冈博物馆的展览路线共有七公里长，陈列着世界古代的著名雕塑及油画。开始时我对每一件名作都花很多时间前看后看，拿着摄影机左拍右拍。后来知道单是雕塑名作就有一万二千件后，就只能跑马观花一瞬而过了，这样也要耗去十个钟头。如果把这些作品放在国内，我相信每一件我都要看它一个钟头。这样，恐怕要关在里面几万个钟头也看不完了。这么大的地方也容纳不下来自世界的观众，馆内每时每刻都挨肩擦背，挤得水泄不通。

米开朗基罗的壁画

大名鼎鼎的壁画《最后审判》原来就在宫殿旁的西斯廷小教堂内，这个教堂长40.22米，宽13.41米，高21.73米，和圣彼得大教堂一比就像小巫见大巫了。就因为这两个教堂基本上是连在一起的，活像一只大母鸡带着一只小小鸡。我穿过长廊，当《最后审判》快出现时，我兴奋得心脏也要跳出来，正像面临毕生大事之前的一刻钟一样。我们从一扇普普通通的门进入教堂，顿时出现一个不寻常的场面：教堂天顶上画满三百多个巨人，这就是天顶壁画《创世纪》；祭坛上又画满了二百多个巨人，这就是《最后审判》。这些突然出现在小小门框外的巨人天地，确是使整个建筑物为之摇撼。此外三面墙壁上都画满其他大师的壁画，因为米开朗基罗的壁画表现力太强大了，使我对其他画都视而不见。大约在一千平方米的地面上塞满了成千的游客，人流到此已停止流动，一致抬头仰望着那些杰作；四面靠墙都设有长椅，人们都半躺着拿着望远镜逐个逐个欣赏着画上的人物。可以这样说，这间房子，上下左右前后的空间都被人所占满了，壁上古代的人和地面上现代的人，济济一堂，特别热闹，没有人的空间，只剩下悬空地带了。

据说米开朗基罗当时只以雕塑家著称，在绘画方面的才能不为人所知，有些人出于妒忌的卑劣动机，以为他不会画壁画，故意怂恿教皇把小礼拜堂的壁画交给他画，企图出他的洋相，以离间他与教皇的关系。但是壁画难不倒他，他不画则已，一画惊人。他用了四年时间在拱顶上画了以《创世纪》为主体的壁画，又用了八年时间画了祭坛上的《最后审判》的大壁画，人物都比真人大一倍。他不仅没有出丑，而且创造了世界上壁画的奇迹。关于这壁画的传说很多。据说，当时主管这工作的教皇司礼官对他摆官架子，他在气愤之下把那个司礼官的尊容画到地狱里，司礼官向教皇告状，教皇取笑他活该，教皇对地狱也无权过问。又据说，米开朗基罗当时所画的《最后审判》，二百多个人物都是裸体，连基督、圣母都一视同仁。在梵蒂冈博物馆里就陈列有如此的原稿，这样表现圣者，引起了护教者甚至教皇的不满，授命另一画家把画中人物身上添画一些布条，结果这个画家从此英名尽丧，被后人讥讽为“画裤专家”。后来教皇的后代仍不满意这幅画，曾决定要把这幅画全部涂掉，可幸由于美术学院的画家极力谏阻，才免受灾难，不然人类文明的珍宝就惨遭毁灭。历史证明，一个真正的艺术家，他的毁与誉不会决定于当时权贵的宠与辱的，一件艺术品的成败，亦同样不会完全由当代权贵者的爱与憎所能决定，历史与人民是最好的裁判。

米开朗基罗是一个伟大的雕刻家，也是杰出的画家、建筑家、诗人，他的出现，把雕塑的社会功能提高到文化战线上主将的地位，成为意大利文艺复兴的杰出代表，史家就把他列为文艺复兴“三杰”之一。

然而他在西斯廷拱顶壁画《创世纪》的画上却签上“雕塑家米开朗

基罗”，而不是签上“画家米开朗基罗”。他认为艺术应该是纪念碑性的，是为创造英雄形象而存在的，因此不仅是他的雕刻，而且连他的绘画都贯串着他那豪壮无比的英雄气魄，就像一座座不可摇撼的纪念碑。他曾经说过，雕刻是属于男性的，他的绘画何尝不属于男性呢！他借用艺术强烈地发出强者不平的最后吼声。因此从他所创造的类似痛苦挣扎的形象里都爆发出一股震撼山河的能量，这就是他的巨人风格，也就是当时意大利人民在挣扎时形象。

又是建筑家

米开朗基罗又是一位伟大的建筑家，罗马城到今留下他不少的建筑杰作。罗马议会广场（卡匹托里）是他设计的。在现在的威尼斯广场的“祖国祭坛”旁，有一座显眼的石阶建筑，石阶的尽头就是当年的议会大厦广场，中间有一骑马像。广场的前沿，有一排倍于真人大的石雕，石阶两旁有一对人驯服野马的雕像；广场的后沿，躺着一座非常巨大的罗马老人石雕。当我们参观时，文物维修部门正在架起脚手架进行维修。广场是用各色大理石铺砌的，我们在广场上漫步时，并不觉得这广场设计有什么新点子，但当我们走上议会大厦，从二楼走廊向下鸟瞰时，就会发现这个广场不寻常的构思：广场上用各色大理石铺砌的花纹，以骑马像为轴心，交错延伸出丰富多姿的弧线，顿使广场空间为之开阔，使人留下深刻的印象。

当今梵蒂冈圣彼得大教堂的大圆顶，我相信不仅是米开朗基罗的代表作，而且完全有资格成为近几百年来建筑的奇观。它是十五世纪由建筑家布拉曼特设计而重新兴建的，但只开了个头，延续到十六世纪末十七世纪初由雕刻家米开朗基罗和画家拉斐尔等人参加才基本完成。当时这两位大师同时应征设计大圆顶，最后选中米开朗基罗的方案。现在这些设计方案的图纸与模型虽经历四个世纪，但仍保管得很好，现放在圣彼得大教堂内另辟专室长期陈列。包括落选的方案在内亦一样陈列，以尊重创造性的劳动，亦借此以显示教堂的设计是出自大师之手而自豪。十九世纪前，西方把建筑设计列入艺术专业，因此建筑与雕塑和绘画原是一家人，自古以来，不少杰出的建筑物皆出自美术家之手，因此重大建筑物的设计方案多向美术界授命，在当时是很寻常的事。但一个建筑物能经历四百年而无能匹敌其雄伟者，却不是一件寻常事。教堂高141米，全是大理石结构，站在教堂内向上仰望圆顶穹隆，像望天空一样渺茫。当我坐上电梯直上天台，走进圆顶石结构内的夹缝里，沿着圆顶内部坡度的几百步石级拾级而登，不能不敬佩设计者对于石结构的巧妙运用；又当你抵达141米的大圆顶的穹隆顶端，低头俯视正在大厅中做弥撒的人群像蚂蚁一样小的时候，你会感受到一次一生中从未有过的视觉享受，因为世界上再难找到这么高的大厅，让你飞上俯望；又当你回到平地，推开教皇的门，突然看到远处出奇的祭坛、小得出奇的人群，你几乎以为自己走进大人国的宫殿。到此我深为雕塑家中有米开朗基罗这样的建筑才能而自豪。难怪大教堂圆顶的入口处竖立作者的铜像了。

他确是一个历史的巨人，多才多艺，学识渊博，我们在他面前真像一个白痴，虽然拿出我们毕生唯一的专业才能，在他偶然兼顾的学识前，也相形见绌。

值得认真思考

意大利文艺复兴的大师们不仅仅是个别如此多才，这种一专多能的情况在知识界是很普遍的。众所周知的达·芬奇的智慧，几乎深入到知识的各个领域。恩格斯说他“不但是伟大的画家，并且是伟大的数学家、机械学家和工程师，科学上多种多样的重要发明全归功于他”。他从事绘画、雕塑之外，还潜心研究生物学、水利学、建筑、土木，还设计了桥梁、耐火战船、火炮、装甲车等各种战争工具，还创新了掘坑道的工程，并发明了当今的自来水管，相传在他的笔记本里还发现了当今飞机原理的设想。

拉斐尔和乔托，既是杰出的画家，几代宗师，又是杰出的建筑家，佛罗伦萨城著名的乔托塔，就是乔托的不朽之作，七百年后的今天仍然闪耀着夺目的光彩。拉斐尔只有二十年的艺术生命，他在三十七岁就与世长辞，但在人间留下的精神遗产永为后世所享受。在短短的生命历程中，他完成了大量的绘画，成了一代巨匠，他那种现实与理想相结合的创作方法成了一派的首领，开拓了完美、平衡、标准化的艺术形式，成

为后世学院派的典范。另一方面，他又是圣彼得大教堂的建筑主任、罗马古迹文物的考察员。他的人生是这么短，艺术的寿命却这么长，各种活动又这么多，是令人感慨万千的！

让我再重复说一次：到意大利不谈米开朗基罗是不可能的，我终究仍是谈他。

（原载《雕林漫步》，辽宁美术出版社1984年版）

塑像比居民还多

——旅欧印象

打开“西窗”看一看

我国大规模接受西方的文化艺术始于本世纪初。西欧的艺术思潮通过早期的留学生传进中国，不论印象派的作品、现实主义的作品，还是文艺复兴时期的作品，都曾经对我国文化艺术产生过影响。我早年学雕塑，对这些欧洲的艺术思潮及其代表作也有过接触。近十年来，中国与西方的文化交流中断了，究竟今天欧洲的艺术如何？有没有可以借鉴之处呢？是到了应当打开“窗口”看一看的时候了。我们一行十一人，花了个把月时间，到了法国、意大利等国家的九个著名城市，领略了欧洲的自然风光、风土人情，特别是绘画雕塑，更给我留下难忘的印象。

“塑像比居民还多”

我们这次赴欧，特地到有雕塑传统的名城观光，那自然少不了要去罗马。罗马宗教色彩浓烈，一个城市据说就有两千多座教堂，而教堂神秘的宗教气氛主要是靠建筑物的设计风格，加上绘画、雕塑烘托起来的。我们踏入米兰大教堂，举目一望，尽是大理石的塑像和浮雕，有基督的门徒，有历代著名的主教，有带着翅膀的天使……他们挨个儿默默地站在走廊里或被嵌在墙壁上。连建筑物的哥特式尖顶，也有石雕。据说竟有一千来个。

米兰教堂的例子不过是罗马一斑罢了，整个罗马实在是个雕塑的王国。我们从机场乘车往市区，沿途所见的广场、屋宇、石柱、喷水池，甚至马路拐弯处，无不立着雕塑，真叫人目不暇接。比如共和国广场上

有个仙女喷泉，泉边是四个仙女与海豚搏斗的雕塑，象征人类征服自然。往前不远，有一个纪念地名为“祖国祭坛”，纪念一位统一意大利的皇帝，也矗立着第一次世界大战的无名英雄墓。在这“祭坛”四周，就约有二十多尊人像雕塑，皇帝的塑像是五六米高的镀金铜像，他神采飞扬地骑在马上，廊顶两侧是正在奔驰的马车。无名英雄墓上也立了许多塑像，表现人民的英勇和力量。墓地中央有燃烧天然气的火把，火光熊熊，终年不灭。

米兰的奥林匹克运动场，也是雕塑作品的总汇。环绕运动场一周，是六七十个比真人还大一倍的塑像。一个个健美的人体，一双双肌肉隆起的臂膀，在做着各种运动姿势，有的打球，有的摔跤，有的射箭，有的跑步……栩栩如生。艺术家们用雕塑“语言”表现意大利各民族强健的体魄。

至于风景如画的法兰西，那也是雕塑艺术之宫。几乎所有的公园都有雕塑，著名的凡尔赛宫门前，一个接一个的喷水池和一排排的大理石雕塑点缀着浓荫密盖的公园大道。艺术美与大自然的美交融在一起，绿树与白石相辉映，显现了宫廷的庄严与华丽。

雕塑艺术还深入了人们的生活。巴黎的大街小巷、门楣屋顶都常常可见雕塑。有些是纪念性的，如周总理曾经居住过的一家小客店门前，就塑了周总理的浮雕；有些是装饰性的，现代巴黎新建筑群间的广场总有一些抽象派的雕塑作品，这些作品以线条美、体积美，点缀了城市。据说，法国是以法律手段来保护和繁荣雕塑艺术的，它在一百年前通过了一项法令：大型建筑工程的预算费中均须抽百分之一作为雕塑费（意大利是百分之二）。一百年来此项法令没有改变，难怪其雕塑作品之多了！有人开玩笑说：在法国、意大利要想看不见雕塑是难事，罗马的雕塑甚至“比居民还多”。当然，这是极而言之，但人是会死的，而雕塑却一代代流传下来，自然数量十分可观了，这话亦不无道理。

庞贝古城

古罗马的名城庞贝，在我心目中是一个充满神秘色彩的地方。据说，两千多年前，由于火山突然喷涌，岩浆冲天，庞贝全城居民仓皇逃命，但仍然有两千多人逃不出来。“火雨”下了两天两夜，把全座城市掩盖了。从此，整座城从这世界上消失，一直沉默了两千多年。直至近百多年才被发掘出来。

小时候，我曾经看过法郎士写的关于庞贝的小说，作者以丰富的想象力生动地描绘这座古城。他梦到自己半夜进入了庞贝，遇上一位美女（即废墟中的一具女化石），两人相爱起来，美女告诉作者火山爆发时的种种遭遇。这本小说深深印在我的记忆中。这次，我来到庞贝，便沿着作者的思路走。首先看了那位“美女”，那是一具半弓着腰、惊恐万状的人体化石，自然是说不上什么“美”的，那不过是小说作者的艺术加工罢了。庞贝的面积大约相当于半个广州市区，这里的建筑物大部分已毁，只余下一个轮廓，但也有个别建筑仍留有完整上盖的。城里车辙依稀可辨，我心中默默按小说谈的路径，参观了议事厅、贵族住宅等。这住宅内有一个密室，从来不开放，我是由于偶然的机会，得以进去参观。只见墙上尽是春宫图式的壁画，反映了当年贵族生活的糜烂。在庞贝的公共场所里，触目皆是绘画和镶嵌画，这些画的艺术水平很高，能够接近生活、表现人。画面明快开朗，节奏感强，人物有表情，有性格，形象逼真。从出土的雕塑看，当时艺术家对人体的结构也很有研究，比例准确、科学。庞贝有一壁画，画面是一位希腊少女，她那轻盈的体态、柔美的线条、回眸顾盼的表情极是动人。我们从这些艺术遗作中，窥见了希腊两千多年前的光辉文化。

离开庞贝，仍难忘这里所见所闻，仿佛通过各种雕塑，读了一页两千多年前的历史。我想，文学有语言的局限，音乐有时间的局限，戏剧有空间的局限，而雕塑在这些方面的局限却较少，它是用石头写就的历史，千万年地矗立着，默默放射其艺术光华，展现整个国家和民族的文化水平、思想情操，起着长期的宣传熏陶作用。不同方言、不同民族的人，在同一雕塑面前，往往会有共同的艺术感受。正像在罗马许多教堂的雕塑前，多少年从没中断过照相机按快门的声音和闪光灯的弧光；言语不通的人们，竟激动地呼唤着同一的名字：“呵，达西文（达·芬奇）”“拉斐尔”“米开郎哲罗（米开朗基罗，下同）”（注：以上均为文艺复兴时期的画家、雕塑家）。当我站在米开郎哲罗刻的《摩西》

大理石像前（注：此作品在罗马的圣彼得罗教堂内），真是犹如异国逢故人，倍觉亲切。我也不禁随着那川流不息的参观者，脱口轻唤："呵，摩西""米开郎哲罗"！

从什么都没有到什么都有

欧洲当代艺术思潮究竟如何？我们走马观花，很难下断语，这里只把巴黎蓬皮杜文化中心的一个展览馆介绍一下。这个展览馆处处表现着现代派的风格，单是建筑物本身已不一般。蓬皮杜文化中心是个文化场所，但建筑物外形却活像石油化工厂，尽是大大小小的管道。沿着正面墙壁，有一条巨大的玻璃管道，成"之"字形向上延伸，电梯就在玻璃管道内升降，管内一切了如指掌，宛似一条玻璃肠子。

在意大利米兰举办了一个"抽象派源流展览"。进门处摆了中国的八卦、书法、古陶器及黑种人的艺术品、原始时代的图案等，说明抽象派源流之久远，受影响之广。展览馆又从蒸汽机、原子能、电子等科学发展，从世界大战对人们的心理影响等因素来解释抽象派艺术的产生。

接着，陈列了许多代表作：有追求光与色的早期印象派的画；有追求内部结构美的后期印象派作品；有强调激情，开始抛弃形体的野兽派作品……继而发展为没有具体形象、但以线条及体积表现美感的雕塑。

往后演变便是从"两度空间"发展到"三度空间"的绘画。这里展出了一些在画面上贴满纸、布、破袜子的"画"，展出了铁线挂着铁皮和卡纸的"雕塑"。美术作品已经由"美"到"不美"了。原来这一派主张破坏一切，反映他们对现实不满的情绪。

风格在剧变。有些画的画面越来越简单，简单到只有圆圈、三角，最后干脆出现了三幅"什么都没有"的画：一张是全白的布，一张是全黑的布，一张是半黑不白的。这三张"什么也没有"的"画"，都有画家签名，全是名作。

展览馆到此并未结束。再往前参观，画面上渐渐又有东西，不仅有，而且"什么都有"了。最典型的要数我们在蓬皮杜文化中心一个铺了地毯的华丽展览室内所看到的作品。这是一件"什么都有"的作品，它把一个四五平方米的小杂货店（连建筑物在内），如实搬进展馆，挂满了烂咖啡壶、茶炊、旧水桶、旧扫帚等，这个“作品”不是什么都有了吗！

法国有个收藏美术作品的仓库，收藏的都是每件价值几万法郎以上的作品。我们有幸参观了它里面的雕塑，只见有些仅仅是把石头打成鸡蛋状；有些干脆在一辆真电单车上，塑个似人非人的抽象派铜物，就是一件作品；有些把两架缝纫机头翻过来，焊在一起，通了电会动，又成雕塑了。有人塑了一只巨型大拇指（一点八米高），博物馆竟用六万法郎收购了。

在米兰“抽象派源流展览”的最后部分，我们进入应用电子技术的“作品”里。房间很小，人刚进去，门马上关严了。仔细一看，室内大约只有两平方米，几百瓦的灯光一下全亮起来，上下左右均是镜子，到处是我自己的形象。每个镜子都可以动，一推就进了另一房间，又是十多个镜子。这样转来转去，犹如跌进了万花筒中。这就是“光的美术”，是“以有限面积表现无限空间”。

我请教巴黎的画家们，最新的艺术流派是什么。他们没有正面回答，只告诉我一件事：前几个月从伦敦来了两个轰动巴黎的雕塑家，他们一点儿也不“抽象”。他们在记者招待会上一丝不挂地出场表演，这就是当今流行的“行动艺术”，这不是非常“具象”么！

画家·趣事

西方国家的人民爱艺术，尊重艺术家，艺术家的社会地位是很高的。一进入意大利境，我们就兑换了意大利的货币。我拿着一张一千里拉（相当于人民币一元九角）的钞票，翻来覆去地看票面上印着的肖像，心里疑惑，“怎么意大利元首那样像雕塑家米开郎哲罗！？”还是问问陪同我们的意大利朋友吧。意料外又是意料中，果然是米开郎哲罗。所以意料外者，因为我以一个中国人传统的观念，总以为印在钞票上的肖像只可能是元首、皇帝之类，料不到竟会是艺术家；所以意料中者，是因为米开郎哲罗的容貌我太熟悉了。

到了法国，我在五法郎的钞票上，一眼便认出德拉克洛亚。他那狮子般的头发，那蕴含着浪漫激情的胡子，是一个典型的浪漫派画家的形象。但这时，我已毫不诧异地认定就是他，因我已习惯于西方人对艺术家的尊敬了。

对于已故的艺术大师们，人们更是用最亲切的方式去纪念。一天，我们乘坐地下铁道列车前往罗丹博物馆参观。刚下车，几乎以为这就是罗丹博物馆了，因为站台上到处矗立着罗丹的作品。看，那铜塑的《思想者》正蹲在站台中央低头思索；《青铜时代》的那个青年站在一旁举手仰头，如梦初醒……一座座庞大的雕塑，都搬到车站来了。我欣喜若狂地喊着："原作、原作！"但这只是罗丹博物馆的车站，距博物馆还远着哩。

我们步行二十分钟，到了罗丹博物馆。这个馆设立于国家拨给罗丹终生使用的工作室内，一切仍尽力保持原状：石头库依然如故，花园喷泉依然如故……特别使人感到亲切的是放雕塑的陈列台座，大部分作品都是放在工作转台上，使人感到罗丹仍然活着，几乎以为他只是外出未回家。等等吧，趁他未回来的时候，我贪婪地欣赏着早就从书本上熟悉了的罗丹名作：这是《巴尔扎克》，这是《步行的人》，这是《圣扬洗礼者》……数不尽的"熟人"都到齐了，只是罗丹还未回来……

西欧国家对艺术家是优待的，画家看画展不必购门票已是不成文法了。法国政府还在巴黎盖了几百间画家住宅，每间一百五十平方米上下，指定廉价出租给画家，凡住房困难，经申请审核合格的画家都可享受。我们在巴黎结识的好几个华侨画家都住进这些公房里。

巴黎铁塔附近还有一幢十分奇特的圆筒形房子，叫"蜂房"。据说是本世纪初，有个叫布谢尔的雕刻家出资建的。布谢尔早期很穷困，常常付不起房租，后来，他到罗马留学，成了名，回法后生活富裕了，他立志要帮助其他穷画家，便找了自己的老朋友——巴黎铁塔的设计者埃菲尔，设计了这幢圆筒形住宅。楼梯从中间直上，间墙像切月饼似地把圆筒隔为一个个房间，每层可住六至八户人家，全楼共住了十多户。这些房间全部廉价租给画家们。在本世纪初是五至六个法郎租一个房间，现在是三百法郎租一个房间（但仍比普通住宅的租金约便宜三分之二）。第二次世界大战时，这座房子倒塌了，画家们又出资重修。如今住的仍全部是画家。

在人间

我们出国前，对七十年代的西方有各种猜想，或以为那里精神文明低下，或以为那里物质文明高度发达……这次跑了法国、意大利等几个国家，感到并不尽然。在文化艺术上，虽然各种思潮与流派未必尽合我国国情，但仍有不少可借鉴之处。在社会道德品质方面，也有令人赞叹的好例子。比如，蓬皮杜文化中心就有一个几十万册书的图书室，根本没有专职管理员，人们可以进去随便翻查，阅读过后放在桌上就行，入夜，由青年学生们自动来义务整理。这无人管理的图书馆据说很少发生丢失图书的事。这不是很好的社会风尚么！

至于西方的物质文明，我们也有了一些感性认识。就说巴黎吧，它既有完全崭新的新区，亦有保持几百年前风貌的老区。新区尽是几十层的高楼大厦，活像一排排竖起的火柴盒。地下铁道宽敞、明亮，就像一个地面下的超级市场。出了地下铁道车站，竟使人不知置身于广场上抑或天台上，好像广场下还有广场，马路下还有马路。但新区哪怕再现代化，巴黎人仍然喜欢老区。新区多是办公大楼，一下班，人们都匆匆开车回老区去了。他们留恋老区什么呢？他们喜欢那传统的延续性，那里房子都是老式的，拿破仑三世时代的巴黎大剧院仍和当年一个样，座位仍是一个个包厢，使人依稀看到那些包厢内珠光宝气、拖着长裙的贵妇人影子，后面还隐约出现穿着硬领衬衣大献殷勤的绅士。这就是巴黎。

巴黎人的生活水平一般是较高的，但也不如我们想象的那样人人都有汽车、电冰箱……巴黎既有富翁，也有穷人，有乞丐。我们在路上就看见失去劳动力的法国老人在弹吉他卖唱，地上放一顶帽子讨钱。也有贫穷青年组成的整队乐队，在路边演奏乞钱的。

巴黎商业区很繁华，有超级市场，但更多的还是普通市场，甚至还有在店门口摆摊推销布匹、鞋袜百货的。

西方有一个习俗，我们特别不易适应，那就是什么都得给小费。进饭店吃饭要给小费，住旅店要给小费，连进公厕也要给小费……巴黎餐厅的价格之高也很惊人，我曾在一个普通餐室，要了一客最普通的饭食（两个鸡蛋、两片面包、一个马铃薯汤、一瓶啤酒），费用却和一个法

国“野马”牌手表不相上下。

一个多月的旅欧生活，收获和感触很多，百闻不如一见，既了解了一些情况，也看到了一些问题。西方的物质文明并没有想象中那么好，西方的精神文明并没有想象中那么坏。反正，这里既非天堂，亦非地狱，它是人世间的一个角落……

（本文由潘鹤口述、李春晓整理，后收入花城出版社所编《世界游记精选》一书）

日本雕塑参观随感

今年四月，我们一行三人带着创造日本和平公园雕塑的任务赴日进行工作考察并参观了东京、箱根和长崎等地的部分雕塑陈列馆。由于时间所限，只能是走马观花，浮光掠影，但也感到开阔眼界，有所收获。

日本的美术陈列馆遍及全国。东京有十二个美术馆，县（相当于我国的省）有县立美术馆，另外还有京都等文化艺术的中心城市以及箱根雕塑之森、井之头雕刻园等。在这些美术馆里陈列着大量日本和世界各国美术家的作品。我们重点参观了箱根雕刻之森美术馆、东京井之头雕刻园、东京都美术馆和西洋近代美术馆。

青翠的山石，深蓝色的木林，似铺着绿色地毯的浅草起伏的坡地上，林立着数百件材料不同、风格各异的雕刻作品……这就是著名的箱根雕刻之森美术馆，我们一到立即被这一片美景迷住了。首先映入眼帘的是在广场中央陈列的雕刻大师罗丹的《巴尔扎克》和马约尔的《布朗基纪念碑》。紧沿走道的一侧是布尔德尔的《力量》《胜利》《自由》《雄辩》。不远处那个手执弯弓的大力士正聚精会神地瞄准着所射之的。这些杰作竟跨过重洋从欧洲来到亚洲，青铜铸造复制的技巧极其精湛，作品上都有作者的签名。这些雕像在蓝色天空衬托下，显得十分坚实。欧洲文艺复兴时期大师米开朗基罗的《大卫》《垂死的奴隶》和《被缚的奴隶》也以其耀眼的大理石材料吸引着观众的视线，它们都是以原作尺寸等大，并且是整块大理石刻成，遗憾的是复制技巧较差，与原作相距甚大。著名现代派雕刻家亨利·摩尔的《家庭》和《弓状的腿》等代表作放置在一片浅草覆盖的坡地上，在众多现代派作品中占着突出的位置。此外，日本雕刻家的大批作品与世界名作相并列，其中也

有一些佳作。

这数百件作品被精心地加以安排，高低错落，疏密变化，材质相间，色彩互衬，把已经是非常美丽的山谷打扮得更加典雅壮观。这些作品中世界著名雕刻家的作品堪称柱石，还有一些抽象作品表现了不同的运动中的线：有的是简单的几何块体；有的本身在不停地转动着，给人以不同的变化着的形象感受；有的又似乎有意使作品与玩具相结合，让小观众们在里面钻来钻去。它们的基本特征是在形式和材料上下功夫，每件作品总要追求一种新的形式和材料处理方法，可谓琳琅满目，异彩纷呈。由于作者的构思不能被观众理解，因此大多数似乎是天外飞来之不明物体。不过作为雕塑同行来说，看后也感到在某些艺术形式和材料处理的探索上有可供借鉴之处。

箱根雕刻之森正如陈列馆的名字一样，把众多的雕刻集中摆在风景如画的山谷之中，其数量之多有如森林，这就与单个或几件作品摆置的效果大不相同。同时每件雕像由于内容、形式、材料、尺寸等不同特点得到恰当的安置，使每件作品都能让观众在适当距离和最佳角度去观赏，而且作品之间也相互映衬。因此，这里比之一般美术馆更加吸引观众。

箱根雕刻之森建立于1969年夏，至今不过十多年时间，已是世界闻名的雕塑公园，它把世界各地的雕塑爱好者和旅游者吸引到自己身边，使雕塑艺术发挥了巨大的社会功能。我国城市雕塑目前正在各地兴起，箱根雕刻之森美术馆是值得我们借鉴的。

我们这次赴日考察中印象最深的活动之一是访问日本著名雕塑家北村西望。北村西望先生已是一百零一岁高龄的老人，这大概是我们所知年龄最高的雕塑家了。他至今已从事雕塑活动八十二年，创作了七百多件作品。在他七十余岁时创作了长崎和平公园的主体雕塑《和平祈念像》（青铜，像高近十米，连花岗石基座二十米），此件雕像可算是北村西望成熟时期的代表作，它既吸收了欧洲西洋雕塑的技法，又表现出日本人民的气质，塑造手法也显示作者自己的风格。北村西望先生出色地完成了这件作品之后，国家将东京井之头公园的一部分开辟为他的雕塑陈列园，专门陈列他赠送给国家的三百件作品。除室外陈列以外还在公园内修建了三个陈列室，将部分中、小型作品和室外作品的小稿陈列在内。据介绍，除此之外，日本政府还另外专门建立了两座陈列他作品的陈列馆。北村西望先生的工作室就迁在井之头公园内，他的作品用写实的手法塑出性格各异的人物形象，他所取的题材非常丰富，从人物到动物，从古代历史到今天的生活，从纪念碑到架上雕塑，应有尽有，丰富多彩。他的工作室面积虽有两百多平方米，却被他的作品和各种创作构图放满，剩下供休息和接待客人的地方已不很宽了。北村西望现在虽然年事已高，但仍未放下他手中的雕塑刀，在我们访问时，他的工作室中还放着一件正在放大的高约三米的肖像。当然，除了构思草图之外，放大主要是在他指导下由学生进行。

像北村西望先生这样多产的雕刻家在世界上也是少有的。他的多产当然与高寿有关，但是，我们感到更重要的是他一生当中严肃认真的创作态度和始终如一勤奋劳动的可贵精神。现在他已到一百零一岁的高龄，又有了优越的条件，照理完全可以安享晚年，然而北村西望先生并不就此停止他的艺术浩劫，这表现出一位雕刻家的优秀品质。

东京都美术馆、东京西洋近代美术馆和长崎县美术馆里的雕塑也都是室内室外同时陈列，在室外除金属和石两种材料外，有的木雕并未在表层作涂料处理也在室外陈列。在流派上也均是具象和抽象并陈。在雕刻馆里有用不同形状的塑料袋充气的作品，有的左右摇摆，有的随着内部气体的变化时而胀满，时而变瘪；有带动力装置像机动玩具似的不明物体，在观看时还作出一些动作；还有在几何形块状体周围不停地从小孔中冒出气体，从而产生变化着的气流……总之，在形式和材料的追求上可以说是费尽心机，把追求新奇的形式和材料工艺作为主要目的。

在箱根雕刻之森的一间陈列室内，我们看到著名意大利雕塑家曼苏的十余件铜铸的浮雕，以非常深藏不露的体积塑造形象，表现手法清快流畅，给人以深刻的印象。特别值得一提的是，东京西洋美术馆竟然不惜重金购买了罗丹的《地狱之门》的原作加以陈列，由此可见日本政府对发展文化艺术的重视。

（潘鹤、郭其祥、程允贤合撰，原载《世界美术》1984年第3期）

日本雕刻之森巡礼

一九六九年，日本富士山景小组，为了振新环境艺术，赠送给日本人民及世界游客一座非常高雅而又别开生面的礼物，在风景秀丽的箱根山谷创立了野外雕塑陈列区，命名为“雕刻之森”，亦即雕刻公园。过去一般公园有的不外是花、树、湖、山，充其量加上一些建筑小品，千千万万座公园都千篇一律，没有什么个性，只能供人呼吸新鲜空气，谈不上什么情趣高雅，文化熏陶，更引不来远地游人观光。过去和现在也曾有过东西方皇亲国戚的官邸花园，为了炫耀豪阔，表现出有文化艺术修养的派头，在花园里大量摆设价值昂贵的艺术品。中国式的园庭更常从远地运来名山的巨石，邀请名匠设计堆叠，邀集雅士赋诗题联，刻石留名。西方的庭园，如巴黎的卢森堡公园和郊区凡尔赛宫内，十步一铜像，百步一石雕，绿荫掩映，高雅非凡，但这些在过去是特殊阶层社交游乐的场地，现在才成为全人类的文化艺术宝库，不过却导致西方有一种传统，凡公园都放雕塑，无雕塑不成其为上等公园。发展到近代，设专门放置雕刻的公园已在世界不少国家流行起来，强调知识性、艺术性、趣味性的具有个性特征的公园应运而生。如布鲁塞尔有一座小巧玲珑的“袖珍公园”，就放置有六十座人物雕像，在石头上使该城历史上的英雄人物重生以及再现当年各行各业普通人的风貌。又如挪威的维格兰雕塑公园，是为纪念挪威雕塑大师维格兰而命名的，园里摆放着这位大师花了二十多年心血为建立这个公园而创作的近二百座雕像。上述公园的面积都很小，本来微不足道，但“山不在高”，因为具有与众不同的特点，便名扬四海，千古流芳。

虽然世界各地建立雕塑公园已渐成风尚，但纯粹以艺术和大自然结合得如此融洽，给大自然注入文化，能燃烧起时代精神的，却首推日本箱根的“雕刻之森”了。现代人在百忙中很需要跑回大自然中重温它的抚爱，也很需要跑到胜迹或美术馆里受前人智慧的熏陶。日本“雕刻之森的”的创办人为了适应这些需要，把公园与美术馆融为一体，这是创举，是富有生命力的一种形式。长期以来，除了纪念性雕塑竖立于室外，作为艺术品陈列的雕塑都禁囿于宫内，一般地说都没有像绘画陈列在室内那样受到广泛爱好，这就使雕塑施展不开拳脚，发挥不了优势。雕塑艺术只有集中起来活跃于室外，才能广泛瞩目而给以新的活力。在这个前提下，我认为日本箱根的“雕刻之森”在公园设施及雕塑陈列的改革上都一马当先地立下了不朽功勋。

箱根山谷，层峦叠翠，景色迷人。山谷间有高地，有丛林，有大片草坡，也有小溪小涧，迂回曲折，起伏有致。在一定范围内，漫山遍野间，竖立了几百座雕塑，好像大自然中镶嵌上了无数宝石在闪闪发光。有的以蓝天为衬，有的以丛林为屏，有的被绿茵烘托，有的倒映水中。鸟语花香，风光旖旎，置身其中，得到的是不同凡响的高尚享受。这几百座石雕和铜像及用其他材料雕刻的作品中有几十座是不惜巨资从欧洲搜罗到的世界知名作品，如法国罗丹的《巴尔扎克》铜像，布尔德尔的《力量》《自由》《胜利》《雄辩》四座铜像，马约尔的《布朗基纪念碑》，瑞典米勒斯的《人和飞马》《神之手》，此外还有当代英国著名雕刻大师亨利·摩尔的《家庭》《弓形的腿》，西班牙米罗的人物，罗马著名雕塑大师曼苏的《脱衣》与及罗马美术学院著名教授古列扣的一系列女人体铜像。此外，还复制了米开朗基罗的《大卫》《奴隶》《哀悼基督》等，大小都与原作同等并同样用一整块大理石雕成。游客在“雕刻之森”浏览一周，就亲眼欣赏到这些分布在世界各地的罕见原作（有原作者签名的铸件都算原作），这不仅为日本人民欣赏世界雕刻名作大开方便之门，亦使日本成为沟通东西方雕塑艺术的桥梁，从而吸引各国的雕塑界和大批的欣赏者，有效地提高日本的国际文化地位，在世界范围内树立起其重视艺术的“伯乐”形象。日本为什么在短短的时间内急起直追成了文化强国，这绝非偶然。他山之石可以攻玉，“雕刻之森”这样的公园设施对于我们不是很可借鉴吗？

（潘鹤、程允贤、郭其祥合撰，原载《画廊》第14期，岭南美术出版社1984年版）

千载难逢的历史选择

——写在纪念《讲话》发表五十周年的日子里

踏入20世纪，中国的、传统的、民族的雕塑艺术已经处在青黄不接极度衰退的时期，城市雕塑近乎空白，甚至被遗忘，完全失去了社会基础。以至一百年来全国只有二三十座城雕，而且在建国前有一半是委托国外建造的。这与有着数千年文化历史的堂堂大国毫不相称！许多人都认为我们这一代雕塑家生来不逢时，倒霉透顶。

但是，我不是这样看，是祸是福还应站在历史的高度才能衡量清楚。正因为空白，才需要填补；正因为失去社会基础，才需要重建；正因为衰退，我们才会立志以雕塑复兴为已任；正因为不为社会认识，我们才有机会游说。因此我们正好借着开放政策重建家园的时机，在短短的十年间在全国建立了两三千座雕塑，刚好百倍于前半个世纪的总数，重新打下了社会基础，使城雕成为一个民族、一个城市不可缺少的象征，给国内外人留下深刻的印象。并且我国的雕塑开始走向世界的广场，我们的校园开始接收外国的留学生。这是穷极思变，在“双百”方针、“二为”方向以及一系列文艺路线基本原则指引下出现的大发展。离开社会、离开人民就不会有我们今天的城市雕塑艺术的繁荣。

更有幸者，时势造英雄，艺术贵在各领风骚。一个时代有一个时代的艺术，可继承但不可代替。过去几千年不变的封建社会，反映在雕塑上同样是千年不变、千篇一律的观音菩萨和千奇百怪的神像。但生逢这20世纪的我们，却有幸遇上了中国历史上变革最急剧的时代，可以反映前人未曾反映过的事物，抒发前人未曾抒发过的感受，浓缩凝固下来的作品就能代表前人未曾代表过的文艺思潮。在一环环的历史链条中得天独厚独占一环，这不是千载难逢吗？这不是时势造英雄吗？

在这个认识下，回顾这40年来风风雨雨的前半生，哪怕经历了38次大大小小的政治运动，耗掉大部分时间在被改造和自我改造中度过，但是，假设不是这样从思想、感情、立场、观点改造自己，怎能扭转我的艺术方向？今天还不是像40多年前一样仅仅是躲在象牙之塔里为艺术而艺术，为微不足道的个人小天地而艺术，与社会与时代有什么关系？值得吗？

记得几年前我在《羊城晚报》的《新年独白》中曾写下如下几句话："我渴望中国的艺术也和国家同步进入一个讲究实力的新阶段，以自己当代中国人的身份平等地并列于世界艺坛。"即是说不是以假洋人身份或假古董身份进入世界艺坛，更不能以不平等身份俯首帖耳爬入世界艺坛。今天通过重温《在延安文艺座谈会上的讲话》的精神，我更加无悔自己当年历史的选择。

（原载1992年广东画院会刊）

[附]

新年独白：我渴望中国的艺术……

时至今年，是我们这一辈人第一次享受到持续十年升平盛世安居乐业的第一个十年，也是我们这一辈文艺家积聚已久的创作力能脱颖而出的第一个十年，并且预感到国家已进一步迈入更成熟更具信心更讲实力的新阶段。我渴望中国的艺术也同步进入一个讲究实力的新阶段。不随时好后，莫跪古人前。踏踏实实建成一个具有社会主义中国当代特色的艺术阵地，以自己当代人的身份平等地并列于世界艺坛。

我们新生的中国社会主义艺术确是有生命力的，哪怕还处在初级阶段，不那么完善，不那么高大，不那么成熟，但好好培育下去必然能长高长大，出类拔萃。这样才能无愧于前人，无愧于人类，无愧于社会主义事业。新年伊始祝如愿以偿。

（原载《羊城晚报》1988年1月1日）

城市规划没被当作“艺术”

公共艺术对于塑造城市的文化品格和形象意义非凡，成功的城市建筑和雕塑，便是最鲜亮的城市名片和城市硬件。但就目前的情况来看，国内各大城市普遍都存在城市雕塑偏少的情况。说到广州，令人印象深刻的还是五羊雕像、广州解放纪念碑这样的老“地标”，偶尔见到一些新建的雕塑，广告意味浓厚，总感觉还是少了些文化内涵。

怎么看这个问题呢？我觉得首先是思想认识上有差距。对于城市雕塑的重要性，我们的认识还远不如欧洲。“文化”是城市建设的“软件”，是看不见的，而雕塑恰恰可以把它“凝固”下来形成“硬件”。好比去到罗马的人，光看当地雕塑，就足以领略其文化底蕴之丰厚。

这里面还牵涉到人们的一个惯性思维问题——我国没有把建筑设计、城市规划真正当作一门艺术。举个最具代表性的例子，在西方，建筑设计一般都是设在美术学院旗下，而我们则是设在理工学院。上世纪80年代，广州美院曾经打算和华南理工建筑系合办适合改革开放需要的现代设计班，结果几经波折最终还是未能成功。

到了上世纪90年代，有一次，我遇到新加坡前总统王鼎昌，他本人也是学建筑出身。他说，新加坡现在是“花园国家”，经济、绿化都过关了，唯独文化上还没有过关。没有文化作为“地基”，就无法巩固已经取得的经济成就；没有信仰来加强人心的自律，没有思想来提炼一个国家的“灵魂”，经济上再繁荣，寿命也长不了。而城市雕塑，恰恰就是最适合展现、“固化”当地文化个性、精神气质、审美观念的载体。

王鼎昌这番话对于广东来说也是适用的。作为改革开放先行地，广东30年来取得的经济成就有目共睹，当务之急是在积极推进公共设施建设的同时，通过城市雕塑等公共艺术，来充分展现岭南文化的魅力，塑造城市精神。

我曾经打过这么一个比方：道路好比“一条龙”，雕塑就是“画龙点睛”的那一笔。最近，我听说广州市打算沿着新中轴线，在珠江新城中心广场四周增设一系列雕塑群，反映广州作为海上丝绸之路发源地，戊戌变法、辛亥革命策源地，改革开放先行地的人文历史。这个想法就很好，希望能做出高水平来。

（原载《广东科技报》2010年8月6日）

胸怀坦荡，执著追求

——缅怀方人定先生

方人定先生1925年在广东法官学校高等研究部读书时与我父亲是同学，我是方先生的晚辈。

我和方先生在一起工作，那是解放后的事。1951年。在新波同志领导下，成立了广东省美术工作室。我和方先生都在美术室工作。我记得，方先生当时主持广州国画座谈会，每月组织观摩活动，深入生活写生，从无间断。虽然，在艺术观点上，他不随波逐流，但对待不同观点、不同派别的同志却是坦诚相见，宽于待人。早在二三十年代，方人定先生在广州《国民新闻》报上连续撰文，与黄般若、卢振寰、卢子枢等“国画会”成员，在国画改革问题上展开公开的论战；现在他身居领导，对振寰、子枢、湘碧等曾抱不同学术观点的同志，又能把他们团结在一起进行学术研究。后来，他还推荐卢振寰当省美协主席。可见，方先生容人之海量，这与某些一旦大权在手便独断专行之辈真有天渊之别！

在艺术道路上，方先生几十年如一日，坚持不懈地探索、追求。他早期从高剑父学山水花鸟，1928年，他的花鸟作品获比利时万国博览会金牌奖，并被比利时博物馆收藏。但他不满足。翌年，他抱着“紧跟时代，为着人生”的目的，到日本深造，兼学素描和油画，主要是专攻人物画。“九一八”事变归国后，创作了一批以现代生活为题材的作品。例如《踏雪》《归猎》《雪夜逃难》《战后的悲哀》和《风雨途中》等人物画，并在南京、上海、广州等地举行个人画展，轰动一时。方先生鲜明地提出作品要以人物为主、题材以现代生活新姿态为对象、画法则强调“折衷东西”的创作三原则，他的艺术为人生的宗旨是非常坚定的。

在艺术思想上，他有自己的独特见解，不趋炎附势，不随波逐流。1926年，他写了《新国画与旧国画》一文，与思想保守的“国画会”成员论争。1954年，广东省美协（当时称中国美术家协会广州分会）接待了苏联艺术界一位自命不凡、盛气凌人的权威人士，他看了方人定的画后，批评说没有“表现时间（春夏秋冬）空间（远近）”。在那年代，这些说话就是“圣旨”！但耿直的方人定先生却敢于直言不讳地反驳说：“用西洋画去评中国画，简直是荒唐！”

在技法上，方人定先生一直走着中西结合的道路，他既反对泥古不化的国粹派，也反对全盘西化。他主张在中国画传统的基础上创新，以西洋画之长补中国画之短。早年在国粹派统治画坛的时代，他就提倡绘画的创造性及科学性；50年代初，在苏联写实派占统治地位的画坛上，他却起来反对画一个鼻子要画36个面的所谓“素描基础”。方人定的人物画就比较注意吸收中国优秀的民族传统，尽管当时很多人受水墨画立体化的影响，但他始终追求一种背光平面化及传统书法线条，形成典雅、韵味的装饰风格。当然，在今天来说，这种风格已普及，但要知道，在数十年前，他在坚持这种风格是要付出多大的勇气与毅力啊！在《李香君》一画中，线条的运用自如完美。《琵琶行》组画（22幅），他注意吸取西洋画构图和优点，运用秀劲的长线条、背光法和平面化，力求符合真实，来表现诗中的人物性格，是探索中的成功之作。方人定先生在中国画的改革中所作的不懈努力和勇于创新的精神，为我们后辈所敬佩。

（原载《羊城晚报》1991年6月19日）

艺术的尊严

认识李汉仪已经超过半个世纪，有一段很长的时间，因为共事，我们几乎朝夕相处。

1994年，参加第二届全国城市雕塑艺术展评奖工作后，我曾对前来采访的记者说，现在的城市雕塑竞争很激烈，需要出奇才能制胜，作品的探索更多只是在形式上的，满足于视觉的新奇而内涵没有跟上。因此，我较欣赏李汉仪的《烽火年代》：持枪的母亲在哺育自己的孩子，作品表现出一种希望，即使在那种动荡的年代，还孕育着未来。这是一座表现人与人、人与自然抗争主题的雕塑。与此主题相类似，在李汉仪的作品中还有《搏斗》和《浴血淞沪》。

大型花岗石浮雕《浴血淞沪》（合作），是李汉仪的重点创作，历时两年，我曾目睹这一作品产生的全过程。在构思创作稿时，一稿、二稿、三稿，在画面的浩大空间里，构图日臻成熟，内容的连贯与整体的激情氛围，跃然纸上，创造了反映重大历史题材的雕塑形式美。这是一件倾尽作者创作心血的难得作品，很自然，顺理成章。李汉仪的创作稿被广州市有关多方面专家参与的大型研讨会审查通过，并且受到与会者的好评。

与上述主题相对应，李汉仪另一部分作品，则表现人与人、人与自然和谐的主题，如《珠江岸边》《回归自然》和《诚信门》。《珠江岸边》（木雕，中国美术馆藏）创作于1964年，时值我国经济困难时期刚过，具有敏锐洞察力的李汉仪在农村获得这一题材：两个典型的少女形象象征美丽富饶的珠三角，既反映了李汉仪对家乡的思念，更反映了珠江三角洲人民的恋乡情怀，以及人与人、人与自然的和谐关系。《诚信门》则是2001年创作的，运用我国民间童真式的习俗（据说亚洲其他国家也有这样的习俗），用相互扣小指以示承诺。作品表达了作者希望人与人之间建立永恒真诚关系的愿望。

还有，《孙中山》、《容庚》、《历史的一页》（合作）、《弓》、《谢幕》等等，都是我较为喜欢的作品。李汉仪擅长对事物的把握和概括，揭示事物的深层内涵；肖像创作力求造型美和对人物社会属性的深化与凸显。李汉仪学习西方雕塑，却不盲从；热爱我国古代石窟传统艺术，又不为古人所束缚，在源于生活，扎根民族的情感中，渐渐显示了自己的艺术尊严。这是一条艺术上宽广的路，把握时代脉搏，留下时代的回声。

《搏斗》于1956年获首届全国青年美展二等奖；《烽火年代》于1994年获第二届全国城市雕塑艺术展优秀奖，《烽火年代》（石膏原稿和花岗岩雕像）曾先后两次在中央电视台《新闻联播》节目中展现，在《人民日报》和美国出版的《中国当代公共艺术》（*Contemporary Public Art in China*）一书中发表；浮雕《周总理会见池田大作》也在日本《圣教新闻》登载。随着时间的推移，李汉仪的雕塑艺术价值日渐明朗，而且我深信，将越来越受到大众的肯定和欢迎。

2004年2月

（本文为《李汉仪雕塑选》序言）

快乐的艺术

王增丰是个怪人，是奇才，官当得好好的，突然搞起漫画雕塑来了。搞得非常成功。

上个世纪80年代认识他时，他是军区机关的团职干部，利用业余时间搞根雕艺术创作，他的根雕艺术，天然得很，有内涵，有味道，是雕塑家人工雕不出来的。

泥塑他同样很有才华，对形象非常敏感，一瞬间就能把人物的特征抓住，把次要非特征的细节去掉，故此作品幽默，大胆夸张而且很到位。他的肖像作品做谁像谁，而且很有趣味，滑稽幽默得令人发笑。

艺术是靠感觉的，不是靠理性的。靠条条框框、墨守成规、照搬书本是不会成功的。

他对艺术已经到了痴迷地步，他的根雕我看过多次，大气恢宏、鬼斧神工、天人合一，我给他题了“痴根”,倒过来也可读为“根痴”。迷上漫画雕塑后，他辞去让人羡慕的公职，全身心投入艺术研究，淡泊名利，潜心创作并达到如此境界，可谓难能可贵。对于艺术，我一贯提倡要有“痴”的精神，不痴哪能聚精会神地着迷？我以前讲过，对任何艺术要进入“痴”“癫”“疯”“疵”“癖”五种境界，即：无痴难迷，无癫难活，无疯难乐，无疵难真，无癖难深。

王增丰的漫塑作品是意象的艺术，富有浪漫主义精神，既有传统的民族色彩，也有现代的人文精神。在我国文化艺术日趋多元化的今天，他能够站在学术研究和艺术家社会责任的高度，摸索出一个新的创作思路和表现形式，这种尝试，我认为是很有意义的。他把多年的研究成果无偿融入到中小学艺术教育当中，为传承中华传统优秀文化作出了自己的贡献。

和他聊天时，他说他的生活经历是很坎坷的，受到过很多磨难，为此我赠他一副对联：“自古英雄多磨难,不招人妒是庸才。”

祝他艺术更上一层楼。

（原载《广州文艺》2007年第11期）

附　录

潘鹤艺术年表前编

（1925—2017）

当代岭南文化名家

1925年（出生）

12月18日，生于广州市。祖籍佛山石湾番村。

1930年（5岁）

上小学，曾短期就读于广州协和女子中学附属小学。课余请家庭教师补习“四书”“五经”。

1937年（12岁）

中日战争爆发后，随家人前往香港，就读于香港大屿山东涌华英中学。

1938年（13岁）

就读于香港德明中学，开始酷爱水彩写生。课余进修古文及诗词，老师为林琴南弟子贺芜庵。

1939年（14岁）

为避战火，随家人迁回佛山镇定居。开始酷爱人物雕塑及书法。

1940年（15岁）

塑拜伦、雪莱、肖邦、贝多芬、李斯特、舒伯特、拿破仑、林肯、李惠仪、父亲、外婆及自塑像。

1941年（16岁）

酷爱油画写生，绘自画像、父亲半身像及李惠仪像多幅。塑屠格涅夫、陀思妥耶夫斯基、陈伟良、陈健行、孔政枢（黄少强舅父）、李广海夫人及开始有主题性的雕塑创作，皆以李惠仪为描写对象。

1942年（17岁）

随黄少强学中国水墨人物画，酷爱速写及油画创作，创作油画《母与子》《数米待炊》《抢食》及雕塑《求理解》《不合理的社会》等。

在黄少强指导下，于高奇峰诞辰纪念日举办六人联合展览。

1943年（18岁）

塑黄少强、钟奔釜、陈钧颐及家人等十多座像。塑《邓芬》《陈友琴》《黄笃丞》《孔维新》《陈质农》《李道轩》《邓瑞瑛》等像。结识梅雨天、徐东白、李凤公等画家。

1944年（19岁）

从沦陷区偷渡到澳门，结识夏刚志（意大利雕塑家）、高剑父、杨善深、余本、陈福善、简琴石。为简均、李珠、何贤之父、任剑辉等若干富豪名流塑像。曾削发投奔竹林寺为僧。

1945年—1949年（20岁—24岁）

太平洋战争结束后，来往于香港广州之间，结识周方、联合国画家玛丽安及符罗飞、陈锡均、丁纪凌、鲍少游等美术家及香港一些官员如港督葛亮洪等，并加入香港艺术协会，参加过两届美展并售出三幅水彩画给英国官员。报名美国波士顿美术馆学院，因广州面临解放而未成行。其间曾塑赵少昂、冯翰伯、云逢铨铜像、高尔基像及自塑像等一批塑像。广州解放后，乘坐首班香港至广州火车回内地。

1950年（25岁）

就读于广州华南人民文艺学院，任学生代表。三个月后被派往中山县征粮及整顿农会，随后又派往土地改革试点工作队任土委会宣教委员及工作组组长。土改运动结束后借调到华南文学艺术界联合会编辑出版部任代组长，其间发动学院同学绘制抗美援朝宣传画100幅。后又派往广州市民主改革工作队到省邮电总局任“三反”工作队组长。曾以旧作《高尔基》参加省第一届美展。

1951年（26岁）

筹办广东省土改展览会，塑造大型毛主席胸像，并与尹积昌等合作

四米多高的毛主席全身像立于华南土特产物资交流会广场（今广州文化公园）。创作《保卫胜利果实》雕塑稿。

1952年（27岁）

参与主持编辑《华南画报》（月刊），筹办广东省美术创作室，前后发表过大量连环画、年画、门画、招贴画等普及美术作品。曾被提名选派赴留学苏联六年，后因本人家庭负担重不便远离作罢。创作《当我长大的时候》。

1953年（28岁）

筹办广东省美术家协会，任专职理事，负责创作委员会组织工作。参与筹建广州中苏友好展览馆，负责设计制作馆徽。同年9月，赴京出席第二届全国文艺工作者代表大会。

1954年（29岁）

被中国美术家协会批准为会员。与尹积昌负责建国后广东省第一届美术展览会雕塑作品组织工作。赴广东连南采风，创作一批连南风情水彩画。

1955年（30岁）

作品《当我长大的时候》代表新中国在瑞士举行的国际母亲节大会陈列，并送波兰参加第五届世界青年联欢节。

1956年（31岁）

被选为中国美术家协会理事。创作《艰苦岁月》《两代》。

1957年（32岁）

创作广州公社纪念碑雕塑草稿《前仆后继》。

1958年（33岁）

1月11日，受到错误批判，被迫在华南文联文艺整风，千人大会上作检查，留下了《在华南文联文艺整风千人大会上的检查》。

文艺整风后，全家下放高要新桥乡，半年后回城。患格林巴里综合征，病危。《艰苦岁月》被选参加在莫斯科举办的“社会主义国家造型艺术展”。年底，进京参与首都十大建筑雕塑设计。

1959年（34岁）

创作《农民父子》。在京之余，创作一批反映北京日常街头风貌的水彩画。

50年代中后期，陆续写下《谈巨型雕像的放大施工》《谈观察》《谈衣纹》《谈创作规律》等未刊文章。

1960年（35岁）

7月，出席第三届全国文代会。创作《省港大罢工》《得了土地》《洪秀全》。同年调入广州美术学院雕塑系，任讲师、教研组长。

1961年（36岁）

大部分时间在教学及参加各种政治运动。教学期间利用带学生上山下乡机会，在田间渔港速塑过一批工农群众头像，创作油画人像和一批水彩风景画。在《美术》杂志发表《〈艰苦岁月〉创作余得》。

1962年（37岁）

受中国电影家协会委托创作《文艺女神》、木雕小品《童工》《渔家小妹妹》《侨女》，前两件为中国美术馆收购。

冬，带学生赴广东惠阳县潼湖公社开展创作实习。

1963年（38岁）

春，赴广东顺德农村体验生活。在《羊城晚报》发表《似与不似》。

1964年（39岁）

《潘鹤作品选集》由人民美术出版社出版。

1965年（40岁）

为湖南韶山毛主席故居创作《青年毛泽东》。

1966年（41岁）

为人民大会堂广东厅创作一对共12平方米的《广东风貌浮雕》，接近完成，在“文化大革命”期间被毁。指导学生创作广州少年宫大型泥塑群像《圣婴院》。在《羊城晚报》发表《一条大路在眼前——参观〈收租院〉泥塑群像纪感》。

1967年（42岁）

被定性为“资产阶级反动学术权威”，关进“牛栏”监禁并被批判斗争。释放后又被迫介入华南师范学院两派为争建毛主席像而引发的广州市第一场大规模武斗。

1968年（43岁）

下放广东三水参加干校劳动改造，负责管牛群。

1969年—1975年（44岁—50岁）

从干校借调回广州塑造12米毛主席像。为珠江电影制片厂设计厂徽《工农兵》（与唐大禧、梁明诚合作）。借调期间为“星火燎原馆”进行大量集体创作，其中个人创作有《追穷寇》《世界革命系列》《农业文明》《路》等雕塑。

1976年（51岁）

患腹膜炎，病危，先后在腹部开刀八次。为中国人民革命军事博物馆创作完成《大刀进行曲》，为广州“星火燎原馆”合作创作《攻占总统府》。

1977年（52岁）

被选为广东省美协副主席，任广州美院雕塑系主任、副教授。主持南昌起义纪念碑浮雕群之《宣布起义》创作，任创作组组长。首次提出"雕塑走向室外"的观点。任毛主席纪念堂雕塑领导小组成员。

1978年（53岁）

调北京参加毛主席纪念堂广场雕塑创作。在京创作《鲁迅像》《白求恩》《铜墙铁壁》。参加广州解放纪念碑雕塑征稿，从108个方案中获选。与梁明诚合作放大工作，1980年8月落成。创作福建厦门集美学村《陈嘉庚》像。

1979年（54岁）

被任命为毛主席纪念堂修改广场雕塑筹委会领导小组成员。年底随文化部赴欧雕塑艺术考察团赴罗马、梵蒂冈、米兰、威尼斯、佛罗伦萨、那不勒斯、庞贝遗址及巴黎等地考察，历时一月，并创作水彩画若干。

同年，《白求恩》获全国美术展览三等奖。《潘鹤水彩记游》由上海人民美术出版社出版。

1980年（55岁）

1月，从欧洲考察回国后，考察团向国家计委提议成立全国城市雕塑领导机构，拨款复兴城市雕塑。建议将广州解放纪念碑领导小组保留兼管广州市户外雕塑，被批准并被任命为副组长。《潘鹤赴意大利、法国考察报告提要》经钱海源整理，发表在湖南省美协《美术通讯》第2期。为广东中山温泉宾馆竖立室外雕塑，为雕塑进入宾馆开路；为珠海市加工石群，为石景山开路。撰写《雕塑主要出路在室外》等多篇文章，发表于广州报刊。向广州美院申请由雕塑系毕业班与华丁设计院合办雕塑与建筑相结合的一年制培训班，被院领导否决制止。与广州美术学院雕塑系集体创作广州东方宾馆石雕《五羊下凡》。

1981年（56岁）

组织创作珠海市烈士陵园长48米的摩崖石雕。协同深圳市政府筹建特区室外雕塑领导机构，规划全市雕塑布局，被任命为总顾问。《美术》杂志转载刊发《雕塑的主要出路在室外》。

同年，成为广州美术学院雕塑系首批硕士生导师和学术带头人。

1982年（57岁）

为珠海荒郊建立《珠海渔女》石像，为先有雕塑后有城市、先有雕塑后有传说开路。8月，中央批复成立全国城市雕塑领导小组及艺术委员会，被任命为副主任。在成立大会上宣读《社会主义国家是城市雕塑最佳土壤》一文。创作石雕《自我完善》。

1983年（58岁）

为深圳市委大院创作《开荒牛》铜像及《艰苦岁月》铜像。厦门《陈嘉庚》铜像、鹤山《李铁夫》铜像落成。广州中国大酒店18层外墙1000多平方米鎏金线刻落成。参与创作《卡尔·马克思画传》插图。塑《马克思恩格斯友谊像》。参加香港户外雕塑展。

1984年（59岁）

开始创作中国政府赠送日本的《和平少女》石像，并赴日本长崎和平公园考察选点。考察东京、箱根等地雕塑陈列馆。在澳门举办“黄笃维潘鹤水彩联展”。创作澳门《赵斑斓》铜像。铜雕《开荒牛》小稿获第六届全国美术展览金牌奖。

1985年（60岁）

完成《和平少女》石像，专船运往日本长崎，并在长崎和平公园现场指导安装，出席揭幕仪式。另外制作1米《和平少女》石像作为国礼，陈列于长崎反原子弹博物馆。被选为全国美协常务理事，提升为教授。

创作中国石油学院《爱因斯坦》铜像、福建泉州望子楼《朱幼娟》铜像、福建晋江紫帽山《母念子》像。

1986年（61岁）

3月，在香港中华文化促进中心发表题为《中国现代雕塑的发展》演讲。创作福建厦门《孙中山总理》铜像、澳门《孙中山医生》铜像、湖南桑植天子山顶《贺龙——魂归故里》6.5米高铜像、深圳《国际友谊泉》群像、珠海《杨匏安烈士》铜像、海丰红场《彭湃烈士》铜像、无锡《荣德生》铜像。与张松鹤、陈淑光、李汉仪、梁明诚等合作设计惠州东江人民革命烈士纪念碑，并创作《销毁鸦片》石像及《虎门战役》浮雕。参与创作深圳革命烈士纪念碑。

1987年（62岁）

创作卢沟桥《怒吼吧！睡狮》（与梁明诚、程允贤合作）、井冈山《王佐》骑马铜像、呼和浩特《和亲》双人骑马铜像（与段积余合作）、广州南越王墓博物馆红石浮雕墙（约400平方米）、为海南岛重作《艰苦岁月》铜像、佛山医院《华佗》铜像、广州起义纪念馆《彭湃》石像、《关山月》铜像、新会《陈经纶》石像。组织发动为广州人民公园捐献雕塑并重作《鲁迅》铜像。

同年，被国家科委授予“国家级有突出贡献的中青年专家”称号。在建国38年来首届全国城市雕塑评奖活动中，《开荒牛》获最佳奖，《珠海渔女》《和平少女》获优秀奖。

1988年（63岁）

创作海南五指山《冯白驹》10米石像、海南华侨宾馆《艰苦岁月》铜像、厦门《李林烈士》铜像、新会《谭时年》铜像、新会《黄球》铜像、新会《吴鸿亚》铜像、广州西汉南越王博物馆外墙浮雕及大门双虎石雕、长沙华天宾馆浮雕、广州广雅中学浮雕。

同年，获全国总工会颁发的“全国五一劳动奖章”。

1989年（64岁）

创作广州国际金融大厦大堂浮雕、西安华清池《杨贵妃》石像、汕头《文艺女神》石雕、广州乙卯洪水纪念碑、香港《杨振宁》铜像、香港《黄炳明》铜像。

1990年（65岁）

创作《黄新波》像、《包玉刚》铜像（香港、宁波大学）、澳门《何贤》铜像、番禺《何贤》石像、广州黄埔区城徽、《包玉刚》石像、恩平《杨贵妃》石像、中山孙文学院《孙中山》铜像、番禺莲花山开拓原地石雕、广西北海港20米解放纪念碑主体雕塑《解放与新生》、内蒙古呼和浩特《乌兰夫》半身铜像。参加“中国当代名家六人雕塑展”在香港展出。

1991年（66岁）

创作《杨善深》铜像、《郭文忠》铜像、《伍伟雄》铜像、内蒙古呼和浩特《乌兰夫》铜立像（3.3米）、广东茂名《三茂铁路建路纪念碑》（宽约30米）。

1992年（67岁）

访问欧洲七国二十个城市。创作香港希尔顿酒店三鱼喷泉、香港汇德丰大厦《包玉刚》铜浮雕、小型《爱因斯坦》头像（铜）、珠海《雁落平沙》城徽（约20米）。为香港市政局冰雕展制作《自我完善·创作才把美留下来》（石像）、《赵君谋》铜像、《方人定》像。

同年，任全国城市雕塑艺术委员会副主任。

1993年（68岁）

访问加拿大温哥华。随大陆美术家代表团到台湾主持“海峡两岸雕塑艺术交流展”。广东省政府正式批准在广州建立潘鹤雕塑园。开始为广西钦州港创作《孙中山》巨型铜像（高13.88米）。创作天津黄崖关长城《诗人毛泽东》铜像。创作《陈大河》石像（香港）、九江《朱九江》铜像、高剑父纪念馆《高剑父》石像、《赖少其》像、天津《邓颖超》铜像、《吕坪夫妇》浮雕。

1994年（69岁）

为珠海淇澳岛建立《重逢》石像（高9.9米）。创作珠海《贝多芬》铜像、新会《自我完善》石像、《试水》石像。

1995年（70岁）

受聘为第五届全国美展评选评奖委员会副主任。创作海南海口《金牛》铜像、虎门太平广场《禁烟喷泉》（宽30米）、新会宾馆《和平少女》人体原稿石雕。

1996年（71岁）

受聘为美国亚特兰大奥运会雕塑博览会咨询委员。与王克庆赴美国波士顿参加第16届国际雕塑会议，代表来自三十多个国家。筹建广州雕塑公园，任副主任，公园于1997年元旦落成。重作《自我完善》石像。为北京中央军委八一大楼礼堂大厅重作并放大《艰苦岁月》铜像。

1997年（72岁）

受国务院组团赴香港为97香港回归纪念像选点。受聘为97香港回归美术展评审委员会副主任及97香港回归雕塑大展艺术主持人。与雕塑系老师赴俄罗斯考察艺术。为美国加利福尼亚州柏克莱大学创作《陈嘉庚》铜像。为佛山创作季华园石景宜藏书楼环境雕塑群。为天津平津战役纪念馆创作《周恩来》铜像。广西钦州港《孙中山》立像安装工程落成。创作《李萍》石像。为北京卢沟桥重塑《怒吼吧！睡狮》8米高铜狮。完成上海龙华烈士陵园《无名烈士》石像安装工程。为天津创作表现周恩来邓颖超夫妇美好和谐爱情故事的双人全身石像《情满江山》。广东省美术馆展出潘鹤雕塑、油画、水彩画一百件，共三个展场，展期半年。

1998年（73岁）

参加上海城市雕塑国际研讨会，发表《对上海浦东开发区雕塑方面的建议》讲话。重作《当我长大的时候》石雕。开始创作《詹天佑纪念碑》。塑《军博大厅浮雕》《梁洁华雕像》《自我完善》（女版）。

1999年（74岁）

塑浙江临海《观音像》。为广州市荔湾区塑《詹天佑纪念像》。

2000年（75岁）

塑《关山月》《收藏家——欧初》《院士建筑师——莫伯治》《杨善深》《廖冰兄》《传承》，为香港图书馆塑《鲁迅像》《爱因斯坦》《黄少强头像》《卢子枢》《杨振宁》。

2001年（76岁）

塑《荔枝成熟时》《丰年》（与潘奋合作）。

2002年（77岁）

塑《司徒乔》《人与自然》（与潘奋合作），完成《袁崇焕》创作。

2003年（78岁）

为武汉大学塑《张之洞》《李四光》《王世杰》《王星拱》《周鲠生》《爱因斯坦》。获国家文化部颁发“造型艺术终身成就奖”及“广东省文艺领军人物”称号。为广州广雅中学塑《张之洞》。为新疆克拉玛依塑《水来了》（高10米）。与叶毓山、程允贤、王克庆、曹春生等合作创作的长春国际雕塑公园主题雕像《和平·友谊·春天》落成。

2004年（79岁）

塑《少年詹天佑》。

2005年（80岁）

塑《少年邓小平》《习仲勋》《康有为与梁启超》《黄帝》（与潘放合作）。

2006年（81岁）

生病住院期间，在病床上创作一批人物速塑头像。塑《欧阳山》，塑北京世纪坛《屈原》像、《母亲》像。创作《非洲舞》《顺德自梳女》。主持创作的大型抗击“非典”纪念雕塑《保卫生命》在广州雕塑公园落成。

2007年（82岁）

创作《丘逢甲》。

2008年（83岁）

塑《客家女》。

5月4日，在广州市海珠区占地40亩的“潘鹤雕塑艺术园”首期建设完毕开放迎客。塑《舵手》《归来吧》《归来吧，孩子》《走向刑场的杨殷》《黄妹》《笑到最后》。

2009年（84岁）

被中国雕塑学会授予“中国雕塑艺术终身成就奖”。应中国侨联暨美国相关组织邀请参与纪念中美建交30周年文化交流活动，顾问指导潘奋创作的大型不锈钢雕塑作品《青枝绿叶》作为国礼运抵美国新泽西州汉密尔顿国际雕塑园永久收藏。12月25日，获国家文化部、中国文联及中国美术家协会共同颁发的“首届中国美术奖·终身成就奖”。

塑《同代人》（与潘奋合作）。受杨振宁博士邀请为广东东莞理工学院创作《杨振宁》。为惠州市叶挺故居博物馆创作《叶挺》。塑《南海康有为》《香格里拉》《潘丽萍》《我放心了》。

2010年（85岁）

《开荒牛》《和平少女》《艰苦岁月》《广州解放纪念像》《珠海渔女》等五件主创作品获国家住房和城乡建设部、文化部共同颁发的“新中国城市雕塑建设成就奖”。获中国文联授予“国宝级艺术家”称号。

为深圳市委大门广场创作主题雕塑《自我完善》（铜，高3米）。完成为纪念叶挺将军诞辰115周年而创作的5米高骑马铜像《叶挺将军》，并安放在惠阳叶挺故居广场。

为广州光孝寺六祖殿重塑《六祖慧能坐像》（铜，高2米）。为配合广州2010年亚洲运动会，与潘雷合作并完成广州新中轴线亚运标志雕塑《启航》。筹建潘鹤雕塑艺术园内“潘鹤艺术馆”。与潘放合作创作《广东著名教育先驱——朱九江》。

同年底，荣获广东省委省政府颁发的首届“广东文艺终身成就奖”。

2011年（86岁）

为深圳福田区创作主题雕塑《跨越》（铜，高5米），潘鹤雕塑艺术园第二期工程建设完毕，全面向市民开放。当选首批“中国国家画院院士”。

2012年（87岁）

基本完成广州潘鹤雕塑艺术园内“潘鹤艺术馆”建设。完成内蒙古扎兰屯市乌兰夫故居广场《青年乌兰夫》半身铜像。12月，潘鹤作品《开荒牛》小稿铜像代表国家首次参加由中国人民对外友好协会组织参展的“2012法国巴黎卢浮宫国际美术展”，并在卢浮宫卡鲁塞尔厅举行开幕式。

与潘放合作塑连州《刘禹锡》。与潘奋合作塑《物理巨匠——杨振宁与陈省身》。与潘奋合作为广东肇庆市星湖风景区创作并完成城市雕塑《东坡颂砚》《绿色跨越》《龙舟竞渡》，并构思创作150米超长大型浮雕墙《端州古韵》。完成广州市国家档案馆新馆南广场雕塑《文明飞跃》。与潘奋合作完成佛山罗村光明之城工业园13米高大型标志性金属雕塑《孕育》及《和谐之家》。

2013年（88岁）

3月，由广东中华民族文化促进会与广州美术学院潘鹤艺术馆合作在广州市二沙岛岭南会展览馆举办“潘鹤作品回顾展——时代、人生的艺术丰碑”。6月21日—30日，由澳门中华民族文化艺术协会与广州美术学院潘鹤艺术馆合作在澳门特别行政区举办“澳门情缘——潘鹤作品回顾展”。

7月21日，潘鹤雕塑历史主题作品《康有为与梁启超》及《丘逢甲》正式落成于广州中山四路“万木草堂”旧址内。

7月31日，3米高花岗岩石雕塑作品《重逢》落成于广东阳江海陵岛海滨（“南海一号”遗址旁）。8月，潘鹤、潘奋父子合作大型红米石雕塑作品《广州海珠石遗址碑》雕塑、广州十香园《隔山祖师》完成。

为在广州市举办的首届世界广府人恳亲大会创作《故土的召唤》和《广府故事》两组主题雕塑。

2014年（89岁）

“广州美术学院潘鹤艺术馆”于年底全面完工并对外开放。12月20日，潘鹤艺术馆落成典礼暨贺著名雕塑家潘鹤先生九十大寿活动举行；同月，《潘鹤全集》三卷本（含《潘鹤雕塑作品》《潘鹤书画作品》《潘鹤艺术人生》）由中山大学出版社出版。

与潘放合作完成佛山《南海十大名人像》、广州白云区《樵夫》雕像。与潘奋合作完成广州东濠涌大型标志性雕塑作品《云山江水》。

2015年（90岁）

2月7日，获第三届“美中杰出贡献奖”。

与潘奋合作完成珠海市斗门区标志性雕塑《黄杨河之母》，并为新作揭幕。《大刀进行曲》成为“中国人民抗日战争胜利70周年纪念章”

和“中国人民抗日战争暨世界反法西斯战争胜利七十周年”纪念邮票的主题图案。

2016年（91岁）

与潘放合作完成《冼星海》铜像，并赴冼星海故里广州南沙区榄核镇为铜像揭幕。

2017年（92岁）

7月，携长子、长孙共同举办 “369维度——潘鹤、潘放、潘泓彰三代人艺术作品展”并出席开幕式，该展由广东省美术协会、广州市文联、广东省文联《文化参考报·艺术周刊》、广州动漫行业协会共同主办。